杭州市属高校新型专业群"康养游专业群"建设成果

杭州万向职业技术学院"健康与康复专业群"系列规划丛书

浙江省社会科学界联合会研究课题成果（2018B46）

杭州市哲学社会科学规划常规性课题成果（Z19YD006）

高龄人群的情感交互对话策略

林允照　主编

浙江工商大学出版社

ZHEJIANG GONGSHANG UNIVERSITY PRESS

·杭州·

图书在版编目（CIP）数据

　　高龄人群的情感交互对话策略 / 林允照主编. — 杭
州：浙江工商大学出版社，2020.6（2021.12重印）
　　ISBN 978-7-5178-3725-1

　　Ⅰ.①高… Ⅱ.①林… Ⅲ.①心理交往－语言艺术
Ⅳ.①C912.13

　　中国版本图书馆CIP数据核字（2020）第022356号

高龄人群的情感交互对话策略
GAOLING RENQUN DE QINGGAN JIAOHU DUIHUA CELVE

林允照　主编

责任编辑	沈敏丽	
封面设计	林朦朦	
责任印刷	包建辉	
出版发行	浙江工商大学出版社	

（杭州市教工路198号　邮政编码310012）

（E-mail：zjgsupress@163.com）

（网址：http://www.zjgsupress.com）

电话：0571-88904980，88831806（传真）

排　　版	杭州红羽文化创意有限公司
印　　刷	杭州高腾印务有限公司
开　　本	787mm×1092mm　1/16
印　　张	18.25
字　　数	248千
版 印 次	2020年6月第1版　2021年12月第2次印刷
书　　号	ISBN 978-7-5178-3725-1
定　　价	49.80元

编委会名单

主　　编　林允照

副 主 编　沈　健　陈以华　施敏敏

学术顾问　沈　健（杭州医学院）

编　　委　张仁杰（杭州胤瑞养老服务管理有限公司）

　　　　　　张海松（杭州万向职业技术学院）

　　　　　　章　政（杭州万向职业技术学院）

　　　　　　刘　威（杭州万向职业技术学院）

　　　　　　冯　磊（浙江农林大学）

　　　　　　李影倩（杭州胤瑞养老服务管理有限公司）

　　　　　　黄　芳（台州学院）

　　　　　　李显文（杭州医学院）

　　　　　　谢浩煌（温州医科大学）

　　　　　　刘晓红（台州学院）

　　　　　　蓝雪芬（丽水学院）

前　言

　　杭州市政府发布的《杭州市2018年老龄事业统计公报》显示，截至2018年底，杭州市按户籍人口统计，60岁及以上老年人口有174.4万人，占总人口数的22.53%，比上年增加7.25万人，增长4.34%。其中，百岁老人数量达到451人。在人口老龄化发展方面，2014年至2018年的5年间，杭州市60岁以上老年人增长31.43万人，由2014年底的142.97万人，增长到2018年底的174.4万人。老年人口占总人口的比例由2014年的19.98%提高到2018年底的22.53%。在老龄化发展迅速的背景下，人口高龄化趋势也日益明显。据统计，杭州市80岁以上老年人口总数由2014年底的23.77万人，增长到2018年底的27.93万人。5年间，80岁以上高龄老人增长4.16万人。此外，浙江省内其他城市老龄化现状同样日益严峻。根据浙江省统计局《2018年浙江省人口主要数据公报》，截至2018年末，浙江省60岁以上老年人口达到1124.4万人，占总人口的19.60%，比上年上升0.7个百分点。其中65岁及以上人口为780.2万人，占比为13.6%，比上年上升0.6个百分点，浙江老龄化程度位居全国第六位。2020年、2050年我国80岁以上的高龄人群预计将分别达到2200万人和5300万人。如何让高龄老人的晚年生活过得更加舒适，更好地满足数量庞大的高龄老人的生活照料、精神慰藉等方面的需求，是政府相关部门和社会组织急需解决的问题。

　　党中央、国务院高度重视养老服务。党的十八大以来，出台了加快发展养老服务业、全面放开养老服务市场等政策措施，养老服务体系建设取得显著成效。2019年3月，国务院办公厅发布的《关于推进养老服务发展的意见》指出，要持续完善以居家为基础、社区为依托、机构为补充、医养相结合的养老服务体系，建立健全高龄、失能老年人长期照护服务体系。然而，在老年人的物质需求被不断满足的同时，他们的精神文化需求却常常被忽略，尤其是老年人在沟通交流、心理关爱方面的需求。因此，如何有效地满足老年人多样化、多层次的精神需求，如何与老年人进行有效的沟通交流，提升老年人的生存质量，是我们探索的课题。

笔者在分析了我国老年服务与管理专业人才需求现状的基础上，结合杭州万向职业技术学院国际化的办学定位，提出编写适合本校学生学情的老年服务与管理专业教材的初衷。2019年杭州万向职业技术学院成功申报杭州市属高校新型专业群"康养游专业群"，老年服务与管理专业是专业群核心专业，本书是"康养游专业群"教材建设成果之一；且杭州万向职业技术学院2015年提出建设"健康与康复专业群"，本书亦将作为杭州万向职业技术学院"健康与康复专业群"系列丛书之一。在编写过程中，编写团队融入"市场化、现代化、国际化"的理念与"课程思政、课程英语和课程应用"的元素，符合我校的实际要求：立足老年服务与管理产业链，服务长三角，引领大健康、大旅游、大养生产业链，推动实现高龄人群高质量发展和高品质生活，着力培养具有人文情怀和国际视野的高端养老、养生经营与服务人才。特别是在满足浙江现代高端养老服务行业的发展需要，培养医养结合机构的基层管理者和健康服务者方面，尽可能将学生培养成为世界的人、创业的人、和合的人。

本书在编写的过程中，主要依据教育部职业教育与成人教育司颁布的《高等职业学校专业教学标准》与人力资源和社会保障部、民政部颁布的《养老护理员国家职业技能标准（2019年版）》。编写团队在充分沟通和调研的基础上，最终编写出本书。本书着重论述了沟通对老年人的重要性，以及子女、孙辈、朋友、同事、邻里如何与老年人和谐相处。本书给如何为老年人的生活营造一个温馨、幸福的环境提供了行之有效的方法。

使用恰当的沟通策略体现了一个人基本的人际交往能力，在任何场景下产生的沟通行为都需要用一些基本的沟通策略。本书主要介绍如何与高龄人群进行沟通交流，包含以下九个学习单元：高龄人群的心理效应类型与对应沟通策略；言语式沟通对话策略与非言语式沟通对话策略；基于倾听元素和共情元素的沟通对话策略；与高龄人群首次会面的沟通要点；与高龄阿尔茨海默病人群沟通的策略；与高龄视力、听力障碍人群沟通的策略；与有精神心理情感障碍的高龄人群沟通的策略；与高龄临终人群沟通的策略；与其他高龄人群沟通的策略。每个学习单元下又包含多个子单元，每个子单元包括情境导入、问题讨论、知识学习、沟通环节、实训演练、拓展学习和能力测评，多方面地丰富教材内容。

本书具有较强的科学性、情境性、实用性、针对性、指导性和可操作性，通过设置与高龄人群沟通的真实情境，以问题讨论的方式，进行探究式、启发式的教学，引导学生思考，总结提炼出与高龄人群沟通的策略、步骤和要素等。再用重点知识学习加以巩固，同时设有实训演练环节，学生可以进行角色扮演实战练习，课后的"能力测评"可以让学生巩固提升等，教会学生如何与老年人进行有效的沟通。本书注重强调学生的实际动手操作能力，突出职业特色，强化职业技能。

本书适合高等职业学校老年服务与管理专业及相近专业的学生使用，同时也适合养老机构和社会培训机构作为培训教材使用。本书详细介绍了不同情境下的高龄人群的生理状态以及与其进行有效沟通的策略，因此对高龄人群的家属和照顾人员有一定参考价值，也可以作为相关领域爱好者的科普读物，相信对改善老年人的晚年生活有一定的帮助作用。

本书是杭州市哲学社会科学规划常规性课题（Z19YD006）、浙江省社会科学界联合会研究课题（2018B46）的成果，编写的过程经历了反复的讨论和多次的修改。在此特别感谢杭州万向职业技术学院、浙江大学、杭州医学院、温州医科大学、台州学院和丽水学院等同人的大力支持。

由于编者知识水平有限，本书虽经一年的推敲和修订，也难免出现疏漏和不当之处，希望各位专业人士和广大读者不吝指教，提出宝贵的意见和建议。

2020年3月

目　录

学习单元一

高龄人群的心理效应类型与对应沟通策略

任何组织都离不开沟通，有效的沟通受多种因素的影响。心理效应是沟通能否顺利进行的重要影响因素之一。心理效应既能带来积极影响，也能产生消极影响。学会正确地运用心理效应，与老年人建立有效的沟通，才能产生积极的沟通效果。

子单元一 │ 近因效应及沟通策略

人们常常说，第一印象很重要，殊不知，最近的印象也很重要。我们把这种机制作用下形成的印象称为近因效应。你最近看完的一部电视剧，令你印象最深刻的是第一集、中间的剧情还是大结局？夜深人静时，你回忆起多年未见的同窗好友，在你脑海中印象最深的，其实就是临别时的情景。

🎯 学习目标

知识目标：知道近因效应的定义；知道近因效应对人际交往的影响。

技能目标：能够根据近因效应判断印象形成中的偏见；能够运用近因效应结束对话，建立良好的告别印象。

态度目标：具备关心、体贴的情感，在与老年人的沟通中恰当地运用心理效应和沟通策略，满足老年人的心理需求。

💬 情境导入

　　小赵是一家中高端养老机构新入职的员工，工作内容是协助活动管家开展老年人娱乐活动的策划与现场组织，包括每次活动前收集老年人的活动需求和意愿。作为新员工，小赵在工作中积极努力，对待老年人也很热情，谈吐风趣，常常逗得老人们哈哈大笑，很快成了机构内的"明星员工"。其中，李爷爷与小赵格外投缘。李爷爷的子女常年定居在国外，一年只能回国看望他一两次，久而久之，平日里李爷爷有什么需求，总会第一时间想到小赵，请他来解决。小赵也因为李爷爷对自己的这份信任，每次都尽心尽力，力求做到让李爷爷满意。

　　然而，这几天小赵发现李爷爷对自己冷淡了很多，碰面时也不像以前那样热情地与他打招呼，只是微微一笑就离开了，有什么困难都去找机构内其他工作人员帮忙，这令小赵很困扰，是不是自己哪里做得不够好？通过多方了解，小赵才明白，原来是上周在收集老人们的活动需求时，作为摄影发烧友的李爷爷提出举办一场郊外摄影比赛，以丰富老人们的文化娱乐活动。但小赵通过调查了解到机构内其他老年人对摄影的兴趣并不大，且大部分老年人并不擅长摄影，于是决定暂时搁置这项提议，并如实告诉李爷爷："您的活动开展不了，因为机构内其他人对摄影比赛的兴趣不大。"这令李爷爷感到很失落，他对同住的王大伯说："唉，平时对小赵这么信任，这么好的提议他也不争取争取，下次有问题再也不找小赵了。"

　　小赵非常不理解："李爷爷这是怎么了？仅仅因为一次意见分歧，就能造成这么大的转变吗？"他决定向自己的上级领导陈主管请教，希望能帮他解决这个难题。

📖 问题讨论

①为什么小赵不能理解李爷爷的变化？

②近因效应是什么？在李爷爷身上是如何体现的？

③面对李爷爷的变化，小赵应该如何与他沟通？需要注意什么问题？

📅 知识学习

一、近因效应的定义

近因效应由心理学家 A·卢钦斯于 1957 年首次提出，指的是多种刺激出现的时候，印象的形成主要取决于后来出现的刺激。即在交往过程中，对他人最新的认识占了主体地位，掩盖了过去已经形成的评价，因此，它也被称为新颖效应。

二、近因效应在人际交往中的影响

心理学研究证明，在与陌生人的交往中，第一印象的影响较大，但在与熟悉的人的交往中，往往近因效应的影响更大。在经常接触、较为熟悉的人之间，彼此往往把最近一次的印象作为评价对方的依据，因此近因效应对人际交往的质量有着潜在影响。例如，当恋人发生争吵时，双方眼里再也看不到对方可爱的一面，脑中只剩下"他（她）做得不对"这个念头，从而导致无法对对方做出客观理性的评价；长期共事的同事间产生矛盾时，彼此会立马忘记对方的优点，虽不一定上升到争吵的地步，但心存不满也往往会对工作造成负面影响，使办公室内弥漫着一股"剑拔弩张"的氛围。清朝康熙年间文华殿大学士张英的老家与吴姓人家比邻而居，两家人为了造房争地皮产生了争执。张家人千里修书给张英，张英回复："千里修书只为墙，让他三尺又何妨？万里长城今犹在，不见当年秦始皇。"于是，张家人立即主动把墙往后退了三尺。吴家深感惭愧，也马上把墙退后三尺，两家化干戈为玉帛。这正是近因效应的体现。

在近因效应的影响下，尤其是在与熟人的交往中，要特别注意近期的表现，要认真对待每一次的沟通和交往。千万不能因为彼此之间足够熟悉，交情匪浅就"忘乎所以、肆无忌惮"。言行不当，举止欠妥，以前积攒的友情就可能消失殆尽。为了与老年人建立有效的沟通，我们需要从近因效应的角度思考，寻找哪些印象是近因效应在起作用，哪些因素有利于沟通，哪些因素阻碍沟通，运用近因效应与老年人建立有效的沟通模式。

沟通环节

一、了解老年人的心理需求

人到老年，身心都在趋向老化，老年人的心理老化有其自身特点。在性格上显得焦虑、多疑、孤独。有时老年人并不会从正面提出意见，这就需要工作人员通过细节上的观察，了解老年人的内在需求。李爷爷之所以对小赵的印象转变如此之大，与小赵没能较好地把握李爷爷的内在需求有关系。李爷爷酷爱摄影，希望机构组织摄影比赛的愿望没有错，小赵从大局出发考虑摄影比赛可行性不大也没有错，但是否能换一种形式满足李爷爷的需求呢？比如外出活动时请李爷爷担当摄影师，并在活动结束后将照片在机构内展出，既考虑了全局，也满足了李爷爷的愿望。因此，作为养老服务人员，只有满足了老年人的内在需求，才能与老年人建立有效的沟通，使老年人更信任自己。相反，脱离了老年人的内在需求，无论提供的服务多么丰富，都只是一个包装漂亮的空壳而已。

二、调整语序，关怀老人

顺序在语言表达中的作用很大，不同的语序，往往代表不同的意义。举个通俗的例子，"狗咬人"不算个新鲜的大新闻，但换成"人咬狗"则是个稀罕的大新闻。在我们日常的沟通交流中，常常是结束时的那句话奠定了整段话的感情基调。例如，老师告诉孩子的家长说："你的孩子很聪明，但就是不爱学习，聪明劲儿都用在玩耍上了。"虽然一开始先夸了孩子，家长听了很开心，但老师话锋一转，最后一句其实是数落了孩子的缺点，令家长对孩子的缺点记忆深刻。但若老师说"你的孩子虽然调皮喜欢玩耍，但很聪明，好好引导肯定会有很大进步"，则意义完全不同。同样的语句内容仅仅因为顺序的变化，就影响了意思的表达。

所以，语言表达时要考虑近因效应的影响。多从老年人的内心需求出发，在理解、关心、体贴的基础上组织语言，热情主动，只有这样才能和老年人建立起良好的关系，获得老年人情感上的认可。如在情境导入中，小赵对李爷爷说："您的活动开展不了，因为机构内其他人对摄影比赛的兴趣不大。"虽是事实，但难免给人一种消极否定的态度，但若改成："您的提议很好，但因为咱们机构内懂摄影的老年人不多，所以大家报名兴趣不大。下次我们考虑开展一个学习摄影的活动，等大家都学会了，就可以开办比赛了！"尽管最后李爷爷的提议都被搁置了，但后者明显给人一种更积极肯定的态度。

三、建立良好的告别印象

人们在交往过程中，常常利用近因效应维护自身的形象。例如送别友人时，人们都会对自己做精心打扮，以期在朋友心目中留下一个美好的印象。在情境导入中，小赵除了要理解李爷爷的心理需求，也不能忽略与李爷爷的告别方式，通过告别强化对李爷爷关心、关爱的印象，让其从心理上得到满足。比如在告别的时候，请李爷爷注意身体，给他一个温暖的拥抱，并告知有任何困难都可以找自己，等等。

实训演练

蔡阿姨因糖尿病、高血压住院，护士小洁在午餐前为她发药。"蔡阿姨，今天感觉怎么样？这是降糖药，您要与第一口饭同服。"护士小洁的解释很清楚，蔡阿姨按照小洁的要求服药了，但蔡阿姨很疑惑，自己的降压药还没发呢。在午餐后，蔡阿姨见小洁还没有拿来降压药，忍不住打铃叫来小洁问："你刚刚落了一种药吧？我记得医生还给我开了降压药。"小洁微笑着说："哦，您记得很清楚啊，是还有一种，餐后半小时服用，我正准备给您拿来。因为降糖药和降压药的服用时间不同，怕您不好区分，没有同时发给您。"

请思考：

①护士小洁在跟蔡阿姨的沟通中是否存在问题？请简要阐述。

②如果是你，你会如何把握好近因效应，跟蔡阿姨结束对话？

拓展学习

小陈刚刚大学毕业，到一家企业应聘，但没有被录用。不过在小陈离开那家企业时，人事主管亲自将小陈送出了办公室，并善意地为小陈提出了改进的建议。人事主管善待小陈的举动给小陈留下了很深的印象，特别是在离开时，主管与小陈的握手、微笑，都充分表达了对小陈的尊重，令他非常感动，深深地印在了他的脑海里，因为在此前的应聘过程中小陈已经遭受了太多的冷遇。后来通过努力，小陈在另一家企业成功应聘后，得知所在公司和之前这家公司在业务上有合作。由于此前那位主管给小陈留下了好印象，小陈成了两家企业之间的"润滑剂"，两家公司的合作一直很愉快，实现了双赢。

由此可见，近因效应在职场中的运用也是非常有效的。职场人士若能利用近因效应的原理，把握好每一次的交往，把每一次新的交往都当作一次机遇，不断将之前留给对方的印象进行改写和更新，那么自己的人脉关系、人际评价也将逐渐积蓄为巨大的宝藏。对于大学生而言，学好近因效应，将对未来职业生涯中人际关系的改善带来意想不到的益处。

能力测评

对于本次任务，可根据学生听课及模拟与李爷爷沟通的情况对学生开展测评。可从知识学习、技能要求和职业态度三个方面开展测评。

项目	测评标准		得分
知识学习（20分）	是否认真听老师讲课（5分）		
	听课过程中有无提出问题（5分）		
	能否回答老师提出的问题（10分）		
技能要求（50分）	模拟沟通是否恰当、规范（40分）	沟通前准备是否充分（了解老年人的背景情况）（10分） 是否确认需求（分析老年人的心理需求）（10分） 是否运用近因效应和相关沟通策略（调整语序，关怀老人）（15分） 建立良好的告别印象（开展后续工作）（5分）	
	沟通过程中有无发现或者提出问题（5分）		
	跟同学、老师是否有互动（5分）		
职业态度（30分）	沟通时是否尊重老人，微笑面对老人（10分）		
	与老人沟通时语气是否温柔，语速是否适中，吐字是否清晰（10分）		
	是否能进行有效的沟通，达到沟通的目的（10分）		
总分（100分）			

课后练习题

一、选择题（选择一个正确的答案，并将相应的字母填入题内的括号中）

1. 一般来说，熟悉的人，特别是亲密的人之间，较容易出现　　　　（　　）

　　A. 首因效应　　　　B. 近因效应　　　　C. 定式效应　　　　D. 晕轮效应

2. 多种刺激出现时，印象的形成主要取决于后来出现的刺激的现象，称为
　　　　　　　　　　　　　　　　　　　　　　　　　　　　　　（　　）

　　　A. 首因效应　　　　B. 近因效应　　　　C. 定式效应　　　　D. 晕轮效应

3. 在近因效应的影响下，与老人沟通时，要特别注意留下一个好的（　　）

　　　A. 第一印象　　　　B. 刻板印象　　　　C. 告别印象　　　　D. 社会印象

4. 送别友人时，人们都会对自己做精心打扮，以期在朋友心目中留下一个
　　美好的印象，这么做的原理是　　　　　　　　　　　　　　　　（　　）

　　　A. 近因效应　　　　B. 刻板印象　　　　C. 告别印象　　　　D. 社会印象

5. 日常沟通中常常是结束时的那句话奠定了整段话的感情基调，体现的心
　　理效应是　　　　　　　　　　　　　　　　　　　　　　　　　（　　）

　　　A. 近因效应　　　　B. 刻板印象　　　　C. 告别印象　　　　D. 社会印象

二、判断题（将判断结果填入括号中，正确的填"√"，错误的填"×"）

1. 首次见面留下的深刻印象，属于近因效应。　　　　　　　　　　（　　）

2. 多年不见的老同学，留给彼此印象最深的是初次见面时的场景。（　　）

3. 与老年人见面的前后间隔时间越长，近因效应的作用越明显。（　　）

4. 近因效应在人际交往中只有负面影响，养老服务人员在与老年人沟通中
　　应完全杜绝。　　　　　　　　　　　　　　　　　　　　　　　（　　）

5. 近因效应常常在印象的形成过程中出现。　　　　　　　　　　　（　　）

子单元二 | 晕轮效应及沟通策略

俄国著名诗人普希金的妻子娜塔丽娅是"莫斯科第一美人"。在普希金眼里，一个美丽的女人也必然有非凡的智慧和高贵的品格，然而事实并非如此。婚后普希金每次将自己的诗读给娜塔丽娅听时，她总是不耐烦地捂着耳朵说："不听！不听！"相反，她总是要求普希金陪她游玩，参加各种晚宴、舞会。普希金为了她放弃了诗歌创作，结果债台高筑，甚至还为了她与人决斗而丢掉了生命，一颗文学巨星就这样过早地陨落。这种现象被称为晕轮效应。

其实，晕轮效应在日常生活中也经常出现。如有的人特别喜欢一个明星，只要是该明星主演的电影，无论内容如何都会第一时间去看，并给予极高的赞美。成语"爱屋及乌""情人眼里出西施"等说的正是晕轮效应的典型表现。那么，晕轮效应是如何在与老年人的沟通中起作用的呢？

🎯 学习目标

知识目标：知道晕轮效应的定义；知道晕轮效应对人际交往的影响。

技能目标：能够根据晕轮效应判断印象形成中的偏见，避免偏见的发生；能够客观认识老年人的第一印象。

态度目标：具备关心、体贴的情感，在与老年人的沟通中恰当地运用心理效应和沟通策略，真诚地与老年人沟通。

💬 **情境导入**

　　刘阿姨退休前是当地某小学的教师，工作上一直深受领导和同事的好评。自打去年退休后，就赋闲在家。习惯了原先忙碌的生活节奏，退休后的刘阿姨觉得生活一下子变得单调起来。一次偶然的机会，刘阿姨从微信群里认识了一位富有文化和口才的"张老师"。在受邀参加了几次"张老师"的讲座后，刘阿姨深受鼓舞，并且非常崇拜这位"张老师"。凡是"张老师"讲的话，她都奉为金科玉律，推荐的保健产品则统统买回家……直到电视台曝光了"张老师"所在的传销组织后，她才恍然大悟，原来自己过去是"晕"了。

📖 **问题讨论**

　　①什么是晕轮效应？

　　②在刘阿姨和"张老师"的交往中，晕轮效应是如何起作用的？

　　③如果你是刘阿姨的子女，你会如何与刘阿姨沟通，帮助她客观地认识"张老师"的言行？

📅 **知识学习**

一、晕轮效应的定义

　　20世纪20年代，美国著名心理学家爱德华·桑代克首次提出晕轮效应。他认为，人们对人的认知和判断常常只从局部出发，扩散而得出整体印象，即所谓的"以偏概全"。正如日、月的光辉，在云雾的作用下扩大到四周，形成一种光环作用，因而晕轮效应也称作"光环效应"或"成见效应"。晕轮效应是在人际交往过程中形成的一种夸大的社会现象，一个人如果被标明是好的，他就会被一种积极肯定的光环所笼罩，并被赋予一切都好的品质；如果一个人被标明是坏的，他就会被一种消极否定的光环所笼罩，并被认为具有各种糟糕的品质。

二、晕轮效应在人际交往中的影响

在日常生活中，晕轮效应往往悄悄地影响着人们对他人的认知和评价。有时候晕轮效应会对人际关系产生积极作用。比如某个员工虽然工作能力一般，但做事勤快、可靠，深受领导信任。因此，当公司有重大项目要上时，领导总会第一时间想到这个员工。而晕轮效应的最大弊端就在于以偏概全。比如有的老年人对年轻人的个别缺点，或生活习惯、衣着打扮看不顺眼，就认为他们一定没出息；当我们得知某位名人被媒体曝光的丑闻时，总是非常惊讶。而事实上我们只是被该名人在荧幕或媒体上展现的那圈"光环"给弄"晕"了，他/她真实的人格我们并不知晓，仅仅是推断的。晕轮效应是一种以偏概全的主观心理臆测，其错误在于：第一，它容易抓住事物的个别特征，习惯以个别推及一般，就像盲人摸象一样，以点代面；第二，它把并无内在联系的一些个性或外貌特征联系在一起，断言有这种特征必然会有另一种特征；第三，它说好就全部肯定，说坏就全部否定，这是一种受主观偏见支配的绝对化倾向。总之，晕轮效应是人际交往中对人的心理影响很大的认知障碍，我们在交往中要尽量地避免和克服晕轮效应的副作用。

心理学家戴恩曾经做过这样一个实验。他让被试者看一组照片，照片上的人有的富有魅力，有的魅力中等，有的毫无魅力。接着让被试者在与魅力无关的特点方面对这组人进行评价。结果显示，被试者对有魅力的人比对无魅力的人赋予了更多理想的人格特征，如沉着、和蔼、善于交际等。这在生活中，其实就是一种"以貌取人"的表现，也体现了对初识者的一种晕轮效应。在对不太熟悉的人进行评价时，晕轮效应体现得尤其明显。

美国著名的心理咨询专家莱特博士认为："老年人害怕失去权力，喜欢坐在方向盘后面，宁可翻地图也不愿去问。"然而，残酷的现实往往令他们感到焦虑，因此老年人更倾向于获得"导师"的指点，并发展为盲目的崇拜。当老年人遇到懂得搞关系的推销人员时，往往无法自持，容易出现晕轮效应。"张老师"便是刘阿姨心目中的"导师"，她认为只要是"张老师"讲的话都是对的，只要是"张老师"推销的产品都是健康的、安全的，从而失去了理性、客观的评判能力。另外，作为养老服务人员，在与老年人的交往中应避免晕轮效应的影响，以免陷入以偏概全的误区。

☕ 沟通环节

一、建立客观的第一印象，避免"以貌取人"

对于第一次接触的老年人，服务人员应建立起客观的第一印象，不能仅根据老年人的年龄、学历、职业、经济状况等因素对其做出先入为主的评价，并将这个印象持续保留下去。比如，第一次见面时对老年人产生"老人看着不苟言笑，一定很威严，不易亲近"的印象，就不利于客观认识这位老人，也不利于良好沟通关系的建立，在后期的接触过程中也会不由自主地以"不易亲近"去解释老人的其他行为表现。因此，我们在跟老人的沟通中，应客观、理性地对待第一印象，抱着开放的心态，在深入接触过程中逐渐改变甚至推翻第一印象。

二、避免主观判断失误，注意"投射现象"

在认知和评价的形成过程中，评价者自身的心理特质也在悄悄地发挥影响。每个养老服务人员都是独立的个体，都有自己独特的心理特质。比如，有的人个性积极乐观，凡事总是习惯从好的一面去解释别人；而有的人因为自身经验的关系，更倾向于从负面角度去判断别人的行为，这种把自己的某些心理特点附加给对方的现象，就是"投射现象"。"投射现象"的发生往往比较隐蔽，不易引起我们的注意，如没有及时深刻的反思，很可能导致晕轮效应，对老年人产生偏见。

例如，小杨在一家养老机构担任生活管家一职，负责协调与管理老年人的日常生活服务。小杨开朗热情，对待老年人非常亲近，常喜欢和他们开玩笑。其中一些个性外向、言谈风趣的老人令小杨印象深刻，小杨也更愿意与他们交谈，而对于一些个性内向、不善言谈的老人，在沟通中小杨则好像总是少了一点热情。其实，这就是"投射现象"导致的晕轮效应，小杨天然地喜欢亲近一些与自己个性相近的老年人，而对于那些与自己个性差异较大的老年人则显得疏远。作为养老服务人员，这在工作中是需要避免的。

三、经常参考他人意见，避免"循环实证"

心理学研究发现，当一个人对他人产生偏见后，常常会得到自动的证实。比如，当你怀疑一个人时，久而久之，对方也会有所察觉，并对你产生戒心，而对方的这种情绪的流露，又反过来使你坚信自己最初的判断。显然，这是一个互相加深成见的循环往复的过程，并不利于沟通和良好关系的建立。所以在与人沟通时，我们应多听听他人的意见，自觉地对自身的态度与行为进行反思，尽可能地避免主观性的判断，走出晕轮效应的迷宫。

实训演练

孙爷爷，72岁，退休工人，初中文化程度。孙爷爷结婚已有50多年，一直与老伴居住在一起，两人感情十分深厚。去年，孙爷爷的老伴因病去世，这对他打击很大，常常一个人在家睹物思人，默默流泪。孙爷爷的两个子女因为都定居在外地，担心他一人在家无人照顾，心情过度伤悲，便将他送到养老机构居住。

孙爷爷刚到机构的时候，是工作人员小刘负责接待的。她隐隐约约听到家属在聊天，原来在送孙爷爷来机构之前，他们曾经请过两个保姆负责照顾他的生活起居。但孙爷爷不善言谈，也不习惯与他人相处，所以没过多久就辞退了保姆。这让小刘隐约觉得孙爷爷应该不易相处。果然，在接下来的时间里，孙爷爷基本上不会主动和其他老人或是工作人员聊天，有时还因为小事与同住的老人发生争执，好像又进一步验证了小刘对孙爷爷不易相处、不够随和的印象。

请思考：

①小刘对孙爷爷的印象是否客观？印象形成的过程中受到哪些因素影响？

②如果你是小刘，应如何避免晕轮效应的影响，客观地认识孙爷爷？

拓展学习

美国心理学家凯利曾经在麻省理工学院做过一个试验。他请一位研究生来给两个班的学生上课。上课之前，凯利向一个班的学生介绍这位研究生具有热情、勤奋、务实、果断等品质，而向另一个班的学生介绍时，把"热情"换成了"冷漠"，其余各项都相同。当然两个班的学生彼此并不知道。两种介绍产生的差别是：下课之后，前一个班的学生与研究生一见如故，亲密攀谈；另一个班的学生对他却敬而远之，冷淡回避。可见，仅介绍中的一词之别，竟会影响到整体的印象。当学生戴着这种有色眼镜去观察代课者时，这位研究生就被罩上了不同色彩的晕轮。

从这个角度来说，利用晕轮效应留下美好的第一印象，有利于营造良好的气氛。正如歌德所说："人们见到的，正是他们知道的。"

能力测评

对于本次任务，可根据学生听课及模拟与刘阿姨沟通的情况对学生开展测评。可从知识学习、技能要求和职业态度三个方面开展测评。

项目	测评标准		得分
知识学习(20分)	是否认真听老师讲课(5分)		
	听课过程中有无提出问题(5分)		
	能否回答老师提出的问题(10分)		
技能要求(50分)	模拟沟通是否恰当、规范(40分)	沟通前准备是否充分(了解老年人的背景情况)(10分)	
		是否客观认识老年人的第一印象(避免偏见的发生)(10分)	
		是否运用晕轮效应和相关沟通策略(避免"投射现象"和"循环实证")(15分)	
		共同实施(开展后续工作)(5分)	
	沟通过程中有无发现或者提出问题(5分)		
	跟同学、老师是否有互动(5分)		
职业态度(30分)	沟通时是否尊重老人,微笑面对老人(10分)		
	与老人沟通时语气是否温柔,语速是否适中,吐字是否清晰(10分)		
	是否能进行有效的沟通,达到沟通的目的(10分)		
总分(100分)			

课后练习题

一、选择题（选择一个正确的答案，并将相应的字母填入题内的括号中）

1. 20世纪20年代，美国著名心理学家爱德华·桑代克首次提出的心理效应是 （   ）

   A. 首因效应　　　　B. 近因效应　　　　C. 晕轮效应　　　　D. 定式效应

2. "以貌取人"是对初识者的 （   ）

   A. 首因效应　　　　B. 近因效应　　　　C. 定式效应　　　　D. 晕轮效应

3. 成语"爱屋及乌"体现的是 （   ）

   A. 首因效应　　　　B. 近因效应　　　　C. 晕轮效应　　　　D. 定式效应

4. 下列不属于晕轮效应的是 （   ）

   A. 一俊遮百丑　　　　　　　　　B. 情人眼里出西施

   C. 以偏概全　　　　　　　　　　D. 成见

5. 把自己的某些心理特点附加给对方的现象，就是"投射现象"，它会导致
偏见的发生，其背后的心理效应是　　　　　　　　　　　　　　（　　）

A. 首因效应　　　　B. 近因效应　　　　C. 晕轮效应　　　　D. 定式效应

二、判断题（将判断结果填入括号中，正确的填"√"，错误的填"×"）

1. 晕轮效应也称作"光环效应"或"成见效应"。　　　　　　　　　（　　）

2. 晕轮效应是在人际交往过程中形成的一种夸大的社会现象，只有消极
意义。　　　　　　　　　　　　　　　　　　　　　　　　　　　（　　）

3. 由当红明星代言的某品牌洗发水，比同类洗发水的售价高出一倍，且受
到消费者追捧，这属于晕轮效应。　　　　　　　　　　　　　　　（　　）

4. 小杨家买了台美的空调，感觉特别好，之后只要买电器，如洗衣机、热
水器等，就买美的品牌，这属于近因效应。　　　　　　　　　　　（　　）

5. 晕轮效应容易在人际交往中制造偏见，应注意避免。　　　　　　　（　　）

子单元三 │ 定式效应及沟通策略

心理学中有个非常有趣的实验，把鲮鱼和鲦鱼养在一个水池里，中间用玻璃板将它们隔开。一开始，鲮鱼见到鲦鱼就会飞快地游去，想吃到鲦鱼，结果一次次地撞在玻璃板上。几天后，英勇的鲮鱼已经被撞得"头破血流"，便再也不向玻璃板对面游了。此时，心理学家把玻璃板抽去，使鲮鱼和鲦鱼混游在一起。有趣的事情发生了，鲦鱼即使游到鲮鱼的跟前，鲮鱼也不去尝试吃鲦鱼了。这是定式效应对鲮鱼思维方面的影响，使鲮鱼得了一种"恐鲦症"。在人际交往与沟通中，定式效应的影响更为广泛。除了思维方面，感知、记忆、社会态度等方面都可能受到来自定式效应的影响。

◎ 学习目标

知识目标：知道定式效应的定义；知道定式效应对人际交往的影响。

技能目标：能够识别常见的对老年人的刻板印象；能够利用定式效应与老年人进行有效沟通。

态度目标：具备关心、体贴的情感，在与老年人的沟通中恰当地运用心理效应和沟通策略，真诚地与老年人沟通。

💬 情境导入

小可是某高校老年服务与管理专业的一名大一新生。在老师的组织下，周末她与班里其他几个同学一同前往当地一家养老机构为老年人提供志愿服务。活动结束后，小可感慨很多，以下是她撰写的活动体会。

此次养老院一行让我感慨很多。我们去的养老院，条件比想象中要好很多，里面的设施非常齐全。我们在养老院里主动与老人聊天、谈心，真切的关怀令老人很是感动。老人给我们讲了很多他们以前的事情，有的老人讲着讲着情不自禁地流下了眼泪。最令我印象深刻的是，当我们问老人："您现在过得幸福吗？"他们每一个都回答很幸福，在养老院里待得很快乐，没有烦恼。这让我们很惊讶，因为我们普遍认为没有孩子的陪伴，老人家会很落寞。而事实正相反，他们对待生活积极乐观，每天过得很充实，也非常享受现在的生活。这次活动使我对养老行业有了很大的信心，希望以后在这个行业能尽自己的力量去帮助老人。

问题讨论

①你印象中的"老年人"一般具有哪些特征？请用10个形容词进行描述。

②案例中的老年人与你印象中的老年人是否有区别？

③什么是定式效应？在小可身上有哪些体现？

知识学习

一、定式效应的定义

定式效应是指有准备的心理状态能影响后继活动的趋向、程度及方式。随着这个理论的发展，我们不仅可以用定式这个概念来解释人们在感觉、知觉、记忆、思维等方面的倾向，而且可用这一概念解释人们在社会态度方面的倾向。其中，人们对某一类人或事物产生的比较固定、概括而笼统的看法也称为"刻板印象"。

二、定式效应在人际交往中的影响

定式效应的存在可以帮助我们在从事一些活动或工作时达到相当熟练的程度，甚至达到自动化，从而提高工作效率。但同时，定式效应的存在也会限制我们的思维，使我们只用常规方法去解决问题，从而带来一些消极的影响，"恐鲦症"就是一种典型的思维定式表现。在人际交往中，若习惯于用定式思维去看待与处理事务，或是想当然地由"部分推全部"，在对陌生人形成最初印象时，就容易产生错误的判断。小品《主角与配角》中"配角"朱时茂说陈佩斯："就你那模样，一看就是个反面角色……"然后说自己："看我穿上这身衣服，起码也是个地下工作者呀……"这是从外貌上形成的思维定式。

刻板印象一经形成，就很难改变。因此，在日常生活中，一定要考虑到刻板印象的影响。例如，我们总是习惯于给老年人贴上"固执""保守""谨慎""灵活性差""适应能力下降""以自我为中心""孤独""好管闲事"等标签，但这仅仅是老年群体整体上比较常见的一些表现，若把这些标签不问三七二十一地统统安在某一个老人身上，就极容易形成与事实不符的判断。导入案例中的大学生小可认为养老机构的老年人幸福感一定不高，没有子女的陪伴应该会感觉到非常孤独，其实就是一种先入为主的错误判断。

一些研究显示，亚洲人对老年群体的老化刻板印象更加消极。2001年Harwood等人对中国、菲律宾、日本、韩国等地的青年人与美国、澳大利亚、加拿大、新西兰等地的青年人进行调查，前四者认为老年人更缺乏活力。在我国社会，老年人常被视为社会的弱势群体。但事实上，老年人在外表上虽然逐渐老化，但他们在智慧上有更多的积累，与年轻人相比更富有社会经验和人生阅历。因此，在与老年人的沟通交往过程中，应注意打破思维定式，避免刻板印象的形成。

☕ 沟通环节

一、换个角度看待，打破思维定式

从前，有个农夫丢失了一把斧头，怀疑是邻居的儿子偷盗，于是观察他走路的样子，脸上的表情，感觉从言行举止看，他怎么都像是个偷斧头的贼。后来农夫在深山里找到了丢失的斧头，当他再看邻居儿子时，竟觉得对方的言行举止中没有一点偷了斧头的模样了。这则故事非常生动地描述了农夫在思维定式作用下的心理活动过程。在人际交往中，思维定式常常会阻碍我们正确地认知他人，最终导致偏见和成见。而打破定式效应最有效的方法就是摆脱旧有的思维习惯，勇于用新的眼光看待问题。司马光救人没有采用费劲的方法把人从缸中直接拉出来，而是采取了砸缸的方法，更简单，见效更快，靠的就是打破定式思维。所以我们要学会换个角度看人、看事，用"士别三日，当刮目相看"的精神去看待，避免一味地用老眼光待人处事。

二、破除刻板印象

在人际交往中，我们要有意识地克服惯性思维的弱点，实事求是地评价与看待对方。但刻板印象往往会带来负面效应，如种族偏见、民族偏见、性别偏见等。它常使人以点代面，固化地看人，从而导致判断上的偏差和认识上的错觉。比如面对职业为教师的老人，便认为他"文质彬彬、爱说教"，碰到职业为商人的老人，就认为他"精于算计、唯利是图"，等等。人的性格类型是丰富多样的，仅以性别、职业、年龄等来分类认知是一种懒人思维。要破除这种刻板印象就要求养老服务人员主动地多接触、多了解每一位老人，只有了解对方的兴趣、爱好、人生经历等，对对方的认知才会更全面客观。

三、积极关注，尊重老人

尊重老年人不仅体现在日常礼仪规范上，更体现在尊重老年人的真实想法和感受上。在与老年人的沟通过程中，要学会倾听，更要善于倾听，注意对方的非语言表达，以及对方透露出来的"弦外音"等，从而更准确地把握老年人的主要意思和真实感受。比如年轻人认为老年人的行动能力与自理能力下降，应注意养生，在家享清福，跳跳广场舞，逗鸟下棋，不要太辛苦。但实际上，许多老年人在退休后却闲不下来，开始另一番事业。对于这部分老年人，他们追求的是人生价值的不断探索和实现，强调的是自己作为个体的需求。日本是老龄化情况最为严峻的国家之一，也是最长寿的国家之一，在解决老年人再就业问题上走在世界前列。更多的用人单位发现，所有的"银发族"都是珍贵资源，可以转化为商业财富。因此，我们应理解并尊重有这些需求的老年人。

实训演练

这是一段养老院工作人员小王和李爷爷的对话。

小王："李爷爷，您近来住得还习惯吗？身体怎么样？"

李爷爷："还可以，身体一切都好。虽然70多岁了，但自己感觉精力充沛，养老院后门那里有块地荒着，我还在那里种了点蔬菜。"

小王："哎，李爷爷，您都退休了，该享享清福了，种菜什么的就别忙乎了。"

李爷爷："别看我70多岁了，体力还是有的，干那点活不费劲的。"

小王："您看隔壁房的陈大爷，退休了就下下棋，写写书法，多轻松啊。您还去种菜，太辛苦了啊。"

李爷爷："噢，我就是想找点事情做而已，真让我闲下来还真不习惯。"

请思考:

①小王和李爷爷的对话体现了小王对老年人的哪些刻板印象?

②如果你是小王,在沟通中应该注意什么?

📈 拓展学习

刻板印象对自我发展的影响包括积极和消极两个方面。老年刻板印象中较为积极的认知有老年人热衷健康医疗、休闲娱乐、饮食养生、宗教信仰方面的活动,负面的认知通常有寂寞孤独、行动力与适应力低下、思想保守,特别是将部分老年人定型为唠叨的、无理性的、吝啬的、控制欲强的消极形象。老年刻板印象的正向特征如慈爱、慷慨、智慧、独立、健康等,能对老年人的行为给予积极的刺激,帮助老年人继续实现自我价值。但事实上,老年刻板印象的负向特征如固执、邋遢、迟钝等对老年人产生的负面影响比正面影响要大得多。

🔧 能力测评

对于本次任务,可根据学生听课及模拟小王与李爷爷沟通的情况对学生开展测评。可从知识学习、技能要求和职业态度三个方面开展测评。

项目	测评标准		得分
知识学习(20分)	是否认真听老师讲课(5分)		
	听课过程中有无提出问题(5分)		
	能否回答老师提出的问题(10分)		
技能要求(50分)	模拟沟通是否恰当、规范(40分)	沟通前准备是否充分(了解老年人的背景情况)(10分) 是否存在定式思维和刻板印象(10分) 是否运用定式效应和相关沟通策略(积极关注、尊重老人)(15分) 共同实施(开展后续工作)(5分)	
	沟通过程中有无发现或者提出问题(5分)		
	跟同学、老师是否有互动(5分)		

续　表

项目	测评标准	得分
职业态度（30分）	沟通时是否尊重老人，微笑面对老人（10分）	
	与老人沟通时语气是否温柔，语速是否适中，吐字是否清晰（10分）	
	是否能进行有效的沟通，达到沟通的目的（10分）	
总分（100分）		

🧩 课后练习题

一、选择题（选择一个正确的答案，并将相应的字母填入题内的括号中）

1. 人们对某一类人或事物产生的比较固定、概括而笼统的看法属于（　　）

    A. 首因效应　　　　B. 近因效应　　　　C. 刻板印象　　　　D. 晕轮效应

2. 戴有色眼镜看人属于　　　　　　　　　　　　　　　　　　　　　　（　　）

    A. 首因效应　　　　B. 定式效应　　　　C. 近因效应　　　　D. 晕轮效应

3. 年轻人眼中的老年人往往思想保守、顽固不化；而老年人眼中的年轻人

    又常常是"年轻气盛，办事不牢"，这属于　　　　　　　　　　（　　）

    A. 定式效应　　　　B. 首因效应　　　　C. 近因效应　　　　D. 晕轮效应

4. "恐鲦症"就是（　　）在思维上的表现

    A. 定式效应　　　　B. 首因效应　　　　C. 近因效应　　　　D. 晕轮效应

5. 人们习惯于给老年人贴上"固执""保守""谨慎""灵活性差""适应能

    力下降"等标签，这属于　　　　　　　　　　　　　　　　　　（　　）

    A. 思维定式　　　　B. 首因效应　　　　C 刻板效应　　　　D. 晕轮效应

二、判断题（将判断结果填入括号中，正确的填"√"，错误的填"×"）

1. 定式效应是指有准备的心理状态能影响后继活动的趋向、程度及方式。

    （　　）

2. 刻板印象不利于良好的人际关系的建立，但只要稍加注意就可改变。

    （　　）

3. 打破定式效应最有效的方法就是摆脱旧有的思维习惯。　　（　　）

4. 人们常说的"物以类聚，人以群分"是晕轮效应的体现。　　（　　）

5. 老年人有参与社会活动、发挥自身价值的心理需求，这种需求不会因个体心理、生理健康状况的改变而改变。　　（　　）

学习单元二

言语式沟通对话策略与非言语式沟通对话策略

沟通是人与人之间、人与群体之间思想和感情的传递、反馈过程，以求思想达成一致和感情的通畅。沟通虽然无所不在，但绝不是一件简单的事情，在沟通进程中不愿意花费精力、投入时间，准备不充分，实施沟通不慎重，必然不会有良好有效的沟通效果。

子单元一 | 言语式沟通对话策略

　　有这样一则故事：一把坚实的大锁挂在铁门上，一根铁杆费了九牛二虎之力，还是没能将它撬开。钥匙来了，它瘦小的身子钻进锁孔，轻轻一转，"嗒"的一声，那把大锁就打开了。铁杆奇怪地问："为什么我费了那么大力气也打不开，而你却轻而易举地就把它打开了呢？"钥匙说："因为我最了解它的芯。"是的，在人际沟通当中，特别是语言沟通中，巧妙的沟通能达到事半功倍的效果，同样地，如果语言沟通的方法、策略不合理，则会事倍功半。作为一名老年服务工作人员，掌握一些沟通策略会使我们的工作和生活变得轻松、简单。

🎯 学习目标

知识目标：知晓言语式沟通的概念、功能等基础知识；了解老年人言语式沟通的常见形式。

技能目标：能够分析老年人言语式沟通的常见类型；会使用言语式沟通中的修辞与老年人开展正确且有效的沟通。

态度目标：培养学生乐于与老年人交流的态度。

💬 情境导入

林奶奶，81岁，退休教师，在某养老机构住了15年，由于脑出血，身体偏瘫，经过长时间的康复治疗，可通过助行器来行走。在近段时间的检查中医生发现林奶奶患有白内障，养老机构的领导与社区医院的主治医生取得联系，医生向林奶奶及其儿子讲授了有关白内障手术的治疗事宜，其儿子主张通过早期手术的方式来治疗白内障，但是，林奶奶犹豫不决。最近，林奶奶出现纳差、心神不宁、入睡困难、较易惊醒等状况，并多次向工作人员咨询手术可能诱发的不良风险事件。老年服务工作人员小陈一直在安慰林奶奶："您应该尽快采取手术治疗，那里的医生医术都很高明，一定能治好您的疾病，您大可放心。"

请问小陈的回答能劝服林奶奶去医院接受手术治疗吗？如果不能，我们应该怎样劝服林奶奶尽快去医院就诊呢？

📚 问题讨论

①什么是沟通？

②什么是言语式沟通？

③沟通有哪些策略？

④针对高龄老人这一群体，我们应该如何有效且正确地与他们沟通呢？

⑤在本案例中，小陈的劝导有哪些问题？为什么？

⑥结合本案例，请思考你认为该怎样沟通才能达到让林奶奶尽快就医的目的。

📅 知识学习

一、沟通的基本含义

（一）沟通的定义

沟通涵盖言语式沟通和非言语式沟通，言语式沟通涉及口头言语式沟通和书面言语式沟通，非言语式沟通涉及声音语气（比如音乐）、肢体动作（比如手势、舞蹈、武术、体育运动等）。最有效的沟通是言语式沟通和非言语式沟通的结合。

（二）沟通的基本策略

《哈佛人力资源管理全集》对沟通策略的模式进行了如下介绍。

1. 倾听策略

倾听能鼓励他人倾吐自己当前的状况与问题，并能协助他们找出解决问题的方法。倾听策略是提高言语式沟通影响力的关键，它需要相当的耐心与全神贯注。

倾听策略由4个个体策略所组成，分别是鼓励、询问、反应与复述。

①鼓励：促进对方表达的意愿。

②询问：以探索方式来获得更多对方的信息资料。

③反应：告诉对方你在听，同时确定完全了解对方的意思。

④复述：用于讨论结束时，确定没有误解对方的意思。

2. 气氛控制策略

安全而和谐的气氛，能使对方更愿意沟通。如果沟通双方彼此猜忌、批评或恶意中伤，将使气氛紧张，加速彼此心理设防，使沟通中断或无效。

气氛控制策略由4个个体策略所组成，分别是联合、参与、依赖与觉察。

①联合：以兴趣、价值、需求和目标等强调双方所共有的事物，营造和谐的气氛，从而达到积极的沟通效果。

②参与：激发对方的投入态度，创造一种热忱感，使目标更快完成，并为随后进行的推动策略创造积极氛围。

③依赖：创造安全的情境，提高对方的安全感，并接纳对方的感受、态度与价值等。

④觉察：将潜在"爆炸性"或高度冲突状况予以化解，避免讨论演变为负面或破坏性话题。

3. 推动策略

推动策略是用来影响他人的行为，使其逐渐符合我们的议题。有效运用推动策略的关键在于以明白具体的积极态度，让对方在毫无怀疑的情况下接受你的意见，并觉得受到激励，想完成工作。推动策略由4个个体策略所组成，分别是回馈、提议、推论与增强。

①回馈：让对方了解你对其行为的感受，这些回馈对人们改变行为或维持适当行为是相当重要的，尤其是提供回馈时，要以清晰而非使人受侵犯的态度提出。

②提议：将自己的意见具体明确地表达出来，让对方能了解自己的行动方向与目的。

③推论：使讨论具有进展性，整理谈话内容，并以它为基础，为讨论目的延伸而锁定目标。

④增强：利用"增强"对方出现的正向行为（符合沟通意图的行为）来影响他人，也就是利用"增强"来激励他人做你想要他们做的事情。

二、言语式沟通的概述

（一）言语式沟通的含义

言语是人类特有的一种非常有效的沟通形式。言语式沟通，就是借助词语符号来进行沟通的方式，分为有声言语式沟通（即口头言语式沟通，比如交谈、演讲等）和无声言语式沟通（即书面言语式沟通，比如写信、记录等）。

（二）怎么开展有效且正确的言语式沟通

1. 你要说什么

确定沟通目标是有效沟通的重要前提与保障，沟通的主题要始终围绕着沟通目标来展开，否则，沟通的次数再多都是无济于事的。

2. 你要如何表达

这里主要讨论言语选择的四个方面：清楚、有力、生动和道德。

①清楚是指思想依靠言语的精确与简练，以能立即被理解的方式表达出来。

②说话有力的人被视为更可信、更有吸引力和更有说服力的人。为了获得有力的说话方式，我们应该避免一些特定的沟通行为。比如：避免模棱两可的话和修饰性词语，如"我猜想""某种……"这些表达形式；消除"啊""你知道"这些含义模糊的表达方式；避开附加提问，即避开以陈述开始以问题结束的表达方式，如"这次的中秋联欢会很有趣，是吗"，附加提问使说话者显得不果断；不要使用否认自己的表达，否认自己的表达是指那些辩解或请求听者原谅自己的词语或表达方式，如"我知道你或许不同意我的观点，但是……""我今天确实没有准备说话"等。

③生动是一种以引起逼真想象或联想的方式来表达思想的语言风格。生动也是一种说话方式的独特形式。

④道德：根据美国纽约大学海特教授的道德基础研究，道德有六个基础或称六个维度。即：关爱（对立面：伤害）、公正（对立面：作弊）、自由（对立

面：压迫）、忠诚（对立面：背叛）、权威（对立面：颠覆）和神圣（对立面：退化）。每个人或者每个群体的道德维度是不同的。与其相关的因素是：社会地位、受教育程度、文化环境、经济情况等。在人际沟通中，道德标准是由沟通者各自所在的维度决定的。交流的道德体现了人们有爱心、公正、允许自由地表达、忠诚、遵守规则和有恰当的言谈举止等。

3. 你在对谁说话

在沟通之前，我们需要明确一个问题，即沟通的对象是谁。根据不同的沟通对象，选择的沟通方式、沟通策略都会不同。

4. 你在发送什么样的变形信息

在言语式沟通中，信息的传递受到众多因素的影响，比如情绪、语调、语气、表情等。比如，微笑着说"谢谢"和瞪着眼睛说"谢谢"，虽然传递出来的言语信息都是"谢谢"，但背后的含义却是完全不同的。由于言语式沟通中充满着变形信息，如果要准确地开展沟通，我们必须要听出这种变形信息并理解它的含义，即"弦外之音"或"话中话"。当然，我们也应该清楚自己所传递出的变形信息。

三、如何与高龄人群开展言语式沟通

（一）要了解他们的生理结构特征

高龄人群这一群体，是身体健康状况最不容易被忽视的社会群体。高龄人群由于脑组织的退化，大脑对情绪、情感的控制减弱，其情绪变化向着两个方向发展。一是对外界事物反应较慢、不敏感，表情冷淡，处事淡漠；二是可能出现情绪变化快，变化幅度大，较易激动，有时情绪不能自控等现象。高龄人群总是会出现各种各样的问题，所以，在与他们沟通的过程中，要具备良好的心理素质，要有耐心与爱心。

（二）要了解他们的环境

对于很大一部分居住于养老机构的高龄人群来说，封闭的生活环境使他们内心深处跟外部世界产生了隔阂，很多思想观念都发生了改变。此外，离退休、丧偶、经济问题等都会造成高龄人群的情绪变化，这些问题对高龄人群的影响常常是深刻而持久的，不但会对情感产生深刻而持久的负面影响，甚至还会使老人出现性格上的变化或者扭曲。所以，要想更好地实现与他们之间的沟通与交流，那就要全面地了解他们的生活环境，明白他们是否过得很好，很舒心。

（三）说话要简洁明了，避免运用复杂的语言

由于高龄人群都存在听力下降的问题，所以，在沟通交流中，我们应充分考虑他们的信息接收能力，说话的声音太小，高龄人群根本无法听清。但是，需要注意的是，如果因为担心老人听不清你说的话，就冲他大喊大叫，这也是很不礼貌的行为，在很大程度上会伤害到他们的自尊心。所以，沟通要适度，要根据不同的状况，采用不同的沟通策略。另外，在与老人交谈的过程中，应尽量避免使用当下的流行语，在不影响思想表达的前提下，简单明了地组织语言。

（四）尊重高龄人群，耐心倾听、交流

尊重对方是沟通的基石，在与高龄人群进行沟通时，要时刻面带微笑，因为笑容能够给人一种亲和感，也表示尊重，有利于拉近双方之间的关系，提升沟通效果。工作人员可以根据老年人不同的职业、性别、文化层次等给予对方一个恰当的称呼，使其心情愉快，自尊心得到满足。同时，在与老人沟通交流时要耐心地倾听，不可粗暴、打断或表现出不耐烦的情绪，说一遍不行就再说一遍，慢慢地讲，让对方一点一点地理解，这样才能达到预期的沟通效果。

🍵 沟通环节

假如你是养老机构里的工作人员小陈，你该如何劝说林奶奶尽快去医院就

诊呢？下面将介绍有效沟通的六个环节。

一、事前准备

（一）了解当事人的背景资料

由于脑出血，林奶奶身体偏瘫，经过长时间的康复治疗后，可通过助行器行动，近期检查又发现患有白内障。长期的康复治疗使林奶奶对自己、对医院的治疗均产生了怀疑，所以才会出现多次询问手术风险的情况。

（二）了解当事人的心理状况

从林奶奶的行为来看，她显得忧心忡忡，非常焦虑，也为自己的犹豫不决感到不满意，出现心神不宁、入睡困难、较易惊醒等情况。

二、确认诉求

有效沟通的一个重要前提是确认双方的需求，明确双方的目的是不是一致的。本案例中，我们的任务是帮助林奶奶消除顾虑，尽快去医院就诊，因此，需要分析林奶奶的真实需求是什么，她真实的想法是什么。

（1）表达想法：林奶奶认为眼睛对一个人来说很重要，这个特殊部位手术不好做，而她对手术表示怀疑，她想了解更多、更详细的手术信息。

（2）情感流露：从林奶奶的行为来看，她显得忧心忡忡，非常焦虑，为自己的犹豫不决感到不满意。

（3）潜在愿望：希望得到同情、理解和安慰，希望自己的儿子能更多地关心和重视她，以帮助自己做出决定。

三、阐述观点

案例中，小陈的回答是不能有效地达到劝服林奶奶尽快到医院就诊的目的的，原因在于这样的回答并没有针对林奶奶的需求。林奶奶的需求一是希望得到同情、安慰，二是对手术确实存在担心，三是希望得到儿子更多的关心与支持。因此，要针对这三个问题回答才能获得理想的结果。可以做出的回答如下：

"这场疾病是意料之外的事情，您能坚强地应对实在很不容易。现在已经为您提供了手术治疗的条件和机会。您儿子主张尽量手术治疗不是没有道理的。当然，我也非常理解您的紧张和担忧。这种手术在这家医院已经做了很多次了，都很成功。我们院也有好几位和您情况相似的老人，我可以详细向您介绍他们手术前后的基本情况……另外，我也和您的儿子进行了深入的沟通，他会陪同您去医院就诊并进行后期的康复训练的，所以，您不要有任何的后顾之忧。"

对上述回答的分析：这个回答比较能与林奶奶产生情感上的共鸣，是针对老人的要求、情感需求和内心的愿望所展开的回答，充满了对老人的关注、理解和支持，故能有效地缓解老人的焦虑。

四、处理异议

沟通中的异议就是没有达成协议，对方不同意你的观点，或者你不同意对方的观点，这时应该如何处理？在本案例中，可能会出现异议的地方有2个。

①林奶奶对手术的担忧。

②她儿子能不能对她有更多的精神支持与情感关怀。

针对第一个问题，可以先与养老院里做过同样手术的老人进行沟通，让他们进行直接交流，给予林奶奶治疗的信心。

针对第二个问题，需要与林奶奶的儿子进行充分沟通，告诉他林奶奶需要更多的支持和关心，希望他通过更多的实际行动来支持林奶奶，给予她信心。

五、达成协议

达成协议就是完成了沟通过程并形成了一个协议。在实际沟通中，任何一个协议都不是一次工作的结束，而只是沟通的结束，意味着一项工作的开始。

在本案例中，劝服林奶奶去医院就诊后，只是劝服的目标达成了，后续的工作才刚刚开始。

六、共同实施

①工作一：先与养老机构中做过白内障手术的老人沟通，希望他们能帮助林奶奶，将手术前后的情况详细地告诉她，增强她去医院治疗的信心。

②工作二：联系林奶奶的儿子，将林奶奶的情况告知他，林奶奶需要他更多的支持与关心。如果继续拖下去，病情只会越来越严重。

③工作三：让林奶奶尽快去医院就诊。

实训演练

薛爷爷，70岁，意外摔倒导致大腿骨折，经过长时间的康复和治疗后，可通过助行器行动，近期发现听力下降非常明显，几乎听不到声音了。工作人员建议薛爷爷赶快去医院检查治疗，但薛爷爷却犹豫不决。请帮助薛爷爷下定决心去医院治疗。

方法指导：针对薛爷爷的情况，可按照上述方法进行操作，但需要注意的是，应事先了解薛爷爷的情况，了解其心理需求和情感需求，从而有针对性地开展劝说，帮助薛爷爷解决后顾之忧。

拓展学习

一起分享工作人员与高龄人群沟通的小诀窍。

一、别让情绪影响你的沟通

即使老年人看上去是在对你发脾气，也不要还击。他的情绪或反应很可能和你一样，是畏惧或感到挫败造成的。做一个深呼吸，然后静静数到10，让他尽情发泄情绪，直至他愿意说出他真正在想的是什么。

二、真诚是沟通的前提

老年人经常会问工作人员一些问题，对于自己不甚了解的问题就直接说"我不知道"，因为我们不可能知道所有的答案，说"我不知道"也是很好的。如果你知道什么就说出来，然后说出你的想法，或者强调你愿意与对方一起找出问题的答案。

三、抓住每次交流的机会

对事实或感受做出正面反应，不要有抵触情绪。比如，说"多告诉我一些您关心的事情"或者"我了解您的失落"，总比说"喂，我正在工作"或"这不是我分内的事情"要好。掌握好每一次的交流机会，很多时候你可能因为小小的心不在焉而与别人逐渐疏远。

四、及时总结并回馈信息

别人说的和我们所听到的可能会产生理解上的偏差。我们个人的分析、假设、判断和信仰可能会歪曲我们所听到的事实。为了确保你真正理解，重复一遍你听到的，说出你的想法并问："我的理解恰当吗？"如果你对某人说的话有情绪反应，就直接说出来，并询问更多的信息："我没有完全理解您的话，我以我自己的方式来理解的，我想您所说的就是……这是您的意思吗？"

五、坦诚

比如，一位老人进了办公室想找你谈谈，但是，这个时候你手头上有一些急事需要处理，你该怎么办呢？是边工作边交谈，还是直接告诉他："我现在手头上有些急事需要处理，半个小时之后您再来找我，或者我过去找您，到时再详细谈，您看行吗？"选择后者可能会更合适，因为坦诚告诉对方自己的处境对接下来的沟通非常有帮助，这就是尊重、真诚，也是沟通的重要前提。

六、给予建设性回馈

如果别人询问你，你刚好知道问题的答案，能不能直接告诉别人应该怎么做呢？记住了，即使你知道问题的解决方法，也需要用婉转的表达方式告诉别人，如"有可能是……"或"我也遇到过这种相似的状况，……就可以帮助解决，您要是认为有用的话，我愿意与您分享更多我的经验"。以上这些比你说"你应该怎么怎么样"好得多。

🔧 能力测评

对于本次任务，可根据学生听课及模拟与林奶奶沟通的情况对学生开展测评。可从知识学习、技能要求和职业态度三个方面开展测评。

项目	测评标准		得分
知识学习(20分)	是否认真听老师讲课(5分)		
	听课过程中有无提出问题(5分)		
	能否回答老师提出的问题(10分)		
技能要求(50分)	模拟沟通是否恰当、规范(40分)	事情准备是否充分(了解当事人的背景情况和心理状态)(10分)	
		是否确认需求(分析当事人最真实的需求是什么)(10分)	
		阐述观点是否合理(消除当事人的顾虑)(10分) 共同实施(开展后续工作)(10分)	
	沟通过程中有无发现或者提出问题(5分)		
	跟同学、老师是否有互动(5分)		
职业态度(30分)	沟通时是否尊重老人,微笑面对老人(10分)		
	与老人沟通时语气是否温柔,语速是否适中,吐字是否清晰(10分)		
	是否能进行有效的沟通,达到沟通的目的(10分)		
总分(100分)			

🔧 课后练习题

一、选择题（选择一个正确的答案，并将相应的字母填入题内的括号中）

1. 书面语言沟通的形式不包括 （　　）

    A. 通告   B. 会议广播   C. 布告   D. 备忘录

2. 告诉对方你在听，同时确定完全了解对方的意思，这是倾听策略中的

                                                             （　　）

    A. 鼓励   B. 询问   C. 反应   D. 复述

3. 有效沟通的重要前提是 （　　）

    A. 确定沟通的目标   B. 确定沟通的内容

    C. 确定沟通的对象   D. 确定沟通的策略

4. "见人说人话，见鬼说鬼话"，是因为（　　）发生了变化，所以，沟通的方式、策略也发生了变化。

    A. 沟通主题   B. 沟通情境

    C. 沟通对象   D. 信息传递发生变形

5. 以兴趣、价值、需求和目标等强调双方所共有的事物，营造和谐的气氛，从而达到积极的沟通效果，这是气氛控制策略中的 （　　）

    A. 联合   B. 参与   C. 依赖   D. 觉察

二、判断题（将判断结果填入括号中，正确的填"√"，错误的填"×"）

1. 沟通的主要作用就是改善关系。 （　　）

2. 语言沟通中的策略不是一成不变的，要根据沟通对象的不同而做出适当的改变。 （　　）

3. 尊重、理解对方是沟通的基石。 （　　）

4. 在语言沟通中，信息的传递都是准确无误的。 （　　）

5. 沟通的策略和沟通的能力是随着实践经验的不断积累而提高的。 （　　）

子单元二 | 非言语式沟通对话策略

> 爱默生说过："人的眼睛和舌头所说的话一样多，不需要字典，却能够从眼睛的语言中了解整个世界，这是它的好处。"在许多场合，人们通常用点头来表示赞美、赞赏、同意，用摇头表示否定或拒绝，用手舞足蹈表示兴奋、高兴。俗语说："眉来眼去传情意，举手投足皆语言。"可见，非言语式沟通在沟通中起着不可替代的作用。

学习目标

知识目标：了解非言语式沟通的基本知识；知晓与高龄人群开展非言语式沟通的常见方式。

技能目标：能掌握高龄人群非言语式沟通的常见类型；能正确分析高龄人群非言语式信息所传达的意思；能使用各种非言语式信息来促进与高龄人群之间的正确沟通。

态度目标：培养学生在各类情境中乐于与高龄人群沟通交流的态度；热爱为高龄人群提供服务的岗位。

情境导入

小陈是某养老机构新入职的工作人员，平日里工作积极热情而且效率高，深受上级领导的赏识。一天早上，小陈刚上班，电话铃声突然响起来了，为了抓紧时间，她边接听电话边同步整理文件。这时，林爷爷走过来找小陈，他看见小陈正在忙，就站在桌前等待。只见小陈一个电话接着一个电话，最后，林爷爷终于等到了与小陈说话的机会，小陈头也不抬地问林爷爷什么事，并且一脸严肃。然而，当林爷爷正要回答时，小陈突然又想到了其他事情，与同办公室的小张交代了几句。这时的林爷爷已经忍无可忍了，他充满怒气地说："你们这些工作人员就是这样对待老人的吗？"说完，就愤然离去……

假如你是案例中的小陈，当遇到这类事件时，你该怎么做？

📖 问题讨论

①这一案例所反映出的问题主要发生在谁身上？为什么呢？

②什么是非言语式沟通？

③非言语式沟通的特征有哪些？

④非言语式沟通有哪些类型？

📅 知识学习

一、非言语式沟通概述

（一）非言语式沟通的定义

非言语式沟通是相对于言语式沟通而言的，是指通过身体动作、体态、语气语调、空间距离等方式来传达信息、进行沟通的过程。在人际沟通过程中，人们常常应用一些非言语式沟通的方式来表达思想，传达情感。例如，一个人捶胸顿足、痛哭流涕，通过这样的方式来表达自己内心的悲痛和难过；相反，眉开眼笑、手舞足蹈，能体现一个人正处于快乐和兴奋当中；再如，宴席上主人频频敬酒是对客人的尊敬与欢迎；久别的朋友见面时紧紧相拥表示双方之间深厚的情谊。

（二）非言语式沟通的特征

1. 普遍性

几乎每个个体从小就具备了非言语式沟通的能力，这种非言语式沟通能力不仅中国人有，外国人也有。不过，由于各国文化的不同，这种非言语的表达方式也有所不同，但就一般意义而言，与各国各民族所使用的语言相比，非言语式沟通的信息共享能力更强一些。国际音乐节和舞蹈节邀请了许多国家的歌唱家共同演出，有时并不需要说同一种语言。音乐和舞蹈可以跨越言语障碍，进行人与人之间的非言语式沟通与交流。

2. 民族性

不同的民族有不同的文化和风俗习惯，这种不同的文化传统和风俗习惯决定了其特有的非言语式沟通符号。比较典型的人际沟通例子是人们通过握手、拥抱和亲吻来表达自己对他人的关心与欢迎。在欧洲一些国家，亲吻、亲鼻是一种礼节，是一种友好热情的表示，尤其是对女性而言。但是，中国人往往不太习惯，而更习惯于通过握手的方式来表达同样的情谊。

3. 社会性

个体的性别、年龄、文化层次、伦理道德、价值取向、生活环境、宗教信仰等因素都对非言语式沟通产生影响。社会中的不同职业角色，不同阶层都对非言语式沟通有着较为细微的规定，如有些年轻人喜欢以相互用手拍肩膀的方式来表达友好或者表示彼此之间是"哥们儿"。

4. 审美性

非言语式沟通所传达的行为举止是一种美德的体现，人们审美观念的形成与年龄、经历有着很大的关系，例如，人的仪表美就是一个有争议的题目。有些年轻人喜欢潮流，追求时尚和个性，会穿破洞牛仔裤，给人的视觉感受就是带点叛逆感，酷酷的。而有些老人则不明白好好的衣服为什么要弄个破洞，不美观也不保暖。

5. 规范性

每一种社会角色都有着被大家承认的行为举止准则，在应用非言语符号时，要考虑沟通对象的文化因素、民族因素、环境因素、年龄因素、心理因素、社会道德因素等。一旦忽略了某种非言语符号所特有的规范性，便会造成误会和理解障碍。

6. 情境性

非言语式沟通一般不能单独应用，不能脱离当时当地的条件、环境背景，包括与相应言语情境相配合。只有那些善于将非言语符号与真实情境相融合的个体，才能将非言语符号应用得更加恰当和准确。

二、非言语式沟通的类型

（一）身体言语沟通

身体言语沟通指的是在沟通过程中通过身体的固有特征或身体的某些动作来表达交流信息。身体言语沟通又划分为个人的身体特征和身体动作，其中，个人的身体特征有体形、气味、高度、体重、头发颜色和肤色等；身体动作有面部表情、手势、眼神、头部和四肢的动作等。

（二）副言语沟通

副言语沟通即通过非言语的声音，如声调的变化、重音和停顿等非言语内容来实现沟通。心理学家将非言语的声音信号称为副言语。

比如，一句简单的口头禅"真棒"，当音调较低，语气肯定时，表示由衷的赞赏；而当音调升高，语气抑扬顿挫时，则可能变成刻薄的讥讽和幸灾乐祸。

（三）环境言语沟通

环境言语沟通指的是通过环境因素来进行信息交流和传递。环境因素又分自然环境、空间环境和时间环境。其中，自然环境包括建筑设计、办公场所、房间布置、家具摆放、色彩搭配、光线、噪声等；空间环境包括空间利用方式、座位布置、空间距离等；时间环境包括准时、迟到或早到、让别人等候等。

三、与高龄人群非言语式沟通策略

（一）端庄的仪表和稳重的举止

大多数老年人刚步入养老机构时，会出现恐惧、焦虑心理，希望由资深、技术能力好的工作人员提供服务，此时，从事养老服务与管理工作的人员若有端庄的仪表、沉着稳重的举止，便可消除老年人的疑虑。工作人员表现出镇定、当机立断等非言语行为，无疑能取得高龄人群的信赖与配合。

（二）身体的姿势与步态

工作人员的身体姿势，包括手势、静止体态、运动体态，如果工作人员风风火火、动作粗暴，会给老年人带来恐惧心理和厌烦情绪；沉着、冷静的心理状态、良好的工作态度与娴熟的技术，可给老年人留下安全和可信赖感，也能使老年人的情绪趋于平稳。

（三）关注的目光和微笑的神情

在人际沟通中，来自面部表情的信息，更容易被人们察觉和理解。老年人会时常仔细观察工作人员的面部表情，特别是当他们想寻求帮助时，此时工作人员应给予亲切的微笑，使老年人从中获得慰藉。目光的接触通常能反映出希望交流的信息，工作人员可以坐（蹲）在老人的身边，投以关注的目光，同时保持微笑的神情，表示出对老人的尊重，这样可增加信赖感。

（四）创造出良好的沟通氛围

老年人有着浓重的恋旧情绪，刚步入养老机构，受到陌生环境等的影响，他们常常会产生孤独感和失落感。所以，在力所能及的情境下，尽量将养老机构布置成家庭的模样，使老人有住在家里的感觉，有利于消除老年人紧张不安的情绪。

（五）适时的触摸

触摸是一种无声的语言，可以传递关心、理解等情感。在专业范围内，审慎地、有选择地使用触摸对沟通起着促进作用。工作人员可握住老人的手，耐心地倾听对方诉说，适当地给老年人拉拉被子，理理蓬松的头发，通过皮肤的接触表现出对老年人的关爱和理解，使他们有安全感。

（六）目光的接触

最理想的情况是，工作人员坐在老年人的对面，保持眼睛和老年人的眼睛在同一水平线上，这样既可以体现双方的平等关系，同时也能表示出工作人员对老年人的尊重。

（七）适时的沉默与投入的倾听

一些患有慢性病的老年人，由于长期被疾病所困扰，对治疗失去信心，会变得狂躁、蛮不讲理，甚至责骂工作人员。这时，工作人员不应对老年人产生厌烦情绪，最正确的做法是适时沉默，同时耐心地倾听，使其压抑的情感得到释放。

沟通环节

假如你是本案例中的小陈，遇到这种情况该怎么做呢？

一、真诚道歉，解释原因

出现本案例中的情况后，小陈应该尽快处理完手头的工作去找林爷爷。需要注意的是，此时不应该马上去找林爷爷，原因在于林爷爷这时正在气头上，还不是沟通的最佳时机。等处理完手头的工作后再去找林爷爷，这个时间差可以让林爷爷的情绪稍微平复一些。

找到林爷爷后，如果林爷爷仍然在生气，言语上颇多指责，就等到林爷爷消气了以后再说话，其间保持沉默，等林爷爷不说话了，再开口道歉，解释事情的原因是今天手头的工作很多，有些工作是非常重要的，需要马上去完成。另外，再询问林爷爷之前过来是有什么需要帮忙，需要自己做些什么。

在这个过程中，要注意非言语式沟通，道歉时要态度诚恳，不应该嬉皮笑脸，可以面带歉意地微笑；在说话的过程中要一直站着，表示对林爷爷的尊重。

二、在今后的工作中提升沟通的能力

（一）提高察言观色的能力

提高察言观色的能力，需要对对方的表情、面相、打扮、动作以及看似不经意的行为进行敏锐细致的观察，在第一时间掌握对方的意图，了解对方的内心世界，从而随机应变，做出正确的反应。在本案例中，如果小陈的电话一直在响，有事暂时忙不过来，则可以直接跟林爷爷说："我现在很忙，您可以半个小时后过来找我；或者我忙完之后再去找您，可以吗？"还有在沟通中如果突然想起一些很重要的事情，比较合适的处理方法是先记录下来，等谈话结束后再去处理，当然如果是一些急事的话，也可以直接跟对方说清楚，表示歉意，说明等这边事情处理完马上会主动去找对方沟通。

（二）提升非言语式沟通策略

注意体态语言的应用。在人际沟通中要注意体态语言对沟通效果的影响。在本案例中，当小陈接完电话后询问林爷爷有什么事情时，面部表情要显示出关切的样子，而且应该站起来表示尊重。

👥 实训演练

小薛是某养老机构的新员工，也是个年轻的"90后"。为了加深对老人们的了解，小薛很希望与老人们聊天，由于担心老人们听不到，小薛说话的声音非常大，有时候老人们听不清楚，小薛说话会更大声，就像大声喊叫，弄得老人们很不自在。渐渐地，老人们都不太愿意与小薛聊天了。小薛觉得很困惑，也不知道自己是哪里做错了。

我们应该如何帮助案例中的小薛更好地与老人们交流呢？

拓展学习

尽管体态语言的作用很大，不可或缺，但由于社会规范、工作环境和任务的需要、心理因素等存在差异，对于不同的人来说，体态语言在流露及表述的层次、程度、方式和姿势上，也会各不相同，甚至截然相反。因此，体态语言的应用也必须讲究一定的原则。

一、自然原则

有的人说话时，动作生硬、刻板木讷；有的人则刻意表演，动作和姿态做作，像在"背台词"。这些都会使人觉得不真实，也缺乏诚意。因此，才有"宁要自然的雅拙，不要做作的乖巧"之说。

二、体态动作要简单精练，不必要的体态语言要去掉

动作简单精练即举手投足要符合一般生活习惯，简洁明了，这样才易于被老年人看懂和接受。如果搞得烦琐复杂，不仅会喧宾夺主，妨碍有声语言的正常表达，也会使听的人不知所措。

三、体态语言的应用要适度得体

适度得体即动作要适量，以不影响听者对你说话的注意力为准；同时，动作必须与说话内容、情绪、气氛协调一致，不要故作姿态、故弄玄虚，甚至手口不一。

四、体态语言要生动有活力

只有生动的体态语言，才能艺术地表情达意，才能给人以美感，从而产生感染力和说服力。而在日常交际过程中，多种体态语言也应相互配合，整体协调、连贯，从而表现出优美自然的风度美、气质美和韵致美，为听众塑造良好的说话形象。

🔍 能力测评

对于本次任务，可根据学生听课、对案例的分析及做出的回复对学生开展测评。可从知识学习、技能要求和职业态度三个方面进行测评。

项目	测评标准		得分
知识学习(20分)	是否认真听老师讲课(5分)		
	听课过程中有无提出问题(5分)		
	能否回答老师提出的问题(10分)		
技能要求(50分)	模拟沟通是否恰当、规范(40分)	事情准备(控制时间差)(5分) 确认需求(消除林爷爷的负面情感)(7分) 阐述观点(解释原因)(8分) 处理异议(应用非言语式沟通)(8分) 达成协议(询问林爷爷有什么事情)(7分) 共同实施(完成林爷爷的要求)(5分)	
	沟通过程中有无发现或者提出问题(5分)		
	跟同学、老师是否有互动(5分)		
职业态度(30分)	沟通时是否尊重老人,微笑面对老人(10分)		
	与老人沟通时语气是否温柔,语速是否适中,吐字是否清晰(10分)		
	是否能进行有效的沟通,达到沟通的目的(10分)		
总分(100分)			

课后练习题

一、选择题（选择一个正确的答案，并将相应的字母填入题内的括号中）

1. 不同的地方有不同的文化和风俗习惯，也决定了其特有的非言语式沟通符号，这说明非言语式沟通具有　　　　　　　　　　　　　　（　　）

    A. 普遍性　　　B. 民族性　　　C. 社会性　　　D. 规范性

2. 年轻人喜欢用手拍对方的肩膀以示友好，但用同样的方式去向长辈或年龄较大的人表示友好则会显得缺乏礼貌，这说明非言语式沟通具有

    （　　）

    A. 普遍性　　　B. 民族性　　　C. 社会性　　　D. 情景性

3. 使用频率最高，形式变化最多的体态语言是　　　　　　　　　（　　）

    A. 手势　　　B. 身姿　　　C. 眼神　　　D. 气味

4. 在说"真棒"时连连点头，说"没劲"时连连摇头，说明非言语行为（　　）

    A. 能代替语言信息　　　　　B. 能重复语言信息

    C. 能否定语言信息　　　　　D. 能加强语言信息

5. 通过重音、声调的变化来实现沟通属于非言语式沟通中的　　　（　　）

    A. 环境言语式沟通　　　　　B. 副言语式沟通

    C. 身体言语式沟通　　　　　D. 距离沟通

二、判断题（将判断结果填入括号中，正确的填"√"，错误的填"×"）

1. 目光接触是非言语式交流的一种特别形式，不需要言语信息也能传递很多内容。（　　）

2. 两个人说话时的距离越近，说明关系越好。（　　）

3. 在言语式沟通中，非言语信息只能起到辅助的作用，意义不大。（　　）

4. 非言语式沟通能更真实地表明人的情感和态度。（　　）

5. 空间越狭窄，人越会觉得有安全感，沟通起来也会很容易。（　　）

学习单元三

基于倾听元素和共情元素的沟通对话策略

在任何场景下产生的沟通行为都需要有一些基本的沟通策略。本单元重点阐述倾听策略、共情策略、PAC沟通策略以及其他一些沟通对话策略的相关知识，并详细介绍如何应用这些策略与老年人进行更有效的沟通。

子单元一 | 基于倾听元素的沟通对话策略

人到老年，自然而然会对之前经历过的生活进行回顾和总结，并特别喜欢将其倾诉给其他人以获得认同。而一部分老年人由于生活条件发生剧烈变化，特别是子女各自成家，产生了极大的孤独感，他们需要与他人交流、向他人倾诉来满足自己的人际需要。基于老年人的这种心理特征，学会倾听策略，是与老年人建立良好沟通的基础。

🎯 学习目标

知识目标：了解倾听的含义；知道倾听策略的基本知识点。

技能目标：能在与老年人的沟通过程中予以倾听；能在倾听时感受到老年人的情感与情绪；能使用各类倾听策略。

态度目标：在倾听过程中，能够做到认真、耐心、全神贯注，并不时予以反馈。

💬 情境导入

陈爷爷，72岁，退休老干部，住在老年公寓里，有两个女儿和一个儿子。最近一段时间，陈爷爷觉得他的两个女儿和一个儿子都太忙了，没有时间来看望自己，感觉比较孤单，平时找个人说说话的机会都没有。而且老年公寓的服务也不是很令他满意，小林作为社区义工特地去看望陈爷爷。

陈爷爷："你们能来看我实在太好了，我都觉得连个说话的人都没有。"

小林："……"

陈爷爷："我啊，有三个孩子，不过他们都很忙，我很希望他们能来看看我，不过也怕他们因为来看我而耽误工作，唉。他们每个月都给我打钱的，钱我真的不愁花，我就是希望有人能陪我聊聊天啊！上次我大女儿来过一趟，就只待了10分钟，以前她很喜欢和我们聊天的，以前老伴在的时候他们说话比较多，自从老伴去世后，他们可能觉得和我这个人聊天没什么意思吧，所以话也不多。"

小林："……"

从以上案例中可以看出，陈爷爷在向别人倾诉。老年人遇到烦恼时特别喜欢向他人倾诉，此时如果能很好地倾听老人的对话，有助于与老年人建立良好的关系。

📖 问题讨论

①在本案例中，如果你是小林，省略号部分你会怎么说？

②想象在倾听陈爷爷说话的过程中，你的姿势、表情和神态是什么样子的。

③"倾听"和普通的"听"有什么区别？

📅 知识学习

一、倾听的含义

倾听是心理咨询的一种技术，也是可以在日常交流中使用的沟通技术。倾听不仅仅是用耳朵去感知对方所讲的内容，更是用心去探索，去发现，在对方言语和非言语的表达中"听"出潜台词、话外音。当对方自觉或不自觉地避重就轻时，还要从其谈话中"听"出主要问题。

二、倾听时的注意事项

倾听的过程中，不能随便打断对方的话，不能随便插入自己对谈话内容的评价，同时还要注意思考，及时注意老人言语背后的情绪。

三、倾听策略的分类

（一）非言语式倾听

非言语式倾听是指倾听者通过目光接触、身体语言、空间距离、沉默等传递信息，让倾诉者有被关注和被重视的感觉，使其愿意与倾听者建立良好的关系。

①目光：一般来说，目光在对方的嘴、头顶和脸颊两侧这个范围内活动为好，大致是在眉毛和嘴巴构成的一个倒三角区域内。目光落在这个区域会给对方一种舒适的、很有礼貌的感觉，并且表情要轻松自然。目光范围过小会使对方有压迫感，目光范围过大则会显得太散漫、随便。

②身体姿势：身体姿势是一种有力的非言语式信息。即使你在言语中表达了倾听的意愿，但如果做出非倾听的身体姿势，同样会让对方感到不受重视从而停止沟通。倾听时，身体微微向交谈者方向倾斜，四肢无交叉、无紧缩感等。

（二）重复

重复就是倾听者全部或部分复述对方所表达的内容。如果老年人在谈自己去世的子女生前的故事，当他讲到"当时儿子和女儿对自己特别好"时，倾听者应点头并重复说"当时他们对您特别好"。重复的内容多为关键内容。对这些关键内容进行重复，有利于老年人缓解或发泄背后隐含的情绪，避免因消极情绪过多潜在地影响其心理健康。重复还可以帮助倾听者引导谈话朝着其希望的方向发展。

不过使用重复策略时也有一些注意事宜，比如，不能过度地应用，以免老人觉得你并不是在真正地倾听，而只是简单的鹦鹉学舌，因此，重复策略要和其他沟通策略一并使用。此外，重复要尽可能避免用专业性或生僻的词汇，言语要清楚、简洁并尽可能口语化。

（三）询问

询问策略是指倾听者为了鼓励对方更多地表达自己，在必要情况下，配合对方的问题与咨询目标，提出相关问题并进行询问。

与老年人开展沟通时，要让他们感觉到被倾听，仅仅靠重复是不够的。而适当应用询问策略能够让老年人进行更多的表达，使沟通的信息更加充分，又能够让他们感受到倾诉被重视。询问策略有两种，一种是封闭式询问，一种是开放式询问。封闭式询问和开放式询问各有优点：封闭式询问特别适合想得到对方的基本资料或者是与否的简单答案时，但如果过度使用，会使对方有被"审问"的压抑感觉，从而影响沟通效果；开放式询问适合在无明确目标的情况下，想了解更多的信息时使用。总体来说，与老年人沟通时，询问策略不宜使用过多，也不能因为提问而使得谈话转移到不重要的话题上去。

（四）澄清

澄清是指要求对方对"含糊、模棱两可或意义隐藏的语句"给予详细叙述，让对方表达的信息更加清楚，澄清反应通常以疑问句的形式表达，并以下面的短句开始，如"您是说……"或"您能试着再描述……"或"您正在说的是……"。澄清的目的在于帮助对方更好地描述，确定信息的准确性，对一些含糊混淆的信息进行明确。在与老年人的交谈中非常有可能碰到交谈内容含糊不清的情况，这时如果要维持正常沟通，保证倾听正常进行，就需要使用澄清策略。

☕ 沟通环节

如果你是本案例中的小林，该如何与陈爷爷沟通？

小林："陈爷爷，您好！"

陈爷爷："你好啊。"

小林：（坐在陈爷爷边上，身体略微向前倾，目光关注陈爷爷）"陈爷爷，今天我们过来看看您。"

陈爷爷："哈哈，你们能来看我太好了啊。"

小林："陈爷爷，最近有什么事情是我们能帮上忙的吗？"（开放式询问）

陈爷爷："最近还好啊，就是有时候一个人有点冷清。"

小林："您觉得冷清啊（重复），您是希望有人多陪陪您唠嗑吧。"（内容反应策略，详见子单元二）

陈爷爷："是啊，你看我这人，平时就是喜欢跟别人聊聊天。刚退休那阵子啊，我还经常参加单位组织的集体活动。你看现在年纪大了，身体也不行了，以前能做的事情现在不能做了，每天只能坐坐躺躺，我自己都不知道可以干什么了。"

小林：（点点头，关注的眼神）

陈爷爷："想我以前当领导的时候，什么人都来找我办事，一会儿这个一会儿那个，我当时对他们很好的，可是退休后，他们好像根本就不理睬我了。有时我给他们打个电话或者要他们给我帮个小忙或者是来陪陪我，他们好像都爱理不理的，真是的！"

小林："陈爷爷，您说的他们是……"（澄清）

陈爷爷："哦，都是以前工作上的所谓朋友啊，现在我算是明白了，这些都是酒肉朋友啊，需要你的时候就来了，不需要你的时候就把你一脚踹开，现在真是什么人都靠不住，甚至连自己的孩子……（沉默）唉（叹气）……"

小林："您的孩子来看过您吗?"（封闭式询问）

陈爷爷：（摇头）"唉，我有三个孩子，不过现在见他们的时间真的不多啊。老大是在一个企业当什么经理，据说管着很多人啊，他啊，以前带他的时候最不省心，总是惹是生非，学习成绩也是一般般，没想到脑子还挺灵活的，不知怎的都管上人了!"

小林："看来您挺为他自豪啊!"（情感反应，详见子单元二）

陈爷爷："算是吧，现在挺有出息的，他现在没时间来看我，我也理解。你说这么一个大公司，他又负责这么多事情，怎么抽得出空来。我听他电话里说他下班都要到晚上七八点钟了，这个点我早就在床上准备睡觉了呢。"

小林："嗯。"（点头）

陈爷爷："我的大女儿啊，她在一个百货商店里工作，真不容易啊，她以前只是一个小小的售货员，现在可是那个商店一楼的总负责啊。对，我给你看看她的照片，我这里也只有大女儿的照片，儿子和小女儿的都不在身边。"（翻出照片来）

小林："很干练的感觉啊。"

陈爷爷："是吧，很能干，不过工作也是太忙，哎。小女儿就别说了，根本就不在国内，她现在在国外工作，一年回来一次算不错了，有时候甚至都不回来啊。现在还真想她，她最乖巧了，小时候总是特别黏我，她妈妈去世之后更是这样，现在去国外了，我想她应该也是想我的，唉，年轻人啊，终究有自己的事业，只剩下我这个老头，孤零零的……"

小林：（同情的表情）"孤零零旳。"（重复）

陈爷爷："可不是嘛，我从来不缺钱，我退休工资还不错，三个孩子也会定时给我打钱，可我这钱能用在哪里呢？我没什么地方想用钱啊，有时我会把存起来的钱拿出来给我的孙子外孙女买点玩具，等他们来看我的时候给他们。不过他们这么忙，有时候他们带着孙子外孙女来，我都忘了把玩具拿出来，唉，人老了，真的是不中用了，记忆力也差。"

小林："陈爷爷，看得出您特别喜欢您的孙子和外孙女，能跟我说说您的孙子和外孙女吗？"（开放式询问）

在以上的对话中，小林首先以倾听的身体姿态面对陈爷爷，然后在和陈爷爷的沟通对话中使用倾听策略中的询问、重复、澄清等，使陈爷爷感到他的话受到重视，他的话有人听，同时也更愿意吐露心声。

需要注意的是，倾听策略的使用，没有特别明确的步骤，因为与每个老年人的每一次谈话都不一样，因此，具体在何时使用倾听的哪一种策略需要沟通者自己把握，但倾听应该要自始至终地贯穿在与老年人的沟通对话中，它也是其他沟通的基础。

实训演练

张大爷和陈大爷居住在同一个小区，最近他们心情都不太好，因为他们都遇到了骗子。当社区工作者小汪去找他俩的时候，听见他们正在谈话。

张大爷说："你说我这把老骨头，真是糊涂啊。原来在家帮忙看小孙子也挺好，可这心啊就是不安分，觉得自己年纪虽大还能成点事。有一天，在路上遇到了一个小伙子，他又是递烟又是送饮料地拉着我聊了半天，说是让我去参加个什么会，花多少钱投资就有好几倍的回报。我一想自己现在也不挣钱，就那么点退休金，如果能多赚点生活费也是件好事。就这样稀里糊涂砸进去两千元。最后才知道，压根不是我理解的那层意思，钱拿不回来不说，这苦水还得自己往肚子里咽，还不能让孩子们知道，唉……"

陈大爷说："你还好了，只是花了两千元，我可是五六千元打了水漂呢！你也知道，我的儿女们都在国外，说是过几年就把我也接过去。我活到七十多岁了，也没去过国外，就想趁现在把身体养得好好的，等着到国外享享儿孙福。上次看到个广告，说是有个保健品是古代给皇帝吃的，是什么宫廷秘方，含有雪莲、鹿茸、人参之类的名贵药材，还送货上门。我打了电话之后就来了个小姑娘，左一个大爷右一个大爷嘘寒问暖了半天，还给我介绍了这东西怎么怎么好，最后我一口气买了三个疗程的药。吃了三个月，效果没看到，反倒把胃给吃出毛病了。本想找他们理论的，可打那电话，竟是空号。"

小汪以前了解过这两位老人，他们的子女都不在这个城市，张大爷儿媳妇嫌弃张大爷不能带孩子，觉得张大爷没用。陈大爷则很想念在国外的儿孙，总是担心国外的儿孙不能适应生活，不能好好地照顾自己。

分小组模拟，一人扮演张大爷或者陈大爷，另一人扮演小汪开展对话，要求使用倾听的各种策略，之后两人互相练习。

拓展学习

一、老年人的心理变化对沟通的影响

（一）角色的转变导致啰唆、爱教训人

由于社会角色与家庭角色的转变，老年人更倾向于以教育者的姿态与人开展对话，那样可表现出他们的威望。一些曾在单位担任过要职的老年人，更难融于普通的群体。其主导者的心态很难转变，最突出的表现就是啰唆、爱教训人。

（二）怀旧心理导致爱讲从前的故事

老年人都有将自己的记忆和经验与他人分享的心理，常见于对用过的物品、相册、信件等有特别的依恋情结，常在有人来时拿出来把玩介绍，只要别人对

它们感兴趣，他们就会感到自豪，有成就感。

（三）认知固化导致不容易改变主意

老年人经历得多，对很多事情有自己的看法，这些看法和观点比较牢固，因此在沟通时很难改变老年人的态度。

二、与老年人沟通的合适态度

（一）心态

要和蔼可亲、平易近人，脸上常带微笑，让老人能感受到你的亲切。

（二）位置

不要让老人抬起头或远距离跟你说话，那样老人会感觉你高高在上，难以亲近，应该近距离弯下腰去与老人交谈，这样老人才会觉得与你平等，觉得你重视他。

（三）言语

说话的速度要相对慢些，语调要适中，有些老人存在弱听，则须大声点，但还要看对方的表情和反应，以此去判断对方的需要。

（四）了解情况

要了解老人的脾气、喜好，可以事先打听或在日后的相互接触中慢慢了解。

（五）话题选择

要选择老人喜爱的话题，如家乡、亲人、年轻时的事情、电视节目等，避免提及老人不喜欢的话题，也可以先多说一下自己，让老人信任你后再展开别的话题。

（六）真诚的赞赏

人都渴望自己被肯定，老年人就像小朋友一样，喜欢被表扬、夸奖，所以你要真诚、慷慨地多赞美他，他一高兴，谈话的气氛也会活跃很多。

（七）应变能力

万一有事情谈得不如意或老人情绪有变化时，尽量不要劝说，先用手轻拍对方的手或者肩膀安慰，稳定对方的情绪。

能力测评

对于本次任务，可根据学生听课及模拟与陈爷爷的沟通开展测评。可从知识学习、技能要求、职业态度三个方面开展测评。

项目	测评标准		得分
知识学习(20分)	是否认真听老师讲课(6分)		
	听课过程中有无提出问题(6分)		
	能否回答老师提出的问题(8分)		
技能要求(50分)	模拟沟通是否恰当、规范(40分)	各种倾听策略是否都使用到(10分) 非言语倾听是否能够做到(5分) 重复策略的使用是否妥当(5分) 澄清策略的使用是否恰当(5分) 开放式询问的使用是否妥当(5分) 封闭式询问的使用是否妥当(5分) 倾听时态度是否有向老人反馈(5分)	
	沟通过程中有无发现或者提出问题(5分)		
	跟同学、老师是否有互动(5分)		
职业态度(30分)	沟通时是否表现得有耐心(10分)		
	沟通时语气是否温柔,语速是否适中,吐字是否清晰(10分)		
	沟通时是否全神贯注(10分)		
总分(100分)			

课后练习题

一、选择题〔选择一个正确的答案，并将相应的字母填入题内的括号中〕

1. 不属于倾听策略的是　　　　　　　　　　　　　　　　　　（　　）

　　A. 重复　　　　　　B. 投射　　　　　C. 询问　　　　　D. 澄清

2. "陈爷爷，能具体说说什么事让你不开心了吗?"这句话运用了 （ ）

    A. 开放式提问   B. 封闭式提问

    C. 直接逼问   D. 间接询问

3. 要求对方对于"含糊、模棱两可或意义隐藏的语句"给予详细叙述，让对方表达的信息更加清楚的策略是 （ ）

    A. 开朗策略   B. 重复策略

    C. 澄清策略   D. 询问策略

4. 关于重复，错误的是 （ ）

    A. 重复可使对方意识到你正在注意听他谈话

    B. 重复可对其继续倾诉起到鼓舞作用

    C. 重复越多越好

    D. 重复要尽可能避免生僻词汇

5. 老年人性格特征对沟通的影响不包括 （ ）

    A. 角色的转变导致啰唆   B. 怀旧心理导致爱讲从前的故事

    C. 认知固化导致不容易改变主意   D. 经验丰富导致教训口吻

二、判断题（将判断结果填入括号中，正确的填"√"，错误的填"×"）

1. 倾听时合适的身体语言，往往表现出身体微微向后倾。 （ ）

2. 倾听，就是在听的过程中，不随便打断对方的话，不随便插入自己对谈话内容的评价。 （ ）

3. 倾听时，目光范围过小会使对方有压迫感，目光范围过大则会显得太散漫、随便。 （ ）

4. 与老年人沟通时，双方应该离远一点，以表示尊重。 （ ）

5. 与老年人交谈的语速要相对慢些，语调要适中。 （ ）

子单元二 | 基于共情元素的沟通对话策略

> 在与老年人沟通的过程中，理解老年人是和老年人建立良好关系并开展良好沟通的重要环节。因此，共情策略是与老年人沟通不可或缺的策略。

🎯 学习目标

知识目标：了解共情策略的含义、重要性；了解共情策略的基本知识点。

技能目标：在与老年人交流时能够开展共情；会使用内容反应和情感反应；能分辨不同层次的共情策略。

态度目标：在共情过程中，能够做到耐心、认真、全神贯注；在学习过程中，对共情策略有足够的关注度。

💬 情境导入

陈爷爷在与小林聊了他的儿女后，又开始抱怨起来了。

陈爷爷："现在住在这里其实挺好的，但就是你们不知道，隔壁有个孙老头，总是很晚睡觉，晚上不知道怎么回事老是弄出很大的声响，我这人本来睡眠就不是太好，这么一弄我还睡得着嘛，每天晚上睡觉的时候就心烦！"

小林："……"

陈爷爷："有一次我和那个孙老头去说理，想不到他恨得不得了的样子，还说又没妨碍到我，说其他隔壁的人怎么没有提意见就我提意见，我看见他这个态度，真是恨得不得了，你说怎么会有这么一个人呢！"

小林："……"

陈爷爷："要是换作我，我一定会心平气和地说，不就是晚上轻一点嘛，早点休息嘛！年纪大了还不消停，听说他的儿女都不怎么来看他的，他这样一个人，我看儿女和他的关系也不怎么样！"

小林："……"

陈爷爷："我当然去和公寓的管理员说过这个事情啊，管理员当时说得挺好的，说一定会帮忙转达意见的，会好好和他说的。我就想这事情一定能够解决的啊，想不到根本没什么好转，我后来找管理员说这个事情，这管理员呢，只会打哈哈，都没有正面回答问题，只是说会照顾所有老人的想法。我说你连我一个人的想法都照顾不了，你怎么照顾所有人？你说对不对？"

小林："……"

陈爷爷："听老西头说，这孙老头可能还有些来头，一定是用什么办法把管理员给摆平了，唉，我现在真是烦啊，这里其他条件都挺好，搬出去住的话，我估计找不到比这里更合适的了，再说都已经习惯这里的生活了。不过，要是不搬出去，我都要被这个孙老头气死、烦死了，晚上一睡不好早上就没精神，身体估计要一天比一天差！"

小林："……"

📖 问题讨论

①在本案例中，如果你是小林，省略号部分你会怎么说？

②从沟通过程中可以看出，陈爷爷主要的情绪有哪些？请用尽可能多的词汇来描述。

📅 知识学习

一、共情策略的含义

共情又称为投情、同感心、通情达理等。它既是心理咨询的理念和技术，也可用于日常人际沟通中。按照人本主义心理学家罗杰斯的观点，共情是指体验别人内心世界的能力。它包含三方面的含义：第一，借助对方的言行，深入对方内心去体验他的情感、思维；第二，把握对方的体验与他的经历和性格之间的联系，更好地理解问题的实质；第三，运用策略，把自己的共情传达给对方，以影响对方并取得反馈。共情需要理性，不能代替当事人做感性判断。

二、共情在与高龄人群沟通中的意义

首先，通过共情，沟通者能够设身处地地准确理解对方，把握老年人的内心世界。其次，通过共情，沟通者能使对方感到自己是被理解、被接纳的，从而与老年人建立起良好的关系。再次，沟通者的共情，鼓励并促进了老年人的自我表达，有助于老年人情绪的宣泄，也能促进双方彼此了解。最后，老年人往往迫切地需要情感倾诉，共情策略的使用能够起到非常好的效果。

三、共情策略的使用

在使用共情策略时，所表达的内容通常包含两部分，一部分为简述对方叙述的内容，另一部分为整理对方所体验到的情绪，两者单独使用时分别称为内容反应和情感反应。

（一）内容反应

内容反应也称为释义，是指把沟通对象的主要言谈、思想加以综合整理，再反馈给对方，以达到加强理解、促进沟通的目的。沟通者以简明的方式反馈对方的思想，有助于对方更清晰地做出决定。老年人往往在表达上有模糊、固定的特点，内容反应可使他们再次分析自己说过的话，深化会谈的内容。

举例：

老人："我就在家里帮孩子做事情，带带小孩什么的，可是我儿媳妇总是对我不满意，说我教育孩子的方法落后，哪里落后了，落后怎么会带出两个小孩来，你老公还不是我带出来的啊。这些年轻人，有时真不知道怎么想的。"

沟通者："您的儿媳妇不满意您教育孩子的方式，但您觉得自己的方法没有问题，而且您觉得难以理解年轻人。"

（二）情感反应

情感反应是指把沟通对象所陈述的有关情绪和情感的主要内容仅做概括、综合与整理，用自己的话反馈给对方，以加强对方对情绪、情感的理解，进而促进沟通。情感反应的关键是对沟通对象情感的察觉。

使用情感反应时需要注意以下事项：①要辨认对方的情感，不仅要注意对方叙述中具有感情色彩的部分，还要注意对方的行为（姿势、语调、说话速度、其他的态度）；②还需辨认对方情感的整体范围，即辨认言语或非言语行为所传达的不同情感；③使用感情词将所觉察到的情感反馈给对方。

举例：

老人："我也不知道为什么，他总是来看我，我和他其实不是很熟啦，就是有一次在寺庙里碰见过他，他说我长得像他妈妈，我那个时候就和他聊了几句，他说他妈妈去世了，以后把我当成妈，以后要来看我。当时我也以为他只是说说的，想不到后来真来看我了，我就觉得这人不错。但是，他给我买了很多东西，我觉得挺不好意思的。后来几次他来的时候，我就觉得很难受了，觉得挺烦的，心想我和他不熟悉，为什么他三番五次来看我，还买很多东西来？觉得怪怪的。"

沟通者："您对他的热情有点不自在，您觉得在不熟络的情况下，他的行为让您挺疑惑的，和他的相处又让您觉得尴尬。"

在以上例子中，老人表达的主要情感是和某人交往尴尬、疑惑、不自在，用情感反应策略将这些情感反馈给老人，有助于沟通的继续。

（三）共情的层次

共情策略可以分为初层次共情与高层次共情。在进行沟通时可以根据与沟通对象的关系，以及沟通的环境特点来选择不同层次的沟通。

1. 初层次共情

使用初层次共情时，回应的内容是对方"明白表达"的感觉与思维。初层次共情适用于沟通早期，或与沟通个体尚未构建出良好关系之时。

举例：

老人："今年九月开始，我就到了这个养老院。其实我真不想来的，但是子女都劝我过来，我也没办法，事先他们都没问过我意见，直到他们跟我说了才知道他们都已经安排好了。现在在这个养老院又有很多烦心事，我在这里算个文艺骨干，因为我会拉二胡啊，经过几次表演，竟然有不少人妒忌我，最近我考上了老年大学，他们更是表面上奉承暗地里说了我不少坏话。现在有些管理员可能是听了他们的话，还经常给我小鞋穿，让我做这做那，表面上还说是为我好，其实我都知道，就是针对我。搞得我现在都没有时间准备老年大学的课程，真是烦死了。"

沟通者："因为儿女不经过您的同意而将您安排到这里，您觉得不解和无奈，但也只好接受。在这里您又遇到了别人的妒忌，您非常生气，目前您没有时间和精力准备老年大学的功课，心有余而力不足，内心焦虑不已。"

在以上共情策略的使用中，生气、焦虑、心有余而力不足都能够在老人的谈话中被直接感受到。

2. 高层次共情

使用高层次共情策略时，回应的内容是对方叙述中"隐含"的感觉与想法。高层次共情策略不但能够传递对沟通对象的了解，而且能协助对方全方位了解自己未知或逃避的部分。

事实上，在普通的沟通过程中，初层次共情已经足够使沟通顺利进行。而高层次共情适用于沟通的中后期，即与对方已经构建出了和谐的关系时。

举例：

老人："说起来，不好意思了，年岁这么一大把了，我却好像对她有好感了。她长得非常好看，人又好，特别会体贴人（眉头紧皱，音量变小）。我只敢从远处遥望，不敢主动接近。其实有几次机会，可以增进彼此的关系，可是，当她和我说话或靠近我的时候，我就不由自主地退缩（双手交叉放在胸前，上半身往前缩），然后借口跑开了。每当想到我这个年纪对爱情没有希冀了，我就觉得眼前的世界一片混沌，有时候却又感觉异常兴奋，就又提醒自己，一定要珍惜机会，来一场有意思的黄昏恋。我就在这样的状态下度过了3年时间，但是，一转眼这个机会就丧失了，就是不知为什么，还是无法鼓起勇气表达这份爱恋，我都不知道我这样的想法是否正常。"

沟通者："该名阿姨的优秀条件让您感受到自卑了，其实年龄并非您的真实困扰，所以，您也一直无法鼓起勇气对她展开追求，来一场有意思的黄昏恋。眼看着该机会慢慢消失，您虽倍感焦虑，却无能为力，您害怕自己的犹豫与胆怯，害怕在彷徨中逐步丧失机会。"

在上述案例中，老人出现了自我埋怨、心急如焚等负面情绪，这些虽然无法从老人的话语中获得直观感知，但是其中的负面情绪却无处不在。

☕ 沟通环节

陈爷爷与小林的对话继续，双方之间的对话围绕隔壁床孙爷爷展开。

陈爷爷："还有，你看那个小王，他以前专门负责我和隔壁床孙老头的日常照护起居，但是后来因为其他工作安排被调走了。我一直觉得他对隔壁床的孙老头偏心。在孙老头那里，他经常都是笑容满面，在我这里就经常摆着一副臭脸，就像我欠了他一百万似的，叫他都不太搭理我，每次我看到他心里就烦闷，我为什么要在这里受他的气？"

小林："小王对您的态度和对孙爷爷的有所不同（内容反馈），您感到非常委屈与生气（情感反馈），觉得自己遭受到了不对等待遇（内容反馈）"。

陈爷爷："是呀，小王这人就是人品不好，比较势利，比较喜欢与有钱有地位的人结交，上次我们这里住进来一位退休的干部，小王就常常在他面前献殷勤，特别是有家属过来的时候。听说家属还给他塞钱了，你说这样一个人怎么能来这里为老年人服务呢？你们单位是怎么把这样的人给招进来的呢？"

小林："您感到内心不快（情绪反馈），因为小王巴结有钱有势的人，而看不起您，您觉得养老院不应该将这样的人招进来（内容反馈）。"

总而言之，共情并没有特别明确相应的沟通细节，主要由内容反馈与情绪反馈所组成，在恰当的时候均可以应用。

👥 实训演练

一家老年福利院新入住了一名71岁的林大爷，他自从入住以来每天都是独自行动，胃口较差。福利院基于对林大爷身体健康的考虑，采取多种方法为林大爷准备各式各样的美食，甚至餐饮部的工作人员从自己家乡快递来很多小吃，想激发林大爷的饮食欲望，但各种努力均达不到成效。眼看着林大爷身体愈加消瘦，身体状况一天不如一天，福利院邀请了林大爷的儿子来开展说服工作。林大爷的儿子在听完工作人员的情况说明后情绪比较激动，当场便对老人进行了训斥，并强行给林大爷喂饭，后被工作人员制止。无奈之下，工作人员向社会工作者寻求帮助。

社会工作者在了解到林大爷的基本情况后，主动联系了林大爷的儿子。根据其儿子介绍，林大爷是一位离退休老干部，原来是一个非常自信的人，而且性格开朗、通情达理。但是，他自退休后，性格也发生了明显改变，特别是在两年前老伴离世后，情绪相对低落，而且被医院诊断为患有高血压与冠心病，且经常发病。由于子女每天忙于工作，他在白天无人照料，家人怕老人突发疾病而周边无人照护，所以，经过多次考虑，将林大爷送到福利院。

社会工作者在全方位了解林大爷的基本信息后，在遵循尊重与接纳等原则的前提下，借助同理心原则与林大爷开展了第一次会面，并构建出了初步的信任关系。社会工作者表示自己想听听林大爷对现存问题的看法，老人明确提出自从他退休后原来单位对自己并不关心，而老伴也离世了，家中的子女不征求他的意见就将他送至福利院，是把他当成了累赘，不要他了，他觉得活在世上也已经没有任何意思了，还不如自生自灭一死了之。

请同学们进行角色扮演，一人扮演林大爷，一人扮演社会工作者，借助共情策略以及之前所掌握的倾听等策略开展沟通模拟练习。

📈 拓展学习

共情是人类在进化过程中使人类自身获得发展与完善的一个很重要的人格品质。共情具有十分重要的心理保健能力。一个社会人，他是否有共情能力及共情能力的大小，不仅影响到个人的精神情感，更直接影响到个人的人际交往能力。一是因为具备了共情的习惯，所以，能最大限度地理解别人，遇到问题时就不会轻易产生激烈的消极情感；二是因为个体并不受到负面情绪的干扰，所以，能够相对理性地、就事论事地处置相应问题。举例来说，以往在面对孩子的谎言时会突然发怒的父母，在懂得共情后，就能重新理解孩子的行为，知晓孩子是因为紧张或者恐惧才出现了"否认"，这只是一种本能的自我保护，并不是真正想要以谎言欺骗父母。当面对一个看起来十分傲慢无礼的人，一个具有共情能力的人会想"他是不是心情不好"或者"他是不是受过别人的伤害"，而一个缺乏共情能力的人可能会想"他凭什么那么傲慢"或"他凭什么对我这么无礼"，这两种想法会导致不同的心情。

🔍 能力测评

对于本次任务，可根据学生听课及模拟与陈爷爷的沟通开展测评。可从知识学习、技能要求、职业态度三个方面开展测评。

项目	测评标准		得分
知识学习（20分）	是否认真听老师讲课（6分）		
	听课过程中有无提出问题（6分）		
	能否回答老师提出的问题（8分）		
技能要求（50分）	模拟沟通是否恰当、规范（40分）	是否使用内容反馈策略（7分） 内容反馈策略的使用是否妥当（7分） 是否使用情感反馈策略（7分） 情感反馈策略的使用是否妥当（7分） 初层次共情的使用是否恰当（6分） 高层次共情的使用是否恰当（6分）	
	沟通过程中有无发现或者提出问题（5分）		
	跟同学、老师是否有互动（5分）		
职业态度（30分）	沟通时是否表现得有耐心（10分）		
	沟通时语气是否温柔，语速是否适中，吐字是否清晰（10分）		
	沟通时是否全神贯注（10分）		
总分（100分）			

📱 课后练习题

一、选择题（选择一个正确的答案，并将相应的字母填入题内的括号中）

1. "在生活中，可能您的老伴会嫌弃您没有前途，但您又觉得自己这么多年来已经为家庭做出了努力，您觉得自己的老伴无法理解您。"这句话用的是　　　　（　　）

   A. 情感表达　　　B. 情感反应　　　C. 内容表达　　　D. 内容反应

2. 将交流对象的言语、思想进行全方位整合，再将信息反馈给对方的方式叫作　　　　（　　）

A. 情感表达　　　　B. 情感反应　　　　C. 内容表达　　　　D. 内容反应

3. 将沟通对象所表达出来的涉及情感、情绪方面的内容进行综合、整理、概括，借助自己的语言再次将内容反馈给交流对象的策略是　　　（　　　）

A. 情感表达　　　　B. 情感反应　　　　C. 内容表达　　　　D. 内容反应

4. 回应的内容，是对方表达中所"隐含"的感觉与想法，这是　　　（　　　）

A. 低层次共情　　　　　　　　　B. 中等层次共情

C. 高层次共情　　　　　　　　　D. 超共情

5. 使用情感反应时的注意事项不包括　　　　　　　　　　（　　　）

A. 随时进行反应　　　　　　　　B. 辨认对方的情感

C. 注意对方的行为　　　　　　　D. 使用感情词

二、判断题（将判断结果填入括号中，正确的填"√"，错误的填"×"）

1. 使用高层次共情策略时，回应的内容是对方表达中所"隐含"的感觉与想法。（　　　）

2. 共情又称为同情。（　　　）

3. 沟通者的共情，鼓励并促进了老年人的自我表达，但不利于情绪的宣泄。（　　　）

4. 共情需要理性，而不能代替当事人做出感性判断。（　　　）

5. 共情对助人没有直接效果。（　　　）

学习单元四

与高龄人群首次会面的沟通要点

　　人与人的第一次交往给人留下的印象，在对方的头脑中形成并占据着主导地位，这种效应即第一印象。在养老服务行业，与老年人的首次会面同样很重要，由于老年人相对固执，无论给老年人留下美好还是糟糕的第一印象都将很难改变。因此，与老年人的第一次见面显得尤为重要。

子单元一 ｜ 首次会面礼仪

　　中国素有"礼仪之邦"的美誉，礼仪在中国可谓历史悠久。会面礼仪是日常社交礼仪中最基础与最常用的礼仪，作为老年服务工作者，掌握必要的会面礼仪，能给老年人留下美好的第一印象，为之后顺利开展工作打下基础。

◎ 学习目标

　　知识目标：掌握与老年人第一次会面时的礼仪规范和要求。

　　技能目标：能够根据礼仪要求开展与老年人的第一次会面。

　　态度目标：在与老年人的相处过程中，具备关心、体贴的情感，尊重、敬重老年人，真诚地与老年人沟通。

情境导入

小张是养老护理专业的一名大二学生，暑假期间在某养老机构内参加为期一个月的社会实践。李奶奶刚从政府部门退休，因为夫妻离异，子女又常年定居在国外，无法陪伴在身边，所以，在参观了当地多家养老机构后，李奶奶选择了小张实习的这家高端养老机构入住。入住当天，由小张的带教老师负责接待。小张第一次见到李奶奶时，一听说李奶奶来自政府部门，一下子显得手足无措，大脑一片空白，她觉得李奶奶很有气场，看起来比较严肃，不苟言笑，因此跟在带教老师身边什么话都不敢说，也不敢看李奶奶，一直低着头。老师让小张带着李奶奶参观下她的房间，面对李奶奶的提问小张竟紧张得语无伦次……

问题讨论

①你认为案例中的小张在接待李奶奶时的表现怎么样？

②与老年人第一次见面时应掌握哪些方面的礼仪？

③与老年人第一次见面时有哪些注意事项或禁忌？

④你认为学习与老年人第一次见面的礼仪重要吗？为什么？

⑤你认为老年人在初次入住养老机构时会有哪些心理变化？

知识学习

一、老年人见到陌生人时的心理行为特点

（一）紧张感

从心理学上讲，在遇到陌生人时总免不了有些紧张。老年人亦如此，尤其是一些偏内向性格的老年人，在第一次见面时或多或少地会表现出紧张无措感。

（二）不信任感

信任是一种依赖关系，是人际交往中弥足珍贵的情感，它的建立需要时间的积累，在陌生人的初次见面中，最缺乏的就是彼此的信任和依赖。老年人受到人生阅历的影响，见多识广，并不容易随便信任一个陌生人。因此，与陌生人初次会面时产生不信任感也是其较常见的心理特征。

（三）自卑感

由于生理机能的退化，体貌越来越老化，肌肉松弛、牙齿松动脱落、耳聋眼花、手指哆嗦、运动障碍、记忆力下降、疾病缠身等，老年人越来越自卑，不想被人看到自己老年的"悲惨"现状。因此，老年人在与陌生人会面时，会特别在意自身尊严，产生自卑感。

受到上述心理变化的影响，老年人在第一次见面时常常表现得沉默不语，神色淡然，先等对方开口，待到了解对方的目的和来意之后，才会慢慢消除疑虑。

二、与老年人第一次会面前的准备

老年服务工作者与老年人的首次会面往往发生在老年人新入住养老机构时，或者当养老服务工作人员为新入职的员工时。无论属于哪一种情况，对老年人和养老服务工作人员来说，他们彼此都是陌生的。那么，如何使老年人以最快的速度接纳工作人员，在彼此之间建立起信任感呢？对于养老服务人员来说，做好与老年人第一次会面前的准备工作就显得尤为重要。

（一）仪容仪表的准备

仪容指的是一个人的容貌；仪表指的是一个人的外表。仪容仪表包括容貌、服饰、体态、举止等方面。良好的仪容仪表不仅展现了个人的精神面貌，而且是一家机构气氛、规格、服务水平的体现。因此，养老服务人员应做到仪容的修饰美，包括美观、整洁、卫生、得体、貌美、发美、肌肤美。一般来说，女员工可以化职业淡妆，若是长发还可以束起来或盘起来，男员工不留胡须，头发不宜过长，要勤修剪并保持清洁。着装上尽量以简洁大方为主，避免奇装异服或过于彰显个性的服饰搭配，可着职业套装，从而给老年人留下一个端庄、稳重、富有亲和力的形象。

（二）自我介绍的准备

自我介绍在第一次会面时必不可少。在与老年人的第一次会面中，养老服务工作者通过恰当的自我介绍可以增进老年人对自己的了解，帮助老年人在较短的时间内对自己建立起信任感。按照礼仪的惯例，自我介绍中由地位低的一方先介绍。比如，主人在接待客人时应先介绍自己；男士和女士初次认识时，由男士先做自我介绍；晚辈要先向长辈做自我介绍；等等。位低者先介绍，这是非常重要的一个细节，以示对对方的尊重。因此，在与老年人的交往中应由养老服务工作者先自报家门。

一般而言，在正式的自我介绍中，单位、部门、职务、姓名缺一不可。供职的单位及部门，可能的话最好全部报出，具体工作部门有时也可以省略。在自报姓名时应当一口报出，不可有姓无名，或有名无姓。有职务的最好报出职务，职务较低或者无职务则可报出目前所从事的具体工作。比如："张奶奶，欢迎您入住我们××公寓，我是您的生活管家陈玉兰，您可以叫我小陈。"在整个自我介绍过程中，一般先递名片；其次把握时间，尽量简短；再者要注意内容的完整，力求给对方留下一个清晰、准确、深刻的印象。

☕ 沟通环节

一、表情礼仪

现代心理学家总结过一个公式：感情的表达＝言语（7%）＋声音（38%）＋表情（55%），其中表情包括微笑和眼神，这在服务行业中显得尤为重要。

卡耐基在《人性的弱点》一书中提到："在一个适当的时候、恰当的场合，一个简单的微笑可以创造奇迹，可以使陷入僵局的事情豁然开朗。"世界著名的希尔顿酒店要求每个员工无论多辛苦，也要对顾客投以微笑，即使在经济危机时也依然坚守这个理念。正如它的创始人唐纳德·希尔顿所说："酒店如果缺少了服务员的美好微笑，好比花园里失去了春天的太阳和春风……"希尔顿酒店的微笑服务为其赢得了极大的声誉。同样具备服务性质的养老机构，养老服务工作者在与老年人第一次见面时，保持自然、真诚、友善的微笑是非常重要的，它能让老人感觉到温暖和安全。"三米六齿"国际微笑原则提出："当他人在离你三米时可以看到你绝对标准迷人的微笑。"当我们这样做时，相信即使是固执的老人也能被你充满真诚关爱的微笑所感动。

眼睛是心灵的窗户，它在很大程度上能如实反映一个人的内心世界。眼神是人在交往时的一种无声语言，往往可以表达有声语言难以表达的意义和情感。一个良好的交际形象，目光应是坦然、亲切、和蔼、有神的。在与老年人的第一次会面时，工作人员应通过真诚的眼神来表达对老人的尊敬、关心、热情和耐心。导入案例中的小张在第一次见到李奶奶时因为紧张而眼神闪躲，这对双方信任感的建立是非常不利的。

二、交谈礼仪

在与老年人第一次会面时，要注意多多使用礼貌用语。比如，使用礼貌称谓"奶奶""爷爷""您"以及一些基本的日常礼貌用语，让老年人感到自己是受尊重的。同时，要注意交谈中的主动性并保持耐心，尤其当遇到老年人不会讲普通话、听不懂普通话或存在听力障碍时，应尽可能放慢语速，必要的时候向有经验的工作人员请教或由老年人熟悉的人员引见。

三、举止礼仪

英国哲学家培根有一句名言："相貌的美高于色泽的美，优雅合适的动作美又高于相貌的美，这是美的精华。"这句名言充分体现了人们对举止礼仪的重视。在与老年人第一次会面时，可与老年人亲昵地握手，且一般应遵循"尊者决定"的原则，由尊者也就是老年人先伸出手来。握手的时间也不应太久，大约持续三秒钟，有力但不能握痛，以体现对老年人的好感和尊重。另外，站、坐、蹲、行时均应保持良好的姿态。一般要求站立时应该俯身或弯腰与老人交谈，不可摆出一副高高在上的姿态；坐相端正、得体，不可跷二郎腿或抖腿；蹲下时，抬头挺胸，保持上身挺拔，慢慢把腰低下，臀部向下，神情自然；行走时头正、肩平、躯挺、步位直，步幅适度，步速平稳。

四、结束礼仪

在第一次交谈时应注意对老年人谈话的积极性进行评估，当老人感到疲惫时应立即结束交谈。同时，要向老年人做礼貌的告别，比如："李奶奶，很高兴能与您认识和交谈，聊了这么久您应该累了吧？我就不打扰您休息了，下次再来看您。"

实训演练

小陈在某高端养老机构从事管家服务已有5年，业务能力受到领导认可。领导决定对小陈进行进一步培养，将其派往上海总部工作锻炼半年。小陈非常珍惜这次难得的机会，但刚到总部接待的第一位老人就令他感到有点手足无措。原来这位老人是位地地道道的上海人，小学文化，并不会说普通话，而小陈来自四川，完全听不懂老人说的话。在总部领导面前，小陈一时有些尴尬，不知如何处理是好……

请思考：

①如果你是小陈，你会选择怎么做？

②遇到类似情况，你认为应该注意哪些问题？

拓展学习

微笑是世界上最美的行为语言，虽然无声，但最能打动人；微笑也是人际关系的"润滑剂"，能很好地拉近人与人之间的心理距离。然而，迷人的微笑并不仅仅是天生的，它同样可以经过后天训练获得。平日里，我们可以采用四步法进行微笑练习。

（1）放松面部肌肉，使嘴角微微向上翘起，让嘴唇略微呈弧形。不牵动鼻子，不发出声音，不露出牙齿，轻轻地一笑。

（2）闭上眼睛，调动感情，并发挥想象力，回忆美好的过去或展望美好的未来，使微笑源自内心，有感而发。

（3）坚持对着镜子练习，使眼睛、面部肌肉、口型等和谐自然。

（4）当众练习，使微笑大方、自然，克服羞怯和胆怯心理。让他人加以评判并及时改进。

能力测评

对于本次任务，可根据学生听课及模拟与李奶奶沟通的情况对学生开展测评。可从知识学习、技能要求和职业态度三个方面开展测评。

项目	测评标准		得分
知识学习(20分)	是否认真听老师讲课(5分)		
	听课过程中有无提出问题(5分)		
	能否回答老师提出的问题(10分)		
技能要求(50分)	模拟沟通是否恰当、规范(40分)	事先准备是否充分(了解老年人的背景情况)(10分)	
		是否确认需求(分析老年人的心理行为特点)(10分)	
		是否运用会面礼仪(表情礼仪、交谈礼仪、举止礼仪、结束礼仪)(15分)	
		共同实施(开展后续工作)(5分)	
	沟通过程中有无发现或者提出问题(5分)		
	跟同学、老师是否有互动(5分)		
职业态度(30分)	沟通时是否尊重老人,微笑面对老人(10分)		
	与老人沟通时语气是否温柔,语速是否适中,吐字是否清晰(10分)		
	是否能进行有效的沟通,达到沟通的目的(10分)		
总分(100分)			

课后练习题

一、选择题（选择一个正确的答案，并将相应的字母填入题内的括号中）

1. 与陌生人见面时，老年人一般的心理特点是 （　　　）

　　A. 紧张感　　　B. 不信任感　　　C. 自卑感　　　D. 以上都是

2. 与老年人第一次会面时应注意的事项包括 （　　　）

　　A. 不要妄自尊大　　　　　　　B. 不要吵闹

　　C. 忌不稳重　　　　　　　　　D. 以上都有

3. 与老年人第一次见面时，应俯身或弯腰与老人交谈，这是举止礼仪中的

（　　　）

　　A. 握手　　　B. 坐姿　　　　C. 站姿　　　　D. 行姿

4. 英国哲学家培根有一句名言："相貌的美高于色泽的美，优雅合适的动作美又高于相貌的美，这是美的精华。"这体现了人们对（　　　）礼仪的重视。

A. 举止　　　　B. 表情　　　　C. 交谈　　　　D. 结束

5. 现代心理学家总结过一个公式：感情的表达＝言语(7%)＋声音(38%)＋
表情(55%)，其中表情包括了　　　　　　　　　　　　　　　（　　）

A. 微笑　　　　B. 眼神　　　　C. 微笑和眼神　　D. 语言表达

二、判断题（将判断结果填入括号中，正确的填"√"，错误的填"×"）

1. 一般而言，正式的自我介绍中单位、部门、职务、姓名缺一不可。（　　）

2. "三米六齿"国际微笑原则指的是当他人在离你三米时可以看到你绝对标
准迷人的微笑。　　　　　　　　　　　　　　　　　　　　　（　　）

3. 与老年人第一次见面握手时，时间越久越能体现诚意。　　　（　　）

4. 养老服务工作者应尽量穿着朴素，贴近老人，女员工无须化妆。（　　）

5. 与老年人结束告别时，不要轻易向老人承诺，因为万一不能兑现，会惹
老年人伤心。　　　　　　　　　　　　　　　　　　　　　　（　　）

子单元二 | **会面话题启动策略**

与第一次会面的人交谈，选择话题很重要。因为我们选择的话题会直接影响到接下来谈话的氛围，也关系到今后双方关系的发展。在生活中，我们经常会选择一些比较火的节目、比较热门的新闻或是天气方面的信息来交流。那么，与老年人第一次见面时有哪些话题会比较受老年人欢迎呢？会面话题启动的策略有哪些呢？

学习目标

知识目标：了解老年人喜欢的话题；掌握与老年人第一次会面时启动话题的策略。

技能目标：能够应用与老年人第一次会面启动话题的策略；学会揣摩老年人的心理，了解老年人的心理需求和心理变化。

态度目标：在与老年人的交流过程中，具备关心、体贴的情感，尊重、敬重老年人，真诚地与老年人沟通。

情境导入

吴爷爷，68岁，退休前是一名中学美术教师。他有一个女儿，常年在外地工作。吴爷爷的老伴张奶奶是一位小学音乐教师，在老伴的熏陶下吴爷爷平时也喜欢唱唱歌，听听曲。上星期他与老伴一起入住当地一家养老机构，由工作人员小陈接待他们。第一次与吴爷爷和张奶奶见面，小陈想找到话题与他们交流。

▌▍ 问题讨论

①你认为小陈可以选择哪些话题与吴爷爷和张奶奶交流？

②当老年人对话题不感兴趣或表现得情绪激动时该如何处理？

③在交谈过程中应注意哪些问题以促使老年人愿意交谈？

📅 知识学习

与老年人第一次沟通时的话题选择很重要。一般人，尤其是年轻人往往很难与比自己年长30岁以上的老人谈得来。在这种情况下，更需要老年服务工作者主动地去了解老年人的生活背景、兴趣爱好、教育程度、日常习惯及思想观念，从中挑选出老年人可能感兴趣的话题。

一、喜欢回忆往事

老年人有着丰富的人生阅历和经验，在经历过岁月的洗礼后，那些仍然镌刻在老年人心中的多半是一些于他们而言具有深刻意义的或是生动有趣的事。比如，一位退伍老兵每每谈起自己在部队时的种种经历总是特别激动，仿佛打开了话匣子，在这种情况下，我们应该对老年人的"当年勇"给予称赞；有的老年人可能会向晚辈谈起自己年轻时经历过的一些挫折，甚至是犯过的错误，在这种情况下我们应该认真倾听，吸取他们的经验教训；另有一些老年人可能会和你分享一些他们觉得特别有趣的事，这个时候我们只要用心体会，陪着老年人重温那段有趣的时光就可以了。

二、熟悉的人、事、物

相信大家都有这样一种体会：一个本身性格内向的人，当谈论的话题是他所熟知的或是业务范围内精通的，会突然变得滔滔不绝起来。在与老年人第一次谈话时我们不妨也可以借鉴这个经验。通过事先了解老年人的工作背景、家乡、亲人等信息，在启动第一次谈话时有意识地主动与老年人就这些方面进行交流，或许会达到意想不到的好效果。比如，对于一些迁居或随家属居于此地的老年人，家乡的风土、饮食、美景都令他们记忆深刻，因此，当你让老年人谈谈自己的家乡时，他或许能讲上一天也不会累；如果老年人特别以其子女为骄傲，就会特别愿意向别人谈起自己的子女，或是一些与子女教育相关的话题；若老年人是某一领域内的行业专家，那么不妨向他们多请教，相信他们一定会非常乐意与你分享。

三、老年人的兴趣爱好

老年人有自己的兴趣爱好，甚至有的老年人精力旺盛并不输于年轻人。摄影、登山、画画、书法、逗鸟、养鱼、下棋、跳舞、打牌等都可能是他们的爱好。比如，导入案例中的吴爷爷喜欢唱唱歌、听听曲，老年服务工作者可以抓住吴爷爷的这个爱好展开话题。另外，社会热点新闻、热播的电视节目等都是老年人非常感兴趣的。

四、老年人关心的事物

从老年人最关心的事物谈起也是启动话题的好策略。比如，当我们将话题引到衣食住行、养生保健类的内容时，老年人会非常乐意倾听，并给出自己的看法。"奶奶，您吃早饭了吗？"这是中国人见面问候常用的方式，将其运用到与老年人的第一次谈话中也是比较合适的。既能表达对老年人的关心，也有助于拉近彼此间的距离，促使话题逐渐深入。

另外，值得注意的是，在与老年人的第一次谈话结束后，老年服务工作者应及时对所聊的话题和沟通情况进行反思和总结。评价此次沟通是否达到预期目标，为下一次谈话的开展做好准备，同时也为其他工作人员提供经验借鉴。

☕ 沟通环节

毫不夸张地说，顺利开启与老年人的谈话是一门艺术。在与老年人第一次会面的交谈中，运用一些小策略将达到事半功倍的效果。

一、关注老年人的情绪变化

老年人情绪比较敏感，在谈话过程中应关注老年人的情绪变化。在第一次谈话时不宜就敏感话题进行太深入的交流。比如，虽然"老"对老年人而言是不可否认的事实，但一般老年人都极不愿意听到别人说他们老，因为他们往往不服老、害怕老。相反，我们应该更多地去发现老年人身上年轻和有活力的地方，当你看见他们出来锻炼时，不妨夸夸他们身体健朗，老年人心理上会得到安慰。此外，若遇到谈得不如意或老人情绪有变时，应先用手轻拍老人的手或肩膀以示安慰，稳定其情绪，然后尽快扯开话题，尽量不要劝说。

二、给予老年人真诚的赞赏

我们许多人可能都有如此的体验：某一日，当老师对我们的学习给予充分的肯定时，这一整天我们会快乐无比，此时此刻，我们感到的是，同学之间是多么友好和亲密无间，窗外的阳光是多么明媚。每个人都渴望自己被肯定，老年人也像小朋友一样喜欢获得表扬、夸奖。所以，在整个话题谈论过程中，要真诚、慷慨地多赞美他们，如此一来，谈话的气氛就会活跃很多，老年人的思路也就畅通。

三、做一个热诚的倾听者

倾听是人际交流中非常重要的一部分，倾听与简单的听到是完全不同的。印第安人有一句谚语："只倾听自己的声音会让你闭目塞听。"成为一个好的倾听者能够帮助我们理解对方眼神中的深意。我们在与老年人的交谈过程中要做一个热诚的倾听者。除了做到倾听态度诚恳认真，眼神温和专注，还要给予老人积极的回应，并对老年人的感受表达自己的同情和理解。尤其遇到健谈的老年人时，不应抢话、反驳等，更应积极倾听，适时地给予反馈。

实训演练

唐爷爷，75岁，退休工人，在某养老院已住了8年。前年中风导致半身瘫痪，经过较长时间的治疗和康复训练，现在可借助助行器移动。近期检查发现患有白内障，养老院领导和社区医院取得联系，医生向唐爷爷及其儿子介绍了手术治疗的情况，其儿子主张早期手术，但唐爷爷犹豫不决。近来，唐爷爷入睡困难，半夜易惊醒，精神状态较差。小简是刚刚调到唐爷爷所在楼层的护理员，第一次见到唐爷爷时，他观察到唐爷爷面部表情疲倦、紧张，谈话间总是皱眉、叹气，并多次向小简询问白内障手术的效果和危险情况。

请思考：

①唐爷爷目前存在哪些心理变化和情感需求？

②在与唐爷爷的第一次会面谈话中，小简应注意哪些问题？

③如果你是小简，会如何安排下一次的谈话？

拓展学习

如何通过初次交谈，让人一见如故，这里分享一些其他需要注意的谈话策略。

一、读懂老年人的心理

掌握了对方的心理，才能巧妙地与对方交谈。比如，在交流过程中少说"我、我自己、我的"等字词，多说"我们、大家"，从而拉近彼此的距离；多谈老年人的优点，引导老年人多说话，而自己尽量少说。

二、找准谈话的切入点

其实谈话过程中，每个人最喜欢谈的还是自己或与自己相关的事情，把握了这个关键点和原则，相信谈话过程一定会更顺利、愉悦。

三、用真情打动老年人

老年人普遍喜欢真诚、善良、带真情实感的谈话，而不是空洞枯燥的"讲课"，越是简单、真挚的情感，越能受到老年人的欣赏。

四、找出"共同之处"

每个人都倾向于和与自己有共同之处的人交往，在与老年人第一次谈话的过程中可以适当地"制造"一些"共同之处"，从而迅速拉近彼此的距离。首先，我们可以通过观察老年人的服饰穿着、表情、谈吐、举止等来揣摩其生活品位、兴趣爱好；其次，通过了解老人的资料信息，如老人的籍贯、居住地等基本情况进行切入；再次，通过分析老年人谈话中透露出的喜好、经历等，找到与自身相似的部分。比如："哎呀，赵奶奶，这么巧，我也来自山东济南，我们是老乡呀。"

五、重视告别语的运用

再美好的交谈，最终都会结束。结束告别时如果没有运用好的结束语，或没有结束语，那交谈也不完整，会使人觉得唐突，并给人留下不好的感受。结束语可以用"慢走""请回""有空再来""不送了""再见"等。

🔧 能力测评

对于本次任务，可根据学生听课及模拟与吴爷爷沟通的情况对学生开展测评。可从知识学习、技能要求和职业态度三个方面开展测评。

项目	测评标准		得分
知识学习(20分)	是否认真听老师讲课(5分)		
	听课过程中有无提出问题(5分)		
	能否回答老师提出的问题(10分)		
技能要求(50分)	模拟沟通是否恰当、规范(40分)	事先准备是否充分(了解老年人的背景情况)(10分)	
		是否确认需求(分析老年人喜欢的话题)(10分)	
		是否应用与老年人第一次见面打开话题的策略(关注情绪、给予赞美、热诚倾听)(15分)	
		共同实施(开展后续工作)(5分)	
	沟通过程中有无发现或者提出问题(5分)		
	跟同学、老师是否有互动(5分)		
职业态度(30分)	沟通时是否尊重老人，微笑面对老人(10分)		
	与老人沟通时语气是否温柔，语速是否适中，吐字是否清晰(10分)		
	是否能进行有效的沟通，达到沟通的目的(10分)		
总分(100分)			

📱 课后练习题

一、选择题（选择一个正确的答案，并将相应的字母填入题内的括号中）

1. 老年人喜欢的话题不包括 （   ）

   A. 兴趣爱好   B. 家乡   C. 亲人   D. 伤心的事

2. 与老年人第一次见面之前，需要了解的老年人资料包括 （   ）

   A. 老年人身体状况   B. 老年人性格特点

   C. 老年人心理状况   D. 以上都有

3. 第一次见面前，了解老年人资料的途径不包括　　　　　　（　　）

    A. 查阅档案　　　　　　　　　　B. 询问养老工作人员

    C. 询问老年人自己　　　　　　　D. 询问老年人家属

4. 一般老年人都极不愿意听到别人说他们　　　　　　　　　　（　　）

    A. 年轻　　　　B. 健康　　　　C. 年龄　　　　D. 活力

5. 印第安人的谚语"只倾听自己的声音会让你闭目塞听"指的是

    （　　）

    A. 倾听的重要性　　　　　　　　B. 沉默的重要性

    C. 沟通的重要性　　　　　　　　D. 以上都不对

二、判断题（将判断结果填入括号中，正确的填"√"，错误的填"×"）

1. 与老年人第一次见面谈话时，我们可以就老年人的兴趣爱好展开对话。

    （　　）

2. 与老年人谈话时应实事求是，不必刻意避讳"老"这个话题。　（　　）

3. 在第一次谈话时不宜就敏感话题做太深入的交流。　　　　（　　）

4. 老年服务工作者应主动地去了解老年人的生活背景、兴趣爱好、教育程度、日常习惯及思想观念，以便选择合适的话题。　　　　（　　）

5. 在谈话过程中，若遇到老年人情绪激动的情况应尽力安抚和劝说。（　　）

子单元三 | 化解会面冷场情境策略

> 人们常说："家有一老，如有一宝。"现实生活中大多数老年人就像小孩子一样待人友善，很快能与年轻人熟络起来。但也有些老年人性格内向，不主动与人亲近。那么，在与老年人首次会面交谈中遇到冷场时，该如何处理呢？

学习目标

知识目标：了解常见的会面冷场情境；了解与老年人首次会面交谈的禁忌。

技能目标：能够运用沟通策略化解与老年人会面冷场的情况。

态度目标：在与老年人的交流过程中，具备关心、体贴的情感，尊重、敬重老年人，真诚地与老年人沟通。

情境导入

小张是某社区新入职的社会工作者，独立上岗后接到的第一个任务是为所在社区的赵奶奶提供社工服务。赵奶奶，年龄68岁，高中文化，退休前在某工厂从事会计工作，性格内向安静。赵奶奶与老伴章爷爷感情和睦，育有一儿一女，虽然儿女常年居住在外地，但逢年过节都会赶回老家参加家庭聚会，一家人其乐融融。可是天有不测风云，一个月前章爷爷在小区公园锻炼时突发心脏病，紧急送医后抢救无效去世。

赵奶奶因目睹了老伴的猝死，整日伤心不已，一直责怪自己，认为是自己没有及早发现章爷爷的病情而导致他延误了治疗。近一个月来赵奶奶变得更加沉默寡言，人也日益消瘦。她每天将自己关在家里，以泪洗面。子女提出将赵奶奶接到身边，赵奶奶觉得自己会给子女添麻烦也不愿前往。由于赵奶奶是小张入职后服务的第一位老人，他非常希望能尽快帮助到赵奶奶，为此做了大量的准备工作。但当他来到赵奶奶家后，面对他热情的招呼，赵奶奶却显得异常冷漠。尤其当小张提到有关章爷爷去世的事情时，赵奶奶更是不愿开口讲话。在小张的极力劝说下，赵奶奶也只是偶尔挤出一点点话语，但很快双方又陷入沉默的气氛中……

问题讨论

①常见会面冷场的情境有哪些？

②导致小张与赵奶奶交谈冷场的原因是什么？

③如果你是小张，你会采取哪些方法打破与赵奶奶交谈冷场的局面？

知识学习

一、常见的会面冷场情境

在我们的日常人际交往中，尤其是在较为正式的场合如会议、接待、聚会时，若出现冷场现象，难免令彼此都非常尴尬，气氛紧张。那么，哪些场合或情境容易出现冷场现象呢？

①彼此陌生，第一次会面。

②年龄、职业、身份、地域等差异较大。

③性格、素质、兴趣、心境等差异较大。

④彼此意见不合，互相有利益冲突。

⑤异性相处，尤其是单独相处。

⑥长期不交往而疏远。

⑦双方性格均为内向者。

当谈话者之间存在以上几种情况时，较易出现冷场。比如，情境导入中的小张与赵奶奶是第一次见面，彼此互不熟悉，且赵奶奶性格内向，再加上章爷爷的离世导致赵奶奶情绪低落，这些都为首次会谈的顺利开展增加了难度。在人际交往中，冷场会令气氛降至冰点，打破冷场的局面即"破冰"，是每一个职场人士必修的课程。

二、首次会面交谈的禁忌

冷场的发生往往与话题有关："曲高和寡"会导致冷场，"淡而无味"同样会引起冷场。在与老年人首次会面时，一方面不能只想着如何打开对方的话匣子，而自己却什么也不说；另一方面，也不能一味地只由自己侃侃而谈，忽略了对方的真实需求。除了尽量选择老年人喜欢的话题，还要掌握好分寸，对一些比较敏感的话题应寻求合适的机会再去交流。比如，情境导入中的小张在与赵奶奶的首次交谈中，当话题涉及有关章爷爷时，赵奶奶情绪就会更加低落，不愿继续交谈。而小张选择极力劝说，虽然赵奶奶会偶尔回应，但并不是真心愿意就这个话题深入交谈，因此实际谈话效果是非常不理想的。

一般情况下，我们在与老年人的首次会面交谈中应注意避免以下几种情况。

①避免涉及老年人不喜欢的话题。

②避免涉及老年人隐私或敏感的话题。

③避免涉及老年人不理解的专业术语。

④与老年人意见出现分歧时，避免极力劝说或争辩。

⑤语言忌直白、生硬；语速忌过快、语调忌过高或过低。

⑥态度忌冷淡、炫耀、高高在上。

⑦避免侃侃而谈，口若悬河。

三、打破冷场的一般方法

在与老年人第一次会面时出现冷场，根本原因通常是未能打开老人的心扉。

因此，要想化解这种冷场局面就必须使老人感到愉悦，唤起老人的交谈兴趣。一般的方法有：用寒暄打破僵局，挑选老年人喜欢的话题，引导谈论老人自己的问题，用提问攻破防线，赞美老年人，用热情和主动消融坚冰，积极回应老人，理解老人。当遇到冷场情况发生时，工作人员要迅速调整自己的心态，不能过于紧张和焦虑。此时保持清醒冷静的头脑非常重要，能帮助你尽快寻找出化解冷场的办法。

☕ 沟通环节

沟通中出现冷场，双方都会很尴尬。但只要掌握了打破冷场的策略，冷场也是很容易化解的。

一、发言宜简短

双向交流时应避免其中一方侃侃而谈，要有意识地给对方留下发言的时间和机会。在与老年人的首次会面交谈中，最好能把70%的时间留给老年人，30%的时间由养老服务工作者来发言，这样有利于工作人员更好地了解老年人的真实需求。

二、学会拓展话题

开场第一句话应使人人都能理解，人人都能发表看法。比如，对一位具有小学文化水平的老年人谈欧洲文学作品，大多数时候是无法得到很好的回应的。很多时候只能采用试探的方法，由此再寻找对方的兴趣爱好，拓展谈话的领域，比如，你可以问："奶奶平常喜欢做什么呢？"如果她说："没事就看看电视。"你就可以问她："经常看哪个台的节目？"从而引出话题。

三、适当转换话题

双向交流的话题变换是不定的，当老年人对你的话题显得毫无兴趣，表现敷衍，乃至沉默时，应及时地转换话题。情境导入中的小张在面对赵奶奶对章爷爷去世一事表现出抗拒时，应立刻中止原话题，开启新话题，如谈论赵奶奶的身体状况、子女的情况等。对于本身性格较为内向的老年人，养老服务工作者应提出引导性话题，这些话题可以根据对方的兴趣爱好、性格特点、职业性质等方面来设置。比如，"您退休前从事什么工作呢""您和您老伴看起来非常恩爱，感情一定很好，真羡慕""前一阵我与您的孩子们交谈过，他们都很关心您的身体"。先用这些听起来使对方温暖的话预热一下，以便开展谈话。

四、必要时终止交谈

任何发言者都不希望遭遇冷场的尴尬情况，但若这种情况真的发生，且在尝试了各种策略后仍不能打破冷场的局面时，就应该及时终止本次谈话。因为，长时间的冷场和尴尬对双方都是残忍且浪费时间的，不利于下次交谈的开展。在礼貌地告别后，应对此次交谈进行反思、总结，找出冷场的原因，并制订下次交谈的策略和方案。

👥 实训演练

刘奶奶，73岁，退休前是一位舞蹈演员。刘奶奶去年中风导致下肢瘫痪，整日只能躺在床上。为了让她得到更好的照护，其子女将她送到了养老院，目前已入住养老院10天。刘奶奶整日躺在房间，不跟任何人讲话，因为她无法接受自己瘫痪在床的事实，想到自己曾经是一位职业舞者，现如今……养老院的工作人员都试着去跟刘奶奶沟通，可都没有成功。

请思考：

①刘奶奶不愿开口说话的原因是什么？

②如果你是刘奶奶的护理员，你会如何与刘奶奶展开沟通？

③在与刘奶奶的第一次会面谈话中，应注意哪些问题？

📈 拓展学习

一个主持人采访一名小朋友："你长大后想要当什么呀？"小朋友天真地回答："嗯……我要当飞行员！"主持人接着问："如果有一天，你的飞机飞到太平洋上空，所有引擎都熄火了，你会怎么办？"小朋友想了想，说："我会先告诉坐在飞机上的人绑好安全带，然后我挂上我的降落伞跳出去。"当在现场的观众笑得前仰后合时，主持人继续注视着这孩子，想看他是不是自作聪明的家伙。没想到，小孩子的两行热泪夺眶而出。于是主持人继续问："为什么要这么做？"小孩的答案透露出一个孩子真挚的想法："我要去拿燃料，我还要回来！"

这个小故事启发我们，当我们听到别人说话时，我们真的听懂对方说的意思了吗？如果不懂，就请听别人说完吧，这也是"交谈的艺术"：不要把自己的意思投射到别人所说的话上。在与老年人的沟通中，一定要去真正地理解老年人的所思、所想、所说。由于老年人生活所处的年代与年轻的工作人员不同，他们彼此在思想观念上往往存在差异，工作人员应客观、准确地理解老年人所表达的真正意思。

🔍 能力测评

对于本次任务，可根据学生听课及模拟与赵奶奶沟通的情况对学生开展测评。可从知识学习、技能要求和职业态度三个方面开展测评。

项目	测评标准		得分
知识学习(20分)	是否认真听老师讲课(5分)		
	听课过程中有无提出问题(5分)		
	能否回答老师提出的问题(10分)		
技能要求(50分)	模拟沟通是否恰当、规范(40分)	事先准备是否充分(了解老年人的背景情况和心理状态)(10分)	
		是否确认需求(分析老年人最真实的需求是什么)(10分)	
		是否运用沟通策略破除会面冷场的情境(消除老年人的顾虑)(15分)	
		共同实施(开展后续工作)(5分)	
	沟通过程中有无发现或者提出问题(5分)		
	跟同学、老师是否有互动(5分)		
职业态度(30分)	沟通时是否尊重老人,微笑面对老人(10分)		
	与老人沟通时语气是否温柔,语速是否适中,吐字是否清晰(10分)		
	是否能进行有效的沟通,达到沟通的目的(10分)		
总分(100分)			

课后练习题

一、选择题(选择一个正确的答案,并将相应的字母填入题内的括号中)

1. 容易出现冷场现象的场合不包括 （　　）

 A. 第一次会面   B. 异性相处

 C. 兴趣相仿   D. 年龄差异大

2. 我们在与老年人的首次会面交谈中应注意避免 （　　）

 A. 老年人不喜欢的话题   B. 隐私或敏感的话题

 C. 老年人不理解的专业术语   D. 以上都是

3. 与老年人的首次会面交谈中,可以选择的话题是 （　　）

 A. 阳春白雪类的高雅话题   B. 平淡的生活话题

 C. 老年人感兴趣的话题   D. 以上都是

4. 与老年人第一次见面交谈时出现冷场，根本原因通常是 　　（　　）

    A. 未能让老人得到放松　　　　　　B. 缺乏交谈策略

    C. 语言不够生动　　　　　　　　　D. 以上都错

5. 打破冷场一般的方法有 　　（　　）

    A. 用寒暄打破僵局　　　　　　　　B. 挑选老年人喜欢的话题

    C. 赞美老年人　　　　　　　　　　D. 以上都对

二、判断题（将判断结果填入括号中，正确的填"√"，错误的填"×"）

1. 一般而言，与老年人存在意见分歧时应明确表达自己的观点，尽力劝说。

（　　）

2. 冷场的发生往往与话题有关，因此选择合适的话题非常重要。　（　　）

3. 当老年人对你的话题显得毫无兴趣，表现敷衍乃至沉默时，应及时地转

    换话题。 （　　）

4. 开场第一句话应使人人都能理解，人人都能发表看法。 （　　）

5. 当发生冷场的情况时，选择终止谈话是不明智的。 （　　）

学习单元五

与高龄阿尔茨海默病人群沟通的策略

　　阿尔茨海默病（Alzheimer's disease，AD），俗称"老年性痴呆"，是一种中枢神经系统性病变，起病隐匿，病程呈慢性进行性。主要表现为渐进性记忆障碍、认知功能障碍、人格改变及语言障碍等神经精神症状，严重影响患者社交、工作与生活。随着人均寿命的大大提高，人类也在面对各种各样的新问题。众所周知，阿尔茨海默病患者普遍有沟通障碍，尤其是高龄患者，他们会忘记自己说话的内容，从而反复提问；也不能完全明白他人的说话意思，还会打断、不理会讲话者。照护者在与他们沟通时，不仅需要更多的耐心，也需要理解他们的内在诉求，掌握一些基本的沟通策略。

子单元一 ｜ 理解高龄阿尔茨海默病人群的内在诉求

　　随着世界人口老龄化的日益加重，阿尔茨海默病已成为全球性的重大公共健康问题。资料显示，近年来阿尔茨海默病的发病率呈明显上升趋势，我国的发病率为0.71%，约有1000万阿尔茨海默病患者。预计到2050年，我国阿尔茨海默病患者人数将达2700万。由于阿尔茨海默病是与年龄密切相关的疾病，在65岁的人群中约有10%的人患病，而在85岁的人群中则约有50%的人患病。随着我国社会老龄化现象日趋显著，阿尔茨海默病的发病率会越来越高。著名作家严歌苓的小说《陆犯焉识》

中，有这样一句对阿尔茨海默病患者晚年状态的描述："婉喻现在是最自由的一个人，没有城府，百无禁忌，她不愿意的事，才不会给你留情面，她会用最直接最猛烈的方式告诉你。"

🎯 学习目标

知识目标：掌握阿尔茨海默病的概念、临床表现等基础知识。

技能目标：能够分析高龄阿尔茨海默病人群的常见沟通问题；理解高龄阿尔茨海默病人群的内在诉求。

态度目标：培养学生乐于与高龄阿尔茨海默病人群交流的态度，正确面对高龄阿尔茨海默病人群，帮助他们与他人沟通、交流和相处。

💬 情境导入

欣赏影视资料：《我只认识你》（2017年赵青执导的关于阿尔茨海默病的纪录片）。

纪录片《我只认识你》于2017年11月17日正式上映，讲述了树锋与味芳两位老人在时代浪潮中历经悲欢离合，在他们携手走到生命中最后一段岁月时，却遭遇阿尔茨海默病困境的故事。

树锋和味芳，是一对生活在上海的耄耋老人，也是导演赵青和制片人冯都的叔公和叔婆。他们年轻的时候就相识，因为树锋的上一段婚姻，味芳等了他十几年，人到中年两人才在一起。当他们携手走到了生命中的最后一段岁月，味芳却患上了阿尔茨海默病。

树锋和味芳都出生在20世纪20年代，树锋从小深受儒家文化的影响，讲究"仁、义、礼、智、信"。在树锋的记忆中，最美好的时光是童年和青少年时期：同堂生活、吟诗诵词、研习书法。之后的命运却是他无法主宰的：政治运动、工作调动、丧妻别女。直到1970年，他和味芳走到一起。

将近半个世纪的相伴相守，对树锋和味芳来说，爱是记忆，爱是缘分，但爱也意味着良心、道义和责任。在他们心里，无论对方年轻还是年老，明白抑或糊涂，都不可能磨灭掉内心深处的那份爱，因为爱已经变得明净纯粹、深入骨髓。

如今没有子女在身边照应的他们，必须独自面对生活中所有的事情。而在经历了一生的波澜之后，树锋和味芳他们那种平静、乐观却又有尊严的生活态度，深深地感染着观众。

这是一个关于记忆，关于爱，关于尊严的故事。2012年，导演和制片人姐妹俩开始拍摄记录这段叔公叔婆的旅程，希望能为他们，为家族，为更多的人留存下这段不该被遗忘的时光。影片的拍摄从2012年一直持续到2014年。味芳的病情越来越严重，她逐渐变得生活不能自理，不记得说过的话、做过的事，不认识周围所有的亲戚朋友，只认识她的老伴儿树锋，信任他，依赖他，爱恋他。

对年近九旬的树锋来说，面对生老病死，面对自己的爱人，他必须做出抉择：将味芳一个人送进专业护理阿尔茨海默病患者的机构，他于心不忍；两个人一起住进养老院，就意味着要放弃还算是自得其乐的生活；继续独自在家照料味芳，他已深感力不从心。这种选择令树锋万分忧虑，万一他生病了，味芳该怎么办；万一他先走了，味芳又该如何生活下去。两位老人的生活状态在这两年多的时间里发生了很大的变化，他们是否依然能有尊严地走到最后。

请同学们欣赏纪录片《我只认识你》，通过影片中生动鲜活的人物画面和导演的介绍，更好地理解高龄阿尔茨海默病人群的内在诉求，增强对高龄阿尔茨海默病人群的感性认识。

问题讨论

①什么是阿尔茨海默病？

②阿尔茨海默病有哪些生理和心理特点？

③在与高龄阿尔茨海默病人群沟通的过程中常见的问题有哪些？

④怎样正确理解高龄阿尔茨海默病人群的内在诉求？

⑤针对高龄阿尔茨海默病患者这一群体，我们应该如何有效且正确地与他们开展沟通？

⑥欣赏这部记录片后，你有什么样的感受？

知识学习

一、理解高龄阿尔茨海默病人群

阿尔茨海默病是老年人中最常见的失智型疾病，且目前为止很难治愈。阿尔茨海默病会损害大脑的记忆、思维、学习和其他认知能力，初期发展缓慢，往往不易察觉，表现为记忆力衰退、交流有障碍等，后期患者将逐渐丧失活动和记忆能力，直至死亡。研究表明，改善阿尔茨海默病患者的沟通能力是保证治疗、护理、照顾有效实施的重要途径，进而缓解病情，提高阿尔茨海默病患者的生活质量。

阿尔茨海默病分为轻、中、重三个阶段，每一个阶段的护理重点都不相同。早期患者很容易出现走失的情况，家属的护理重点是防止患者走失，可以给患者佩戴黄色腕带、带有信息的胸卡等。有关专家表示，早期患者有很多脑功能都是保存的，家属需要陪伴患者，预防其接触危险性物品，比如煤气等，但是家属要避免让患者处于完全休养状态，这样会加快患者的病情发展进程。

一旦到了中期，患者的生活能力明显下降，家属需要照顾患者生活的方方面面。同时，该时期患者会出现精神异常，比如经常认为别人偷了自己的东西或刚吃过饭却说自己没有吃饭等，还会有各种无理取闹的情况出现，家属很容易产生烦躁情绪。阿尔茨海默病是一种逐渐加重的疾病，它很难减轻或被彻底治愈。家属可以到医院老年护理咨询门诊求助，也可以通过参加阿尔茨海默病患者的家属联谊会、讲座以及阅读相关书籍等获得帮助。

二、与高龄阿尔茨海默病人群沟通困难的原因

阿尔茨海默病患者常常存在沟通困难、说话重复、短期记忆退化、理解力及表达能力下降等问题，其原因主要有以下三个方面。

第一，阿尔茨海默病属于神经退行性疾病的一种，临床表现主要为记忆和认知功能进行性恶化，判断能力和理解能力差，不能够切题对答。阿尔茨海默病发生后，患者逐渐出现各方面的能力退化，这种退化在工作和与他人的沟通表达中表现出来。老人们通常会忘记将要做什么事情，或者会忘记已经做过哪些事情，甚至会忘记今天是什么日子，自己是谁。

第二，情绪障碍。阿尔茨海默病患者沟通能力已经遭到损害，很难用言语表达自我情绪，故常表现为焦虑、持续性易怒、忧虑、无故发脾气等。患病老人有时想做某些事情，但因为语言沟通能力的下降而无法表达出来。

第三，行为问题，主要表现为具有攻击性，这些攻击性行为问题常引发各种冲突、沟通困难。

三、与高龄阿尔茨海默病患者相处的方法

London博士是一位治疗阿尔茨海默病的心理学家，有着丰富的临床实践经验。在与高龄阿尔茨海默病患者及其家属一起工作的16年中，London学会了如何维系高龄阿尔茨海默病患者和其亲人的关系。

（一）策略一：态度——珍惜你爱的人

①微笑。

②经常进行自我介绍，并且每次问候他的时候都叫他的名字。

③你要让自己保持可以面对面交流的姿态，让彼此处于一个物理平面上，以便进行眼神交流。

④用吸引人的语调。

⑤要友好。

⑥要细心周到。

⑦讲话语速要慢。

⑧当你讲话的时候，要使用手势。

⑨问简单的、开放式的问题。

⑩要耐心，给他充分的时间去反应。

⑪要坚信你的努力会有回报。

（二）策略二：共情

①把你自己放在他的位置上，去领悟他可能的想法和感受。

②用直觉去思考他在说什么或思考怎样把那些只言片语联系起来理解，看他是否同意你的理解。

③记住，你爱的人只是患了阿尔茨海默病，而不是一个精神错乱的人。

④倾听。

（三）策略三：利用你对他的了解去理解他

①利用你对他的了解去理解他在说什么。

②通过重复他所说的来肯定他，同时展开与他的对话。

③通过倾听他说话来理解他的意思。

④谈谈很久以前发生的事情，因为那些记忆是最后才消失的。

⑤要期望他能记住你们刚刚的谈话。

⑥记住，他是活在当下的。

⑦把你们每次的见面都当作一次全新的见面来对待。

（四）策略四：赞同

①不要表达反对意见或者争辩。

②让对方知道你明白了信息背后所传达的思想和情感。

③确认你所听到的。

（五）策略五：抱有希望，表达爱意

①经常向他表达你的爱，你爱的人会给予你回应的。

②把注意力集中在他还能做什么，而不是他已经不能做什么了。

③接受他现在的样子。

☕ 沟通环节

以下内容来自案例：London博士与苏珊相遇。（第一人称"我"指London博士）。

我走进病区去看苏珊，一个我从来没见过的病人。在此之前，我已经细读过她的背景和生活经历，尽管她的病情已经到了阿尔茨海默病的中期，但我希望能够跟她交谈。同时，我也希望能够为团体治疗创建一个小组，苏珊是第一个我认为可以加入我那个还未成立小组的成员。

我细细打量了一下眼前的这个场景：一个很大的房间，被一排接着一排的床塞得满满的。褐色的帘子张开着，把一张张床分开。女人们都坐在扶手椅上，两眼空洞地盯着高高地放在她们床架上的电视。

当我的目光转到病房里时，我看到一位老人意志消沉地坐在轮椅上。我核对了一下她床上的身份号码，是与我之前获取的号码相吻合的，当然这号码一般是不对外公开的。她肯定是苏珊了。我走到她身旁，坐在她的旁边，微笑着说："你好苏珊，我是朱迪。"没有回应。我又试了一次，不知道她能否听到。

我是以一定角度对着她的，所以我就放低头以便她能看到我。然后，我又重新介绍了一下自己，很慢而且很大声。在一个很长的停顿之后，她费力地抬起她那消瘦苍白的脸。

"你好苏珊，今天感觉怎么样？"

她的回答很难听到："不太好。"

"身体上不太好吗？"我指着身体画了个圈，继续问道。没有反应。"心情不好吗？"我用同样的手势指着自己的头。

"都有。"她最后回答道。

"啊，那比较棘手。有哪里很疼吗？"我问。

"没。"她回答。

"你感觉很烦恼吗？"我问。

这引起了她的注意。当我聊到她的感觉的时候，我想她才明白了她自己的感觉是什么。她更近地凝视着我，接着，我问她是从哪里来的，我们继续沟通。她阴郁的蓝眼睛掠过面前的病房，用一种低沉而且不平稳的声音向我诉说着。

"那边的那个人，"她指着值班护士说，"她是这里的领导。那边的那个，"指着另外一个人——"不要向她要任何东西，她不会给你的。"我怀疑那个人曾经对她态度很恶劣。

她的声音开始变得有力量些了。"所有这些，"她边说边用她的胳膊画了一个120度的弧，"是人们在一起时坐的地方。"

她的一举一动让我觉得她的病情可能太过严重了，也许参加不了团队治疗了。但是，当我努力去弄明白她想告诉我的是什么的时候，我突然想起来，曾经在她的资料中读到过：她曾经在餐馆做服务员有20年之久。周围的事物在她的眼里，就像就餐的餐馆一样，我开始明白了她精神上的那种混乱状态。

"这是一个餐馆，对不对？"我这样说是为了认同她。

她笑着看着我，脸上掠过一丝解脱。我内心雀跃不已。

苏珊之后再也没有重复把餐馆概念化，即使我们每次见面都是在病区的餐厅。实际上，在人们集中在一起进行团体治疗之前，我们的治疗就已经开始了。我会单独问候每个人，向他们介绍我自己，并且问他们那天是否想参加团体治疗。如果对方没有接受我的邀请，我会很礼貌地说："没关系，谢谢。"

由于他们会很快忘记刚刚发生的事情，出于对这种飞逝的记忆的补偿，我会在小组成员都聚在一起的时候，重新介绍一下我自己。我会确保每个成员有机会介绍他们自己的名字，并且要确保在整场交谈中提到每个成员的名字。一个人的名字是他作为独特个体的标志。

与其他小组成员相反的是，苏珊允许我把助听器放在她耳朵上来加强她的听力，这样当然也可以帮助她与他人交流。她是一个说话轻声细语而且语言简练的女人。这恰恰使她有一种给予周围人支持和进行温情评价的天赋。

当听到其他人说话的时候，苏珊会说："你真可爱，你真是一个好人。"当我重复苏珊的话以便让大家都能听到时，他们开心的脸上都会放射出感激的光芒。苏珊有时候会伸出她的手，轻轻地触摸着另一个人的手臂说："我爱你。"

当我总结她回答问题时所说的那些话时，她就会非常高兴地说："你说对了。"

在很多个月以后，据护理人员说，苏珊的身体状况和精神状况都恶化了。尽管如此，她还是十分留心注意小组的情况，并且经常来参加团体治疗，即使是在她身心受损到被迫转到其他病区的情况下也不例外。

直到有一天，当我们在聚会上重新自我介绍的时候，苏珊说："你来帮我介绍我自己吧。"我才意识到她已经不记得自己的名字了，但她仍旧为能成为小组的一员而感到欣慰。

最初，苏珊的反应很慢，这是中度失智症的特点。我之所以能够成功地开始与她交流，是由于我将自己置身于她所处的身体状况，让她看到我的脸，努力进行眼神交流，并且重复她的话。我问了一个开放式的问题："你今天过得怎么样?"

研究表明，开放式提问可以引发阿尔茨海默病患者更丰富的回应。对于开放式问题来讲，回答并没有对错之分。因此，一些研究指出，直接纠正患者的回答会使交谈就此结束。当我想知道她是否头疼或者烦恼的时候，我才用最简单的问句。

为了引起她的注意，我尝试通过言语和非言语的方式进行交流，包括靠近她的时候是微笑的，而且说话时只用短而简单的句子。我的语气是友善的，充满真诚和关怀，这是必需的，因为我发现，自以为是地对待老年患者会让病人产生几近恐惧的感觉。

她的心理加工速度变得很慢，为了适应这一点，我会放慢语速，苏珊就有足够的时间去理解我说的话并且做出反应。

针对我提出的关于她在哪儿这个问题，我并没有期望苏珊能够做出相关的明确又细致的回答。因为当我让她告诉我她所体验到的东西时，她才会让自己置身于那个情境里，找到弄明白自己在困惑什么的方法。她证明了自己能够思考、能够看见、能够观察，并且能成功地在以往经验的指导下把看到的周围的点滴联系起来。

如果我不熟悉苏珊以往的工作经历，我必定会在和她的交流中摸不着头脑。她做了太久的服务生，这让她把周围能看到的东西都当成了餐馆的布局和结构，即使她头脑里已经不记得她曾经是一个餐厅服务员了。在她的过往经历的启发下，我才确认她是有感知的，并且能够理解它。

阿尔茨海默病患者可能会基于他们尚存的一些心理影像去认识这个令他们困扰的世界。关于大脑的一些研究表明，情景记忆可以在情景重现的时候得到激活与重新体验，比如在那个时候，苏珊就感觉好像在餐馆里。毕竟你和患者，也就是你爱的那个人，曾经共同生活，出于这一优势你也应该理解他在想些什么。

他可能会跟你说一些他记得的以前发生的事情，就像它是现在发生的一样。如果你是一个新的看护者，你可以向那些了解患者的人（患者的朋友、亲属）去多获取些信息，再利用这些信息去理解病人所表达的意思。儿孙、儿媳、女婿、侄子、侄女、堂兄弟，还有其他想帮忙的人，也许对患者过去的生活经历并不那么熟悉。尽量多了解一些事情，这样才能让你理解他在说什么。他在哪里出生，他以前的工作、兴趣，还有养过的宠物，当你开始试着去联系这些点滴的时候，试着去想象多年前发生的事情时，看看你能挖掘到什么，因为较早的记忆是最后消失的。你也许会惊喜地发现你对他的了解越多，就越能理解他的意思。

即使患者记得他过去生活的某一部分，他下一秒钟也可能会想起完全不同的另一件事情。就像苏珊，她也许就再也不会提起刚刚说的事情，也许她记忆里那一天就不存在那件事情了。

继续努力。让对方自由发挥。你要具有弹性、灵活性。

去纠正苏珊的话，无论怎样都会破坏这种交流。和她保持意见一致可以巩固你们之间的关系。重复她的话表明你正在充分注意她。你可以用"从我的理解来看，你感觉……"这样开始去复述你所听到的。反驳或者去纠正患者所说的话，尤其是表现出一种对峙的态度，都将会阻碍他和你进一步的交流，同时也会慢慢破坏他说话的意愿。

一次次的会面，当沟通之门打开后，苏珊就会开始称赞其他组员并告诉他们，他们是多么特别，这让他们的感觉非常好。每次这样做，她都能让自己更加强烈地感觉到自我的存在。实际上，小组里面的每个人都会以苏珊为榜样，相互给予支持、友善和关爱。每当这个时候，他们的满足之情就溢于言表。

一个星期接着一个星期，大家作为一个小组在一起，有些东西使得苏珊和其他组员都感到愉悦，这反映在他们对彼此真诚的评价上。他们好像知道当他们在一起的时候，会发生一些特别的事情。

用不了多久，你就会发现这些变化也会在你爱的人身上有所体现，尽管他不能准确地记得你是谁。

你生活中那个患有阿尔茨海默病的人是可以成为你的老师的，就像苏珊能成为我的老师一样。从这些策略入手，聚点成线，把点滴线索联系起来，重新认识彼此。

实训演练

结合上述案例，分析苏珊表达的需求是什么？London博士是如何理解并满足她的需求的呢？

拓展学习

阿尔茨海默病是常见的老年疾病。我国65岁及以上人群中该病的患病率为5.14%～7.3%，轻度认知障碍患病率高达20.8%，阿尔茨海默病虽然很常见，但目前还是有很多人在对其的认识上存在误区。

一、误区一：阿尔茨海默病是老糊涂，并不需要治疗

随着年龄的增加，老年人的记忆力和反应速度可能会有轻微下降，但绝不会到影响日常生活的程度。实际上，阿尔茨海默病是一种严重危害老人健康的疾病，需要早期治疗。

二、误区二：阿尔茨海默病不会致命，只是记性差点

阿尔茨海默病会引起认知障碍，早期表现为忘性大、丢三落四、做不好家务等，逐渐出现迷路，不认识家人，打人骂人，无法使用常用物品等精神症状，晚期可能出现缄默不语，二便失禁，各脏器功能衰竭，等等。据统计，认知障碍症位居发达国家十大死亡病因之列，在加拿大排第七位，在美国排第六位。

三、误区三：只有老年人才会得阿尔茨海默病

大多数阿尔茨海默病患者年龄超过60岁，65岁之后，年龄每增加5岁，发病率就会增加一倍。几乎一半的85岁以上老人罹患该病。然而，阿尔茨海默病在四五十岁人群中也有发生，一些罕见病例甚至更年轻。

四、误区四：阿尔茨海默病与遗传无关

科学家在长期研究后发现，阿尔茨海默病是一种多基因遗传病。亲属患有阿尔茨海默病的人也可能会得这种病。如果父母中有一人携带突变基因，那么阿尔茨海默病的遗传概率为50%。如果一个人的父母或兄弟姐妹中有人发生阿尔茨海默病，那么其患病概率比普通人群高3倍。基因在阿尔茨海默病发病方面起到重要作用，但是家族性阿尔茨海默病仅仅占该病总数的5%~7%。

五、误区五：阿尔茨海默病没办法治

阿尔茨海默病分为无症状临床前期、轻度认知损害期、痴呆期。临床前期和轻度认知损害期都属于阿尔茨海默病前期，这是最佳的治疗时期，此时治疗效果更显著。同时，阿尔茨海默病中有一部分是因脑血管病、代谢疾病、营养不良性疾病、脑积水等造成的，这些通过治疗可以延缓阿尔茨海默病的发展。

六、误区六：阿尔茨海默病不能早发现

人们常常忽视中老年阶段出现的记忆力下降问题，阿尔茨海默病通常在对日常生活造成影响时才被发现。但是，此时患者认知水平可能已达到中度痴呆的状态，错过了最佳治疗期。因此医生建议，市民最好每年进行一次记忆力检查。

七、误区七：通过CT就能查阿尔茨海默病

对于大多数老年人而言，CT检查可显示出不同程度的生理性脑萎缩，但脑萎缩并不意味着患有阿尔茨海默病。相反，有些老年人通过CT检查显示没有脑萎缩症状，却患有阿尔茨海默病。一般而言，阿尔茨海默病的诊断主要依靠临床症状和成套的认知功能测评。如果没有症状，而CT检查显示有脑萎缩，证明这是脑组织正常的生理性退化，不必紧张。

🔧 能力测评

对于本次任务，可根据学生听课及欣赏纪录片和案例分析的情况对学生开展测评。可从知识学习、技能要求和职业态度三个方面开展测评。

项目	测评标准		得分
知识学习(20分)	是否认真听老师讲课(5分)		
	听课过程中有无提出问题(5分)		
	能否回答老师提出的问题(10分)		
技能要求(50分)	模拟沟通是否恰当、规范(40分)	知晓高龄阿尔茨海默病人群的症状特点(15分)	
		与高龄阿尔茨海默病患者进行言语沟通时,注意温情服务(10分)	
		根据高龄阿尔茨海默病人群的背景资料理解其表达的内在诉求(10分)	
		与高龄阿尔茨海默病人群完成沟通后,有无进行信息反馈(5分)	
	沟通过程中有无发现或者提出问题(5分)		
	跟同学、老师是否有互动(5分)		
职业态度(30分)	与高龄阿尔茨海默病人群沟通时是否尊重老人,微笑面对老人(10分)		
	与老人沟通时语气是否温柔,语速是否适中,吐字是否清晰(10分)		
	面对高龄阿尔茨海默病患者时是否把对方当成一个有价值的人、一个需要帮助其与他人相处的人(10分)		
总分(100分)			

课后练习题

一、选择题（选择一个正确的答案，并将相应的字母填入题内的括号中）

1. 阿尔茨海默病的首发症状是　　　　　　　　　　　　　　　（　　）

　　A. 敏感多疑　　　　B. 记忆减退　　　　C. 抑郁　　　　D. 行为改变

2. 阿尔茨海默病的发病年龄多是　　　　　　　　　　　　　　（　　）

　　A. 30岁以上　　　B. 50岁以上　　　C. 60岁以上　　　D. 90岁以上

3. 对阿尔茨海默病的描述，不正确的是　　　　　　　　　　　（　　）

　　A. 不会出现记忆障碍和全面的智能减退

　　B. 是老年期痴呆中最主要的疾病之一

　　C. 早期可出现人格改变

　　D. 早期可出现幻觉妄想

4. 阿尔茨海默病的病程为　　　　　　　　　　　　　　　　　（　　）

　　A. 只发生一次　　　B. 发作缓解　　　C. 快速进展　　　D. 缓慢进展

5. 与高龄阿尔茨海默病人群相处的方法是　　　　　　　　　　（　　）

　　A. 朗读其感兴趣的新闻、小说或者诗歌等

　　B. 避免使用负面词汇如"不要"

　　C. 可以用一些熏衣草等

　　D. 以上都对

二、判断题（将判断结果填入括号中，正确的填"√"，错误的填"×"）

1. 与高龄阿尔茨海默病人群沟通时，当没有听明白其说话意思时，应该假装听懂了，以免让其失望。　　　　　　　　　　　　　　　　　（　　）

2. 高龄阿尔茨海默病人群在记忆力下降的同时对食物的爱好和习惯也发生了改变。　　　　　　　　　　　　　　　　　　　　　　　　　（　　）

3. 我们不能理解高龄阿尔茨海默病人群所表达的诉求，因为其是精神错乱的人。　　　　　　　　　　　　　　　　　　　　　　　　（　　）

4. 与高龄阿尔茨海默病人群进行沟通时，应给予其充分的思考问题的时间，当其回答时，给予适当的鼓励，比如微笑、表扬等。　　　　　（　　）

5. 高龄人群出现记忆力下降、丢三落四、反应迟钝、行为怪异等，是老年人的正常表现，不必引起重视。　　　　　　　　　　　　　　（　　）

子单元二 与高龄阿尔茨海默病人群沟通对话的策略

阿尔茨海默病是老年人脑功能失调的一种表现，是由后天身体疾患造成的智力、行为及人格等多方面的变化，严重影响患者的认知功能、记忆功能、语言功能、视空间功能、社会生活能力、个人生活能力和情感人格。由于高龄阿尔茨海默病人群的智力受损，理解力差，概括和表达能力降低，其比较容易产生焦虑、抑郁、沮丧和易怒等不良情绪，给患者自身、家庭、社会带来沉重的负担。患者常常很难理解别人和被别人理解，会给人添麻烦或做出一些让家人心情不好的事情，但这都是疾病所致，并不是故意的，不能因此责备患者。应当学会面对和处理这种情况，避免使情况变得更糟。

🎯 学习目标

知识目标：掌握与高龄阿尔茨海默病人群沟通交流的策略；调整好与高龄阿尔茨海默病人群沟通交流的态度。

技能目标：能运用语言和非语言沟通策略，与高龄阿尔茨海默病人群进行有效的沟通；能适时有效地化解与高龄阿尔茨海默病人群的矛盾冲突。

态度目标：培养学生乐于与高龄阿尔茨海默病人群交流的态度，正确面对高龄阿尔茨海默病人群，帮助他们与他人沟通、交流和相处。

💬 情境导入

张奶奶，今年75岁，退休教授，患有轻度阿尔茨海默病，入住某高端养老机构。一天，张奶奶感到头晕不舒服，于是呼叫护理员小李。

　　小李马上去拿血压计，护理员小王也跟着一起来，看看是不是需要协助。当来到张奶奶的房间门口时，小李轻轻地敲了敲门说："张奶奶，我和小王一起来了，我们进来了。"她们进入张奶奶房间后，小李仔细询问了张奶奶具体是哪里不舒服，然后说："张奶奶，您不要紧张，来，先躺好，我给您测测血压好吗？"张奶奶点点头，小李协助张奶奶躺好，说："我来帮您带上袖带，您放松一点，很快就好了。"测量完血压后，小李发现张奶奶的血压有点高。于是问张奶奶："您最近有没有按时吃降压药，感觉怎么样？"张奶奶这时候才回答没有按时吃降压药，问小李是不是血压升高了。小李笑了笑说："来，张奶奶，我来帮您拿药，您现在把药吃了。"等张奶奶吃完药，小李坐到张奶奶身边，轻轻地说："您前一段时间按时吃药，血压控制得非常好，现在血压有些偏高，但是不用着急，明天开始按时吃药，安静卧床休息，血压就能控制住了。"张奶奶听后，稍微放松了点，露出笑容说："哎呀，我也得了老年痴呆，老是忘记事情，你提醒的是，我以后得在纸上记下来。"小李像拉家常一样跟张奶奶说："您不用太紧张了，这样，您这里有本台历，每天吃完药之后就拿笔在日期上画个圆圈，晚上睡觉之前看看这本日历，就可以知道今天有没有吃药了。"张奶奶非常开心地说："小李，你太聪明了，我明天就开始执行起来，欢迎你来监督。"小李帮张奶奶盖好被子，然后说："好，我相信您肯定能做得很好，您休息吧，有什么事情随时叫我。"

📖 问题讨论

　　①材料中，小李对张奶奶的态度是怎样的？

　　②小李在与张奶奶的互动沟通过程中，运用了哪些语言类的沟通策略？哪些非语言类的沟通策略？

　　③你认为在与高龄阿尔茨海默病人群的沟通中非语言类沟通的重要性有哪些？

📅 知识学习

对于患有阿尔茨海默病的人来说沟通是困难的，因为他们很难记住一些事物，包括词汇。他们可能会努力寻找词语或忘记想说什么，你可能会觉得不耐烦，希望他们能尽快说出自己想要表达的，但他们却做不到。常见问题包括：①在说话时找不到正确的词语或失去思路；②难以或无法理解语句；③在长时间的交谈中难以维持注意力，不能记住日常活动步骤，比如做饭、付款或穿衣服；④当沟通不畅时，容易感到沮丧，有时会愤怒；⑤对身体接触和说话的声调与音量非常敏感。沟通包括语言和非语言两种方式，通过适当的沟通方法，患有阿尔茨海默病的老人可以感受到家人及外界对他的支持，从而减少无助感或挫败感。另外，了解疾病能帮助调整沟通策略，我们可以尝试一些能使沟通更容易的方法。

一、策略一：照护者要懂得变通

每个人都是独特的，要不断地尝试和改进，寻找最适合他的沟通方法。对话、字句并非唯一的沟通方式，应多着重其他非语言类的沟通方法。当患者不能明白时，照护者可用身体语言来辅助患者表达或理解。

二、策略二：保护患者的自尊心

不要将患者当作小孩般看待。虽然言谈对话要简单易明，但患者是成年人，不要使用叠字，如"吃饭饭"等。就算认为患者不会明白，也要避免他们在场时，跟别人谈论他们的情况。在不能得到回应时，你也可以将对方当作一个沉默的倾听者。

三、策略三：说话策略

说话时速度要慢，句子要短而精简，每次只触及一个范畴，可以谈及一些患者容易记得的特别的事情，或者是一些每天都会遇上的事，例如日期、天气等。让患者有足够时间去理解、说话及做出回应。多用患者熟识的名字，例如说"你的儿子，小明"，而不是说"你的儿子"。

四、策略四：适合的环境

避免患者受到噪声（如收音机和电视机）的滋扰。有需要时，替患者配备合适的眼镜、助听器等辅助工具。靠近患者说话，千万不要站在远处跟他们说话，要保持眼神接触。

五、策略五：简化复杂的口头指令

将指令简单化，例如指示他们穿衣服时说"穿上外套"，而不是说"穿上裤子和外套，然后外出吃饭"。若患者未能完成一个指示，可将它再细分为一个一个步骤。在未完成一个动作前，不要给患者新的指示，因为新的指示会导致患者混乱。

六、策略六：协助找寻适合的字句

若患者找不到适当的字词去表达自己，照护者可以尝试推测他们的意思或协助他们用其他字词去表达。若患者真的找不到合适的字词表达，照护者不要立即提供答案，相反可以提示，引导患者。例如"你正在喝一杯……"又或是"你每天都用它来清洁牙齿"等。

七、策略七：避免语言冲突

照护者要避免与患者争执或于言谈间显得不耐烦，注意控制语音语调、面部表情、肢体动作，尽可能避免表现出负面情绪。如患者强调经常重复看同一个电视节目，即使这个电视节目真的是首次播出，争辩也只会造成更多的冲突，最终令患者感到不快。若在沟通过程中出现冲突及误解，可尝试转移话题，不要纠缠在令人不快的话题上。

八、策略八：身体语言

温和的肢体接触有助于沟通，使用实物或多做示范能帮助患者掌握意思。轻抚及握着患者的手，可以使他们保持专注和感到被关怀。说话和聆听时要望着对方的眼睛，保持眼神交流，并在开始交谈时说出对方的名字。

九、策略九：提出问题的策略

问题不宜有太多的答案选择。利用答案明确的是非题，让患者也可以参与对话，可以问一些只需要用"是"或"否"来回答的简单问题。例如，你可以说"你累了吗"而不是"你感觉如何"，提供尽可能少的问题选项。例如，你可以说，"晚餐你想吃鸡肉还是鱼"而不是"晚餐你想吃什么"当患者不能理解时，尝试不同的词语。例如，如果你问对方是否饿了而没有得到答复，你可以说"我们准备吃晚餐吧"。照护者应耐心地重复发问，或用其他提示，如把问题选项写在纸上，放在患者眼前。

十、策略十：其他有助于沟通的工具

实物及图像可以帮助患者记忆，亦有助于对话的进行。旧照片可帮助患者记忆。音乐是沟通的绝佳渠道，除了可以唤醒记忆之外，亦有助于舒缓情绪。

从表达出现障碍到几乎无法表达，与高龄阿尔茨海默病人群沟通所需的方式也在不断变化。投入耐心和感情是"划算"的，这有助于减少你消耗在无效沟通上的时间，以及避免那些因沟通不畅产生的情绪问题和冲突。即使他们已经不再表达和予以回应，请相信他们还记得你。

☕ 沟通环节

阿尔茨海默病属于老年人脑部疾病的一种，发生在65岁以后，发病时不易察觉，发展缓慢，早期往往以逐渐加重的健忘开始。有些老年人常常说："人老了，记性也变差了！"这可能就是患阿尔茨海默病的先兆。一旦患上阿尔茨海默病，患者脑部功能就会逐渐退化，智力、情感和性格也会发生相应变化，最终严重影响日常生活能力。

请同学们结合上述案例，分析护理员小李在与张奶奶的沟通互动过程中，运用了哪些语言类的沟通策略，哪些非语言类的沟通策略。

假如你是护理人员，你会如何与高龄阿尔茨海默病人群进行有效的沟通呢？组织学生以小组为单位进行学习讨论，自行编制剧本，表演情景剧。学生可根据前面所学的沟通交流的策略，依据老人的实际情况选择合适的方式，进行课堂分享。

👥 实训演练

杨爷爷，79岁，已婚，汉族，退休工人，小学文化。因渐进性智力减退于2017年5月入住某养老机构。五年前家人发现老人经常丢三落四，东西放下就忘，夜里不睡觉，有时说耳旁似有人唱歌，但听不清内容。近两年来忘事更严重，即使在小区里散步，也找不到回家的路。近一年来病情日益加重，女儿来看他，他也不认识。在家上完厕所，有时也找不到回房间的路。不会穿衣，常将双手插入一个袖子中，或将衣服穿反，或将内衣扣与外衣扣扣在一起，家人纠正，他反而生气。不知道主动进食，或只吃饭，或只吃菜。常常呆坐呆立，从不主动与人交谈，不关心家人。有一次无目的外出走失，被家人找回送到医院检查治疗，确诊为患阿尔茨海默病。入院期间常常吵闹，跟女儿说："我女儿刚上学，我得回家给她做饭送到学校。"女儿为此非常烦恼，常大声呵斥："爸，我在这儿呢，你回家干什么呀。跟你说过多少次了，我就是你女儿！你再这样，我也不管你了！"

针对此案例，如果你是杨爷爷的护理员，你会如何进行有效的沟通呢？

📈 拓展学习

高龄阿尔茨海默病患者常常存在理解困难的问题。但他们对别人说话的语气非常敏感，激动的语气会令他们感到不安，而平和的语气则让他们觉得安心。因此，要尽可能保持说话时心平气和。

请注意以下几方面的问题。

第一，避免争吵。患者可能对现实感到迷惑，而且不能区分过去和现在，忘记陪护者是谁，这是令人懊恼的。但不要一味坚持你的观点，否则会使患者觉得更加困惑和紧张。有时，患者可能会做出一些危险的事情，如独自外出，与患者争吵会使情况更糟，相反，转移注意力会让他很快忘记要做的事。

第二，消除疑虑。患者可能经常反复问同一个问题，这让人觉得很烦，但应该弄清楚为什么他总是问这个问题。例如，患者可能担心失约或不带他去参加聚会。

第三，妥善处理。有时患者的性格会发生变化，阿尔茨海默病患者常见的性格改变，多为抑郁、孤独、淡漠、易激惹、多疑和烦躁不安。有时也会出现幻觉（看见不存在的东西）和幻想（荒谬的信念）。如果患者突然出现上述现象，或其严重到可能造成危险时，就要去看医生；一般情况下，不要在乎患者所说的和所做的事。切记，在阿尔茨海默病患者眼里，这是一个充满压力的世界。因此，尽量多从患者的角度考虑问题。

第四，安排未来生活。阿尔茨海默病患者的需要是随着时间的推移而改变的，因此必须做好长远打算，包括安排护理方式、寻求法律帮助和仔细审查财务状况等。

第五，处理法律和财务问题。患者终有一天再也不能做出正确的决定，因此，应事先做好准备。最好尽早与患者讨论法律和财务方面的问题，因为这时患者还能理解做这些事的目的。如有可能，可找专门办理老人法律问题的律师，帮助患者制订财务方面的计划，解决需要考虑的问题。

第六，关心家人。照顾患者需要很多的时间，但也应考虑到其他家人的需要。

第七，调整家人或陪护者的情绪波动。

第八，寻求支持和帮助。寻求其他人的援手，帮助一起照顾患者。即使他们不能帮助，朋友和家人总是能给予精神鼓励和安慰。

第九，改变护理方式。当家人觉得再也不能担负护理患者的安全时，就要考虑改变护理方式。这并不意味着家人无能，换用一种新的护理方式可能对每个人都有好处。在这种情况下，可以选择长期护理机构如家庭护理中心的服务，保证患者安全并受到良好照顾。

第十，保证患者的安全。①保持房间整齐。患者居住的环境要布置得简单，不要经常更换，便于患者识别。让患者远离伤害，家人在用完电熨斗、烤箱、搅拌器、电动工具和其他电器后，要拔掉电源，把它们放置在安全的地方。②避免其他伤害。可以把热水器的温度调至37℃以下，以免发生烫伤；拆除厕所和卧室的门锁；经常检查食物是否已经变质。钱包、钥匙、账单、存折及其他贵重物品必须收好。因为阿尔茨海默病患者有视空间技能障碍和记忆障碍，判断力也会变差。③患者外出活动时，所穿的衣服应标明姓名、年龄、住址，以便走失时得到帮助。阿尔茨海默病患者表现出糊涂和焦虑不安，可能会常常在房间的周围徘徊，离家出走甚至走失，因此必须安装患者很难打开的门锁。如果患者坚持要外出，家人可以陪同一起出去，不要对其大喊大叫，应温和地劝说。

第十一，做好饮食护理。每天至少陪患者吃一顿饭，这是交流感情的最好时机，也可以让陪护者更好地了解患者吃了什么和吃了多少。注意饮食的多元化，定时定量。鱼类含有丰富的卵磷脂，对防止大脑的衰老有很大的作用；蛋类、瘦肉、菌菇类食品对增强抵抗力、提高记忆力都有帮助；富含维生素的各种食品，包括水果和蔬菜等可以改善大脑细胞营养并延缓大脑细胞衰老。另外，应尽量少用或不用铝制餐具。

🔧 能力测评

对于本次任务，可以根据学生听课及情景模拟和案例分析的情况对学生开展测评。可从知识学习、技能要求和职业态度三个方面开展测评。

项目	测评标准	得分
知识学习(20分)	是否认真听老师讲课(5分)	
	听课过程中有无提出问题(5分)	
	能否回答老师提出的问题(10分)	
技能要求(50分)	情景模拟与实训演练(40分)	知晓高龄阿尔茨海默病人群的基本情况(15分) 与高龄阿尔茨海默病患者进行言语沟通时,注意温情服务(10分) 根据高龄阿尔茨海默病人群的背景资料选择合适的沟通交流方式与策略(10分) 与高龄阿尔茨海默病人群完成沟通后,有无进行信息反馈(5分)	
	情景模拟沟通过程中有无运用手势、眼神等非言语式沟通对话方式(5分)	
	沟通过程中有无保持微笑服务(5分)	
职业态度(30分)	与高龄阿尔茨海默病人群沟通时是否尊重老人,微笑面对老人(10分)	
	与老人沟通时语气是否温柔,语速是否适中,吐字是否清晰(10分)	
	面对高龄阿尔茨海默病人群时有没有足够的耐心,有没有眼神交流(10分)	
总分(100分)		

📱 课后练习题

一、选择题（选择一个正确的答案，并将相应的字母填入题内的括号中）

1. 在与高龄阿尔茨海默病患者沟通时，如果患者不愿意交谈或者不耐烦，下列做法不正确的是　　　　　　　　　　　　　　　　　　　　（　　）

    A. 可以暂时离开或者给予休息的时间

    B. 可以等患者愿意的时候再进行交谈

    C. 要尊重患者，不强迫他做不愿意做的事情

    D. 采取不理会的办法

2. 在与高龄阿尔茨海默病患者进行非言语沟通时，最容易被接受的触摸部位是　　　　　　　　　　　　　　　　　　　　　　　　　　　（　　）

    A. 手　　　　　　B. 头部　　　　　　C. 胳膊　　　　　D. 肩部

3. 如果高龄阿尔茨海默病患者听不懂谈话内容，正确的做法是　　（　　）

    A. 可以再重复1～2遍　　　　　B. 可以配合一些图片、照片等

    C. 可以用非言语式沟通方式　　　D. 以上都对

4. 下列不属于与高龄阿尔茨海默病患者沟通的策略的是　　　　（　　）

    A. 利用患者重复的话去进行沟通　　B. 抱有希望，表达爱意

    C. 利用共情，理解患者的感受　　　D. 利用酒精去唤醒记忆

5. 当对高龄阿尔茨海默病患者做出一些指示或者要求时，下列表述正确的是　　　　　　　　　　　　　　　　　　　　　　　　　　　　（　　）

    A. 让我们试试看这样做，好吗　　　B. 你不要这样做

    C. 你不能这么做　　　　　　　　　D. 不允许你这么做

二、判断题（将判断结果填入括号中，正确的填"√"，错误的填"×"）

1. 当高龄阿尔茨海默病患者不能明白你说的话时，你可用身体语言来辅助患者表达或理解。　　　　　　　　　　　　　　　　　　　　　（　　）

2. 将高龄阿尔茨海默病患者当作小孩般看待，言谈对话要简单易明，使用
   叠字，如"吃饭饭"等。 （ ）

3. 与高龄阿尔茨海默病患者沟通时，护理人员没有必要向他做自我介绍。
   （ ）

4. 当高龄阿尔茨海默病患者想不起某个字、某个人的名字或者某个物体的
   名字时，可以适当地提示一下，以减轻他们的挫败感。 （ ）

5. 面对患者重复地问同一个问题，要有策略地回答，不要做不耐烦的回应，
   如"你已问了很多次""你不记得了吗"或者"我告诉过你"等。
   （ ）

学习单元六

与高龄视力、听力障碍人群沟通的策略

　　视力、听力障碍患者的视力、听力会有很多问题。比如听力障碍患者可能会听不清或听不到一些声音，视力障碍患者可能看不清，眼前模糊，老视或者高度近视。在本单元的学习中，我们重点讲解如何与有视力、听力障碍的高龄人群沟通交流。通过学习，学生应掌握与高龄视力、听力障碍人群沟通的策略。

子单元一 | 与高龄视力障碍人群沟通的策略

　　随着年龄增长，老年人往往身体机能下降，患慢性疾病的概率升高。视力障碍疾病是老年人易患的慢性疾病中比较高发的一种，也是一种较为常见的健康问题。据报道，2019年10月，世界卫生组织发布首份全球视力状况报告，称全球超过22亿人失明或存在视力障碍，大多数视力障碍者的年龄超过50岁。有关研究指出，60岁以上的老年人中，视觉器官老化导致视力减退者占47.9%。视力障碍可导致行动不便，对患者躯体功能产生直接的影响。在日常生活中，需要与有视力障碍的老年人进行良好的沟通，以减少因视力障碍给老年人带来的不便，帮助其更好地适应生活，提高日常生活质量和生存质量。

🎯 学习目标

知识目标：掌握视力障碍的基础知识；掌握与高龄视力障碍人群沟通交流的策略。

技能目标：能有效应用沟通交流的策略，与高龄视力障碍人群进行有效的沟通。

态度目标：培养学生乐于与高龄视力障碍人群交流的态度，培养爱心、耐心等；能正确面对高龄视力障碍人群，帮助他们与他人相处。

💬 情境导入

王奶奶，86岁，退休教授，个人文化水平较高，有每日读书看报学习的习惯，在某养老院已生活10余年。近半年来她视力下降非常明显，看东西很模糊，不能像往常一样读书看报。这让王奶奶非常苦恼。在光线比较暗的地方走路，她还经常出现磕磕碰碰的情况。去医院就诊后恢复效果不明显，近日来，王奶奶情绪比较消极，一直待在房间不出来，非常急躁，经常莫名地发脾气。

假如你是这家养老院的工作人员，你应该如何帮助王奶奶？

📚 问题讨论

①根据上述案例，分析王奶奶出现了什么问题。

②什么是视力障碍？

③高龄视力障碍人群有哪些生理和心理特点？

④老年人如何预防视力障碍？

⑤针对高龄视力障碍人群，我们应该如何有效且正确地与他们进行沟通呢？

⑥如何帮助高龄视力障碍患者尽快适应生活？

📅 知识学习

一、视力障碍的概述

（一）视力障碍的概念

视力障碍是指由于先天性因素或后天的影响，眼球视力神经、大脑视力中心等视力器官的构造或机能发生部分或全部障碍，经治疗仍对外界事物无法（或困难）做视力方面的辨识。从视力不好到完全看不见，视力障碍的范围很广。视力障碍的症状包括视力模糊、高度远视或近视、色盲和管状视力等。

（二）影响老年人视力的因素

65岁以上的老年人正常远视力为1.0，若其视力在0.8以上即可保证正常生活需要。影响老年人视力的因素有很多，但主要原因有白内障、视网膜病变、黄斑变性、角膜混浊、玻璃体混浊、青光眼等。视觉功能是人体最重要的感官功能，视力障碍往往会严重影响个人日常生活，甚至会显著恶化生活质量。

（三）视力障碍可能导致的问题

①日常活动困难，影响老年人看电视、书报，继而影响他们的生活起居及外出社交等；②使老年人易发生摔倒、髋部骨折和其他事故；③容易导致老年人自信心降低，产生消极悲观情绪，社交孤立，孤独；④生活满意度低，焦虑、抑郁，易自杀；⑤易导致认知障碍和痴呆，影响日常生活的维持、外界信息的获取、相互交流的进行；⑥住宅或机构护理需求增加，卫生保健服务需求增加；⑦死亡率增加。

二、如何帮助高龄视力障碍人群尽快地适应生活

（一）生活指导

（1）高龄视力障碍人群的外出活动应尽量安排在白天进行。强光下活动尽量佩戴太阳眼镜。从暗处到亮处要停留片刻。要减少单独外出，需要外出时最好有家人或者其他的照顾者陪同，避免危险事故的发生。

（2）调节室内光线，有视力障碍的老人在室内时，光线要明亮，注意晚间用夜视灯避免强光刺激，可以选择一些比较柔和的夜视灯。晚上在卧室、通道及浴室内留下夜间照明设备，晚间起床一定要等到眼睛看清楚后才能下床或移动。

（3）指导阅读时间和材料，注意避免用眼过度，精细的用眼活动最好安排在上午。阅读材料要印刷清晰，字体较大，最好用淡黄色的纸印刷，避免反光。高龄视力障碍患者的家人或者照顾者也可以配老花镜来帮助其读书看报。

（4）物品摆放在熟悉、固定的位置，摆放要有序，不要随意摆放。老年人常用的用品放在随手可以拿到的地方。放置物品的位置也不要随便变化。另外，走廊等老年人经常经过的地方尽量不要摆放杂物，以免碰到受伤。

（二）饮食指导

（1）多喝水。有视力障碍的老人要多喝水。但要注意的是患有青光眼的病人每次饮水量为200毫升，时间间隔1～2小时，防止眼压升高，加重病情。

（2）戒烟，限酒，减少含咖啡因食物的摄入。

（3）保证充足的睡眠。尽量准时睡觉，准时起床，如需要午睡，尽量不超过1个小时，以维持睡醒周期的稳定。

（4）正常饮食。高维生素、低脂饮食，多吃新鲜的蔬菜水果，少吃肥肉。

（三）滴眼剂的使用指导

（1）正确使用滴眼剂：用滴眼剂前清洁双手，用食指和拇指分开眼睑，眼

睛向上看，将滴眼剂滴在穹隆内，闭眼，再用食指和拇指提起上眼睑，使滴眼剂均匀分布在结膜内。

（2）滴药时滴管不可触及角膜；每种滴眼剂使用前都要了解其性能、维持时间、适应证和禁忌证，检查有无混浊，是否超过有效期，是否有沉淀。

（3）滴药后按住内眼角数分钟，防止滴眼剂进入泪小管，吸收后影响循环和呼吸。

（4）平时多备一瓶滴眼剂以备遗失时使用，使用周期长的滴眼剂应放冰箱冷藏保存，切不可放入贴身口袋。

（四）配镜指导

（1）定期到医院眼科检查情况，更换眼镜。糖尿病、心血管病人缩短检查时间。老年人眼部的调节力衰退是随着年龄的增长而逐渐发展的。

（2）近期自觉视力减退或眼部胀痛伴头痛者应尽快检查，明确病因。

（3）配镜前先确定有无近视、远视或散光，按年龄和老视程度增减屈光度，根据习惯工作距离适当调节镜片度数。

（五）心理指导

对于高龄视力障碍患者来说，失明之后的生活前景会使其感到畏惧和沮丧，所以家人或者照顾者需要与视力障碍患者发展一种信任关系。

（1）当试图确认高龄视力障碍患者关于失明的感觉时需要使用沟通策略，对患者的倾诉要积极倾听并积极反应。尊重患者的个人隐私和人格是非常必要的，因为外界对高龄视力障碍患者的丑化与歧视可能会导致其罹患抑郁症。

（2）为高龄视力障碍患者创造一个安静的环境，这样可以取得其信任，使沟通更为有效。在探索治疗方法和提供最终恢复信息时，应当采取积极的态度支持患者。在老年患者视力丧失后或治疗期间进行谈话时，某些患者或许会表达对于失明的愤怒、恐惧和其他负面情绪，这个时候应当给予患者充分的机会来谈及他们以后面临的困难和负面感觉。

（3）视力障碍为身心疾病，病人多性格内向，对外界环境适应能力差，心理状态忧郁。应热情、耐心对待病人，多与病人接触，加强护患关系，视力障碍疾病发作与情绪有一定关系，过度兴奋、抑郁均可诱发，应保持精神愉快，避免情绪波动。

（4）鼓励病人保持信心，只要坚持治疗和用药，还是可以控制病情的。对于术后视力较差者，给予病人心理支持及鼓励。

（六）选择适宜的生活辅助用具

（1）读写辅助工具。如台式及便携式自动对焦、高倍率放大、彩色黑白反转、有对比度调节功能的阅读书写机，能手动调节焦距的放大镜，以及可调节焦距的弱视眼镜等。

（2）提高对比度的辅助工具：黑底白字的标识牌，字体可选择黑体加粗字体，提高纸面与文字的对比度，易于辨认；对比度明显的信纸、信封及文具用品等。

（3）日常生活辅助工具有触知式字盘手表、报时手表，具有声音提示功能的计步器和体重计。食具辅助器有黑白两用菜板，黑色勺子，不同容积的定量调味盒，舌簧式筷子，有声提示火力、加热时间、温度、错误操作警告的电磁炉，触知式和有声提示的公斤秤，等等。

（4）步行辅助工具有不同种类的拐杖、导盲犬、手电筒等。改善生活环境的方法有：拐角及楼梯台阶的边缘等处贴对比度明显的彩色胶带；使用具有超声波感知前方障碍物功能并有声音提示的电子机器；在公共场所放置红外线信号、声音情报引导系统装置等。

☕ 沟通环节

假如你是养老机构里的工作人员，你该如何帮助王奶奶呢?

一、了解当事人的背景情况

王奶奶，86岁，近半年来视力下降非常明显，看东西很模糊，去医院就诊后恢复效果不明显。这让王奶奶情绪比较消极，一直待在房间里不出来。王奶奶是文化水平比较高的人，有每日读书看报学习的习惯，视力的下降直接影响了她这一习惯，并且导致生活中很多的不方便，这也使王奶奶非常急躁，经常莫名地发脾气。知晓这些背景情况有助于我们更好地帮助王奶奶。

二、如何帮助有视力障碍的高龄患者正视自己

眼睛是心灵的窗户，然而随着韶光的逝去，窗户上堆积了层层污垢，对于老年人来说，健康的晚年生活离不开清晰的视力，所以老年人的视力障碍也就成了不容忽视的健康问题。正常情况下由年龄问题引起的视力障碍，比如黄斑变性、白内障和青光眼等都会影响日常生活。有视力障碍的老人，很可能无法正常阅读，不能安全地通过不平坦的道路，甚至无法认出自己熟悉的人。不只如此，视力障碍也会导致其难以有效地与他人沟通。

老年人由于身体机能的退化，出现一系列的情况都是正常的事情，要告诉王奶奶理性面对身体出现的疾病，准备好应对措施。

三、如何与有视力障碍的高龄患者交谈

日常生活里，从一些对话中能寻找到视觉线索：表情能说明对方的情绪或情感；手势可以指示大小或方向。有视力障碍的人可能会错失或误解这些类型的非语言信息，从而造成误解。

当你和一位有视力障碍的老人进行交谈时，可以做以下事情：

第一，表明自己的身份。当你与一位有视力障碍的老人进行交谈时，一定要表明自己的身份，这是顺利交流的开始，否则在你与他进入谈话正题的时候，

他还在想你是谁。在距离有视力障碍的老人一两米远时，就应该有一个声音的提示，让其知道你就在附近。要使对方明确谈话的对象，表明自己身份。当你离开的时候，需要告知与你谈话的有视力障碍的老人，以免老人不知道你离开了。

第二，擅用语言描述。比如你在描述一件东西的尺寸时，除了手势之外，一定要尽可能地用语言来表达你的意思，如"这条鱼大概有30厘米长"。然而也并非每个有视力障碍的老人都对尺寸有良好的直觉，你要尽可能地用他熟悉的事物来类比，如"这条鱼大概有你的小臂那么长"。这样是不是就容易理解了呢？

第三，减少干扰因素。交谈时尽量坐在光线明亮的地方，但一定要避免直接坐在明亮的窗户前，或是直接站在门口。这种背光会产生轮廓效果，让有视力障碍的老人更加看不清你的脸。清除容易分散人注意力的背景噪声，因为当一个老年人视力不好时，他可能会依赖听觉来获取信息。

第四，照顾安全。尽可能使用明亮的台灯或落地灯，并且确保电线不影响通行，以免导致摔跤。高架荧光灯会在油毡和硬木地板上产生眩光。在走廊、卧室和浴室安装夜灯。当你和有视力障碍的老人一块儿出去的时候，适当地伸出手臂来帮助他，走到路边或是遇到台阶要提前提醒对方。

四、如何照护有视力障碍的老人进餐

有视力障碍的老年人活动能力会相应下降，所以饮食环境要符合这类老人的活动要求。对于有视力障碍的老年人，根据其身体功能的状况，尽量固定摆放饭菜的位置及习惯使用的用具，如碗、盘、筷子、叉、汤勺、吸管等。就餐环境应明亮、舒适，地砖要能够防滑。同时尽量创造和谐的气氛，鼓励老年人自己进食。食品制备要精细，需考虑食物质地、颜色与味道的调配，尽量准备质地柔软易消化的食物。食物加工的形状也应考虑老年人的进食习惯，尽量使

老年人容易夹取。鱼类食物应先将鱼刺剔掉。进食前要向老年人说明制订的食谱及烹调方法。提醒老年人食物的温度，以免发生烫伤。饭后用清水或茶水漱口，以保持口腔内的清洁。要鼓励老年人养成餐后漱口的好习惯。病人由于看不见，心理负担很重，会出现焦虑、恐惧、多疑等情绪。护理人员应耐心解释，向老人说明餐桌上食物的种类和位置，帮助其用触摸方式确认。热汤、茶水等易引起烫伤的食物要注意提醒。有视力障碍的老年人可能因看不清食物而引起食欲减退，所以食物的味道很重要。同时，加强心理护理，从有效的沟通中了解其认知方式和行为方式，及时纠正其不良的认知和行为，避免不良心理反应的发生。

👬 实训演练

　　李爷爷，78岁，退休干部。孩子的事业家庭都稳当，所以他特别欣慰。但他老伴走得早，他也不愿意掺和到儿子的生活中，就独自一个人在养老院生活。最近，李爷爷突然觉得视力模糊，就随便找了个诊所，开了点眼药，也就没有理会了。结果过了一段时间，李爷爷的视力模糊没有好转，反而更加严重了。李爷爷这才害怕了，赶紧打电话让儿子带去三甲医院看看。经过一番检查和医生详细的询问之后，找到了原因。原来李爷爷住的地方灯光比较昏暗，而李爷爷晚上没事就喜欢看看书，结果日积月累，才造成了视力障碍。李爷爷为此焦虑自责，也经常因为找不到东西而发脾气，性格变得沉默，也不再外出活动，整天待在家里。

　　请问，李爷爷出现了什么问题？如果你是养老院的工作人员，你会怎么帮助李爷爷？

拓展学习

高龄人群常见眼部保健措施如下。

一、白内障

许多老年患者认为年龄大了以后视力不太重要，视力减退所带来的行动限制应作为衰老过程的一部分而接受。对于患有白内障的老年人而言，最重要的是帮助其找到生活的期望，并培养其健康信念和良好的生活态度。白内障的预防保健措施如下。

（1）首先要早期预防。在生活中要尽量避免用眼疲劳，不揉眼，经常做眼保健操。合理饮食，多食含丰富蛋白质、钙、微量元素及维生素的食物，以延缓白内障的发生发展。保持心情愉快，培养养花、养鸟、游泳等爱好，保证睡眠，戒烟限酒，慎用皮质类固醇类药物，糖尿病患者合理服用降糖药物或使用胰岛素制剂将血糖控制在适宜范围内。

（2）白内障发生后影响老年人视力，但也不是非常可怕，可以接受手术摘除白内障，并行人工晶体置换术。白内障手术痛苦轻，术后效果立竿见影，不要因害怕而拒绝手术康复治疗。手术治疗是白内障患者复明的唯一途径，手术时机以往多选择在成熟期。现在医疗技术水平提高，医疗设备先进，也常选择在未熟期，但未熟期因有部分晶状体皮质尚未混浊，易导致皮质残留而发生后发障，需二次手术或进行激光手术治疗。

二、老年性黄斑变性

清淡饮食，适当运动，应用抗衰老及抗氧化药物，可预防脉络膜血管硬化。避免日照、强光刺目可防止黄斑部损伤。

三、糖尿病性视网膜病变

（1）低盐低糖低脂饮食，保持乐观心态，加强体育锻炼，保证睡眠质量。

（2）中医按摩疏通经络，使气血通畅。热水泡足，调理肾虚。

（3）糖尿病初期患者应控制饮食，控制糖摄入，加大运动量，若空腹血糖仍大于7mmol/L，就应采取降糖药物治疗，因糖尿病是机体胰岛功能不足或缺陷导致，药物治疗时可直接用胰岛素，并根据血糖情况随时调整用量。血糖控制在8mmol/L以下可延缓眼部并发症发生。

四、青光眼

（1）定期检查老年人的视力水平，发现视力不佳、视物模糊时，应查眼压。

（2）保持乐观心态，避免情绪波动，保证充足睡眠，屈光不正者及时配镜矫正。

（3）已确诊为青光眼者，无论是闭角型还是开角型均应早期接受手术，以防止不可逆性视神经萎缩的发生，保护患者的残存视力。

五、玻璃体混浊

（1）飞蚊症。生理情况，一般无须治疗。

（2）轻度混浊者可应用对症药物进行治疗。

（3）积极治疗原发病。

（4）严重混浊者，可行玻璃体切割术。

🔍 能力测评

对于本次任务，可根据学生听课及案例分析的情况对学生开展测评。可从知识学习、技能要求和职业态度三个方面开展测评。

项目	测评标准	得分
知识学习(20分)	是否认真听老师讲课(5分)	
	听课过程中有无提出问题(5分)	
	能否回答老师提出的问题(10分)	
技能要求(50分)	模拟沟通是否恰当、规范(40分) 知晓视力下降高龄人群的症状特点(15分)	
	根据视力下降高龄人群的背景资料,理解其表达的内在诉求(15分)	
	与老人建立和谐融洽的关系,认同老人,关爱老人(10分)	
	沟通过程中有无发现或者提出问题(5分)	
	跟同学、老师是否有互动(5分)	
职业态度(30分)	与老人沟通时是否尊重老人,微笑面对老人(10分)	
	与老人沟通时语气是否温柔,语速是否适中,吐字是否清晰(10分)	
	面对高龄视力障碍人群时,工作态度是否积极、热情(10分)	
总分(100分)		

课后练习题

一、选择题（选择一个正确的答案，并将相应的字母填入题内的括号中）

1. 视力障碍的症状包括　　　　　　　　　　　　　　　　　　（　　）

　　A. 视力模糊　　　　　　　　　　B. 色盲

　　C. 高度远视或近视　　　　　　　D. 以上都是

2. 关于视力障碍，表述错误的是　　　　　　　　　　　　　　（　　）

　　A. 由先天或后天的原因所引起

　　B. 眼球视力神经等视力器官障碍

　　C. 治疗后仍对外界事物无法用视力辨识

　　D. 老年人不会发生

3. 以下不属于视力障碍对老年人的影响的是　　　　　　　　　（　　）

　　A. 影响正常的情绪状态　　　　　B. 影响日常活动

　　C. 导致身体重大疾病　　　　　　D. 容易引起事故

4. 关于日常生活中的视觉线索，以下表述错误的是 （ ）

　　A. 表情能说明对方的情绪或情感

　　B. 手势可以指示大小或方向

　　C. 反馈包括点头、皱眉

　　D. 以上都不正确

5. 帮助高龄视力障碍患者适应生活的方法是 （ ）

　　A. 外出活动尽量在白天进行　　　　B. 室内光线要明亮

　　C. 注意避免用眼过度　　　　　　　D. 物品摆放在熟悉、固定的位置

二、判断题（将判断结果填入括号中，正确的填"√"，错误的填"×"）

1. 老年人出现视力障碍是机体老化的必然结果，是一种较为常见的健康
　 问题。 （ ）

2. 与高龄视力障碍人群沟通时，语言要礼貌、动态行为要适当放慢。（ ）

3. 视力障碍不会导致行动不便，也不会对患者躯体功能和其他性能产生直
　 接的影响。 （ ）

4. 对于有视力障碍的老年人，饭菜以及习惯使用的餐具，如碗、盘、筷子、
　 叉、汤勺、吸管等的摆放位置，可以随便移动。 （ ）

5. 在距离有视力障碍的老人一两米远时，就应该有一个声音的提示，让他
　 知道你就在附近。 （ ）

子单元二 | 与高龄听力障碍人群沟通的策略

听与说的能力是人类相互交流和认识世界的重要手段，然而，耳病和听力障碍的阴霾却袭扰着人类。截至2018年底，全球65岁以上的人口总数约为7.05亿，中国65岁以上的老龄人口已达1.67亿，约有三分之一65岁以上的老年人有听力障碍。世卫组织官员谢莉·查达说，全球每3名65岁以上老人就有1人存在耳聋或听力障碍问题。老年人为了儿女辛苦一生，晚年，身体各方面都老化了，外出活动受到了很大的限制。如果听力再出现问题，不仅会直接导致沟通交流障碍，还会引发多种心理问题，严重影响老年人身心健康，极大地损害老年人的生活质量及家庭、社会功能，给他们的生活带来极大的不便。日常生活中，要与有听力障碍的老年人进行良好的沟通，帮助其更好地适应生活，提高日常生活质量和生存质量。

🎯 学习目标

知识目标：掌握听力障碍的基础知识；掌握与高龄听力障碍人群沟通交流的策略。

技能目标：能有效应用沟通交流的策略，与高龄听力障碍人群进行有效的沟通。

态度目标：培养学生乐于与高龄听力障碍人群交流的态度，培养爱心、耐心等；能够正确面对高龄听力障碍人群，帮助他们与他人相处。

💬 情境导入

赵爷爷，83岁，入住某养老机构。左耳几乎没有听力，右耳听力下降，但还有一些听力。如果在他注意力不集中的时候叫他，他是没有反应的，另外赵爷爷的口音比较重。有一天，赵爷爷想买一些水果，于是请求养老院的工作人员小刘帮他购买。赵爷爷告诉小刘要买什么水果，买多少，但是小刘听错了，也没有跟赵爷爷核实就跑出去买了。买回来以后，赵爷爷说小刘买错了，于是再次向小刘叙述了自己的需要。小刘这次听完以后向赵爷爷核实了，但是赵爷爷好像也没有听清楚小刘的复述，两个人非常费力地跟吵架似的交流着，还时不时地用手比画着。经过一番艰难的交流，好不容易小刘认为自己完全领会了，但是第二次出去买回来后，小刘还是没能买对赵爷爷要求的水果种类和数量。为此，赵爷爷非常生气，认为是小刘不负责任，这点小事都办不好，转头气冲冲地就走了。小刘也很委屈，自己好心好意全力以赴去做这件事情，换来的却是指责，但她也不知道自己究竟错在了哪里，不知道自己究竟应该怎么办，也不知道以后应该怎样与赵爷爷进行沟通交流。

假如你是小刘，你会怎样与赵爷爷进行有效的沟通交流呢？

📚 问题讨论

①根据上述案例，分析赵爷爷出现了什么问题？

②什么是听力障碍？

③高龄听力障碍人群有哪些生理和心理特点？

④老年人如何预防听力障碍？

⑤针对高龄听力障碍人群，我们应该如何有效地与他们进行沟通呢？

📅 **知识学习**

一、听力障碍的概述

（一）听力障碍的概念

听力障碍是指听觉系统中的传音、感音以及对声音进行综合分析的各级神经中枢发生器质性或功能性异常，而导致听力出现不同程度的减退。只有听力严重减退时才称为聋，其表现为患者双耳均不能听到任何声音。而听力损害未达到此严重程度者，则称为听力减退。听力障碍常见的临床症状有耳鸣、听觉过敏、耳聋、幻听及听觉失认。

（二）听力障碍的病因

导致老年人产生听力障碍的因素很多，大致可分成两大类：一类是内在因素，包括遗传因素和全身因素（情绪紧张，某些慢性病，如高血压、高血脂、冠心病、糖尿病、肝肾功能不全等）；另一类是外在因素，如环境噪声、高脂肪饮食、吸烟酗酒、接触耳毒性药物或化学试剂、感染等。这些因素均会引发或加重老年人的听力障碍。

（三）听力障碍的临床症状

（1）双侧感音神经性耳聋：老年人听力障碍大多是双侧感音神经性耳聋，双侧耳聋程度基本一致，呈缓慢进行性加重。

（2）以高频听力下降为主：听力下降多以高频听力下降为主，老人首先对门铃声、电话铃声、鸟叫声等高频声响不敏感，逐渐对所有声音的敏感度都降低。

（3）言语分辨率降低：有些老人表现为言语分辨率降低，主要症状是虽然听得见声音，但分辨很困难，理解能力下降。这一症状开始仅出现在特殊环境中，如公共场合，有很多人同时谈话时；症状逐渐加重后老人与他人交谈困难，逐渐不愿讲话，出现孤独现象。

（4）重振现象：部分老人可出现重振现象，即小声讲话时听不清，大声讲话时又嫌吵，他们对声源的判断能力下降，有时会用视觉进行补偿，如在与他人讲话时会特别关注对方的面部及嘴唇。

（5）耳鸣：多数老人伴有一定程度的耳鸣，多为高调性，开始时仅在夜深人静时出现，以后会逐渐加重，持续终日。

二、高龄人群如何预防听力下降

第一，远离噪声。

远离噪声污染一向被奉为保护听力的"金科玉律"，无论哪个年龄阶段都适用。因为噪声可使内耳微细血管处于痉挛状态，导致供血减少，使听力急剧减退。但现在不少退休后有了大把空闲时间的戏迷、音乐迷、相声迷，整日"丝竹不绝于耳"，甚至连坐车、干家务都戴着耳机继续听，还隔三岔五地约上一帮老友一起上歌厅飙歌。其实，正如古话所说："五音使人耳匮。"五音再悦耳，长时间沉迷其中，即使音量过大了也浑然不觉，待到感觉不适时，往往已情况不妙。建议无论是老年人还是年轻人，坐车时不要老用耳机听音乐，更不要将音量调高到盖过周围声音的程度。最好是控制在60分贝左右，即以戴着耳机时不妨碍与周围的人交流为准。这个习惯应从年轻时就开始培养并常保持。尽量避免长期的噪声刺激，遇到突发性噪声时，要尽快远离，以减少噪声对双耳的冲击和伤害。

第二，保持心情舒畅。

保持心情舒畅，不上火、不急躁对老年人来说尤为重要。因为心情一波动，人就难以平静下来，可导致植物神经失调，功能失常，也易使听力锐减甚至突聋。尤其老年人的血管弹性差，情绪激动很容易导致耳内血管痉挛，如果同时伴有高血黏度，则会加剧内耳的缺血缺氧，最终导致听力下降。

第三，多见面聊天，少煲电话粥。

现在不少老人自己住，跟亲友联系多用电话和手机。特别是随着通信资费下调，不少老人也开始爱煲起电话粥来，一天煲上个把小时是常有的事，直煲得耳朵发热甚至嗡嗡作响才罢休。内耳是人体的娇贵部位，长时间煲电话粥，这些通信设备所产生的电磁波可使内耳的毛细胞产生变性，对听力的积累性伤害是很大的。建议平时比较清闲的老年人，若要跟亲友联络感情，还是多见面聊天为好。

第四，早期发现，及时治疗。

老年人听力障碍和任何一种感音性耳聋一样，越早治疗效果越好，病程超过2个月，治疗起来就比较困难了。建议老年朋友一旦发现自己近期有明显听力下降，就及时去医院耳鼻喉科就诊，接受积极的检查和治疗。一般来讲，药物治疗要坚持规律服用2～3个月的药物后，症状才会有所改善。

第五，养成良好的饮食习惯。

老年人要特别注意营养，多补充锌、铁、钙等微量元素，这些微量元素对预防老年人听力障碍有显著效果，尤其是锌元素。富含锌的食物主要有海鱼、贝类等。也可以选择服用一些富含多种维生素和微量元素的保健品。少吃肥肉、蛋黄、芝麻等。烹调食物应以清淡为主，少用动物油，可选择易消化的新鲜蔬菜、瘦肉、豆制品，平时应多吃些水果。同时，要戒烟戒酒，因为尼古丁和酒精会直接损伤听神经，长期大量吸烟、饮酒还会导致心脑血管疾病的发生，致内耳供血不足而影响听力。

第六，加强体育锻炼。

体育活动能够促进全身血液循环，内耳的血液供应也会随之得到改善。锻炼项目可以根据具体身体状况来选择，散步、慢跑、打太极拳等都可以，但一定要坚持。

三、如何帮助高龄人群应对听力障碍

第一，保持良好的精神状态，提供适宜的环境。

有听力障碍的老人常发生心理上的问题，像疏离亲友、拒绝社交、孤僻多疑、犹豫压抑、妄想易怒等。可以想象，因听不清对方的话而毫无反应的情况发生几次后，对方可能不太愿意再次交谈沟通。如果是个性内向的人，可能会因此变得孤僻，出现疏离及拒绝社交的情形，甚至有些人还会产生被害妄想症，觉得别人在说自己的坏话，或背地里设计陷害自己。此外，听力不好也易造成焦虑，因为与别人无法好好沟通，对自己越来越缺乏信心，因此当听障发生时，需要积极地做心理复健。生活和工作中既不过度紧张，又不过于安逸，保持乐观向上、不急不躁的情绪。应为有听力障碍的老人提供安静的生活环境，避免噪声的刺激。安静舒适的环境有利于帮助有听力障碍的老人保持稳定的情绪状态，也方便沟通交流。

第二，鼓励有听力障碍的老人扩展社交圈。

家属及照顾者要协助老年人积极参加社会活动，多参加集体活动，培养兴趣爱好。老人要信赖儿女亲友，通过助听器的辅助，开拓自己的生活空间，这对自己只有好处，没有坏处，因为如果不积极从事听力的复健与重建，听力不仅容易恶化，更有可能加速老年失智症的发生。

第三，做好生活饮食指导。

研究人员发现，听力障碍与血液中的β胡萝卜素、维生素A和锌的含量低有关，这些物质能给内耳的感觉细胞和中耳的上皮细胞提供营养。含β胡萝卜素丰富的食物有胡萝卜、羽衣甘蓝和菠菜等；含锌丰富的食物有酵母、花生、牡蛎、贝类和奶制品等。另外，镁元素的缺乏也可导致听力减退。噪声能使耳动脉中的镁元素含量减少，从而影响动脉的功能。所以经常接触噪声的人常补充含镁的食物可以提高听力。含镁丰富的食物有谷类、豆类、绿色蔬菜、牛肉、

猪肉、河鲜产品、花生、芝麻、香蕉等。

科学家也发现，任何能使内耳小动脉血流量减少的因素，如高胆固醇、高血脂、过量的咖啡因等，都能导致听力减退。为保持听力的健全，应少食高脂食物，如含脂肪多的全脂乳、肥肉、动物油等，但可吃脱脂乳，以获取对耳骨有保护作用的钙和维生素D。

下列饮食疗法可以调治听力障碍。

（1）枸杞粥：枸杞子15克，大米适量，煮粥服食。

（2）猪肾粥：猪肾2枚，大米60克，葱白适量。猪肾洗净切块与米合煮成粥，加入葱白及调料服食。

（3）猪肾煲黑豆：猪肾2枚，黑豆60克。煲至烂熟，调味佐膳服食。

（4）羊骨粟米粥：羊骨适量，粟米100克，陈皮5克，生姜3片。共煮粥，调味服食。

（5）羊肾杜仲汤：羊肾1枚，杜仲12克，补骨脂12克。羊肾洗净切块，杜仲、补骨脂用纱布包好，加水共煮熟，食肉饮汤。

（6）猪肉山萸补骨汤：瘦猪肉100克，山茱萸、补骨脂、知母各10克，龟板20克。将药物先煎去渣，加猪肉煮熟，吃肉饮汤。

（7）黄酒炖乌鸡：雄乌鸡1只，黄酒1公斤。将鸡宰杀去内脏洗净，放锅内，加入黄酒，煮开后用文火炖至肉烂，用盐调味，食肉饮汤。

第四，适时选配助听器。

听力出现严重障碍的老年人需要戴助听器。有一点必须明确：听力下降者戴助听器就像近视者戴眼镜一样，是非常正常的，完全没有必要心存疑虑。使用助听器需注意以下几个问题。

（1）需经耳科医生和听力师的详细检查，根据听力曲线图来选择合适的助听器，切不可随意到街上买一个了事，就像不验光就戴眼镜会损害视力一样，不测听力不进行电脑选配就用助听器，也会影响残余听力。

（2）单侧耳聋或轻度耳聋一般不需戴助听器。

（3）听力损失35～85分贝者建议使用助听器。其中听力损失在60分贝左右者疗效最好。

（4）听力损失大于85分贝者，助听器虽能增加音量，但由于其语言识别率很低，故无实用价值。

（5）双侧耳聋者，如两耳听力大致相同，可将助听器轮换戴，如两耳听力差别较大，但听力损失均未超过85分贝，宜戴在听力较差的一侧；如一耳听力损失超过85分贝，宜戴在听力较好的一侧。

（6）使用助听器有一个适应过程，一般要1～2个月。另外助听器在室内使用效果较好，但在公共场所及嘈杂环境中使用时，效果欠佳，因为噪声也会被同时放大。

由于老年人听力障碍的特殊性和老年人神经系统退化的必然性，佩戴助听器后有时没办法达到很好的效果。如果家庭经济条件允许，可以考虑安装电子耳蜗（人工耳蜗）来改善耳聋患者的听力状况，电子耳蜗可使听力损失大于85分贝甚至全聋的老年人的言语分辨率明显提高，大大改善老年人的生活质量。不过，由于电子耳蜗价格昂贵，目前在国内尚不能作为一种常规的治疗手段。

☕ 沟通环节

一、了解当事人的背景

本案例中，赵爷爷，83岁，左耳几乎没有听力，右耳听力下降，说话带有较重口音。

工作人员小刘第一次与赵爷爷沟通时，并没有与赵爷爷核实，仅凭着自己的理解，直接就去买水果了。第二次进行了核实，但因为赵爷爷年事已高加上口音严重，双方也没有进行真正有效的沟通，最后造成的结果是小刘没能买到赵爷爷需要的水果，双方都很不愉快。

二、帮助老年人正视听力障碍的事实

人到老年，听力逐渐衰退，甚至变聋，是正常的生理现象。老年人应尽可能积极地面对耳聋这一自然生理现象，保持良好的心态和乐观的情绪，合理安排生活，多交朋友，多参加社会和集体活动，幸福快乐地安度晚年。

三、如何与有听力障碍的老人沟通

第一，适当提高自己的音量，放慢语速。当与有听力障碍的老人交谈时，要适当地提高自己的音量，以老人能听到为标准进行调节。讲话应尽量缓慢而清晰，一个字一个字地说，不要将许多信息急匆匆地在很短的时间内表达。应特别注意，不要用大呼小叫的方式，太大声说话是没什么用的，反而可能引起误会。

第二，缩短谈话的距离。与有听力障碍的老人交谈时，应尽量靠近老人，面对面地交谈，让老年人能清楚地看清谈话者的面部表情，不要用手或其他物体遮挡住面部，也不要嘴里吃着东西或到处不停地走动。这样即使对方听不清楚，也可以靠唇形及肢体语言来辅助了解。说话时最好彼此注视对方，让老人看清楚你的嘴唇运动，但不要离得太近，不然老人会有受威胁的感觉。

第三，创造适宜安静的环境。交谈也应尽量选择安静处所，四周如果过于嘈杂，会影响老人的专注度，旁人也尽量不要插嘴。

第四，注意耐心倾听。有听力障碍的老人需要非常专注地聆听和充足的时间，才能完全接收和理解谈话的内容。因此，在进行交谈时，应耐心地倾听，避免对他们大声叫喊及表露出厌恶和烦躁情绪，必要时可借助面部表情或手势，以帮助老人理解语意。

第五，掌握一些沟通策略。如简化句子，运用简短、清晰的语句，或者将一个复杂的句子简化为几个比较短的句子，以此来避免复杂冗长的句子让老年人难以理解。如果老年人没有听明白或者没有听清楚时，可以尝试用另外的说法表达句子的意思，提供额外的信息，这样听者就能比较容易地理解谈话的内容，比如"去打太极吗"或者"我要去打太极，你去吗"。当面对面交谈时，也可以利用手势等身体语言帮助表达。

👥 实训演练

王奶奶，83岁，入住某养老机构七八年。近几年感觉听力下降非常明显，听不清别人说话，家人或者旁边的人每次跟她说话都需要用很大的声音。在养老院内，她也听不见其他老人在聊些什么，插不上话。为此，王奶奶非常焦虑，但也没有办法。现在王奶奶每天就待在自己的房间内不出去，看看报纸，有时候好几天都不出去也不说一句话。

假如你是这家养老院的工作人员，你会如何帮助王奶奶呢？

📈 拓展学习

一、高龄听力障碍人群的认知误区

（一）误区一：不承认听力障碍

事实上，出现听力障碍时，应及时进行听力测试，明确诊断；合理选择助听装置并科学验配，佩戴助听器越早效果越好；如果不对高龄听力障碍者进行听觉干预，长期下去会加速听觉功能退化，影响生活质量。

（二）误区二：戴上助听器怕引人注意

事实上，新技术已经使助听器非常隐蔽了；可以选择隐藏在耳道中的耳道式助听器，也可以选择隐藏在头发里的耳背式助听器。

（三）误区三：助听器像是噪声放大器，不但听不清反而噪声很大

事实上，现在的助听器已经数字化，能够降低噪声分贝，提升语音清晰度，但必须经助听器验配师专业验配和调试才能达到理想效果。

（四）误区四：好点的助听器就要上千甚至上万元，价格有点让人难以接受

事实上，好的助听器虽然很贵，但音质好，而且是全自动的，在条件允许的情况下，是值得购买的。对于贫困的老年人，国家还有帮扶政策，可以到当地残联进行申请。

（五）误区五：即使戴上助听器也不能让我恢复正常听力

事实上，助听器只是帮你去听声音，再贵的助听器也不能达到真耳朵的效果。对助听器要有适当的期望值，并坚持助听器适应性训练，你会慢慢接受这一助听装置，并发现它给你的生活带来很多方便。

（六）误区六：我戴一只就好了

事实上，单耳验配或双耳验配助听器可因人而异。双耳听力不好，应该双耳同时佩戴助听器。其优点是能分辨左、右声源方向，在噪声较大的环境中选择性听取能力要高于单耳佩戴助听器。但双耳佩戴产生堵耳效应较明显，让人感觉不舒服，需要的适应期会较长。

（七）误区七：佩戴助听器，听力会越来越差

事实上，不戴助听器，听力反而越来越差；验配助听器后可以减缓听力下降的速度。

看了这七个误区，是不是对老年人听损情况有一个更深刻的了解了呢？及早发现，及时干预，可以让老年生活充满活力。值得注意的是，验配助听器必须去专业的助听器验配中心。

二、中文版老年人听力障碍筛查简表（HHIE-S）

本量表的目的是了解您是否存在听力问题，以便安排您做进一步的准确判断，请务必根据提问，仔细回答每一个问题，勾出选择的答案，如果您佩戴助听器，请回答您在不用助听器时的情况，请在5分钟之内完成整个量表内容。

（1）遇到不熟悉的人时，您会因担心听不清楚而感到窘迫（紧张）吗？

　　　A．会　　　　　　　B．有时有点　　　　　C．不会

（2）听力问题会使您和家人聊天时感到有困难（受影响）吗？

　　　A．会　　　　　　　B．有时有点　　　　　C．不会

（3）别人跟您小声说话的时候，您觉得听起来很费劲吗？

　　　A．有　　　　　　　B．有时候有　　　　　C．没有

（4）听力不好会不会让您感觉自己有缺陷（像残疾人一样）？

　　　A．会　　　　　　　B．有时有点　　　　　C．不会

（5）走亲访友时，您是否因听力不好而感到交往困难？

　　　A．是　　　　　　　B．有时有点　　　　　C．不是

（6）听力问题会让您经常不愿意参加公众聚会活动吗？

　　　A．会　　　　　　　B．有时有点　　　　　C．不会

（7）您会因听力不好和家人争吵吗？

　　　A．会　　　　　　　B．有时有点　　　　　C．不会

（8）听力问题会让您在看电视或者听收音机广播时感到有困难吗？

　　　A．会　　　　　　　B．有时有点　　　　　C．不会

（9）听力问题会对您的私人及社交活动有影响吗？

　　　A．会　　　　　　　B．有时有点　　　　　C．不会

（10）听力问题会让您在酒店就餐与亲友交谈时感到困难吗？

　　　A．会　　　　　　　B．有时有点　　　　　C．不会

注意：

该量表共10个问题，其中包括5项情绪问题及5项情景问题，回答"不"得0分，回答"有时候"得2分，回答"是"或"会"得4分，总分40分，得分

越高表示听力障碍程度越重。根据美国言语听力协会听力筛查指南，HHIE-S量表得分大于 8 分即存在听力障碍。

🔧 能力测评

对于本次任务，可根据学生听课及与王奶奶沟通的情况对学生开展测评。可从知识学习、技能要求和职业态度三个方面开展测评。

项目	测评标准		得分
知识学习(20分)	是否认真听老师讲课(5分)		
	听课过程中有无提出问题(5分)		
	能否回答老师提出的问题(10分)		
技能要求(50分)	模拟沟通是否恰当、规范(40分)	知晓听力下降高龄人群的症状特点(15分) 根据听力下降高龄人群的背景资料,理解其表达的内在诉求(15分) 与老人建立和谐融洽的关系,认同老人,关爱老人(10分)	
	沟通过程中有无发现或者提出问题(5分)		
	跟同学、老师是否有互动(5分)		
职业态度(30分)	与老人沟通时是否尊重老人,微笑面对老人(10分)		
	与老人沟通时语气是否温柔,语速是否适中,吐字是否清晰(10分)		
	面对高龄听力障碍人群时,工作态度是否积极、热情(10分)		
总分(100分)			

🧩 课后练习题

一、选择题（选择一个正确的答案，并将相应的字母填入题内的括号中）

1. 听觉障碍常见的临床症状有 （　　）

    A. 耳鸣　　　　　　　　　　　B. 听觉过敏

    C. 耳聋、幻听及听觉失认　　　　D. 以上都是

2. 导致老年人听力障碍的因素是 （ ）

    A. 遗传因素   B. 全身因素

    C. 环境噪声等   D. 以上都是

3. 高龄人群预防听力下降的措施中，不正确的是 （ ）

    A. 选择安静的环境，远离噪声   B. 经常进行体育锻炼

    C. 高脂高盐饮食   D. 佩戴合适的助听器

4. 与高龄听力障碍人群沟通的策略，不正确的是 （ ）

    A. 适当提高自己的音量，放慢语速   B. 缩短谈话的距离

    C. 创造安静的环境   D. 可以大声喊叫

5. 与人沟通非常费力，常常听不清对方在说什么，出现答非所问的情况，
   这属于 （ ）

    A. 听力障碍   B. 视力障碍   C. 沟通障碍   D. 语言障碍

二、判断题（将判断结果填入括号中，正确的填"√"，错误的填"×"）

1. 老年人出现听力障碍是机体老化的必然结果。 （ ）

2. 截至 2018 年底，全球 65 岁以上的人口总数约为 7.05 亿，中国 65 岁以上
   的老龄人口已达 1.67 亿，约有三分之一 65 岁以上的老年人有听力障碍。

    （ ）

3. 听力障碍严重影响老年人身心健康，极大地损害老年人的生活质量及家
   庭、社会功能，给他们的生活带来极大的不便。 （ ）

4. 老年人听力障碍和任何一种感音性耳聋一样，治疗很简单，不用引起重视。

    （ ）

5. 老年人一旦出现了听力障碍，就应该马上佩戴助听器。 （ ）

学习单元七

与有精神心理情感障碍的高龄人群沟通的策略

中国是世界上老龄化速度最快的国家之一，预计到 2040 年，我国基本上每四个人中就有一个老年人。随着年龄的增长，老年人的适应能力、记忆能力、思维能力等都会出现不同程度的障碍，还会因各种各样的身体和生活问题产生焦虑、抑郁、孤独、恐惧等精神心理情感问题。本单元主要学习与性格内向的高龄人群、处于负面情感状态的高龄人群、处于应激状态的高龄人群和处于精神疾患稳定期的高龄人群沟通的策略。在与有精神心理情感障碍的高龄人群进行沟通时，需要采取有针对性的措施，及时地交流信息，并及时地解决心理问题，帮助他们恢复健康，提高生活质量。

子单元一 | 与性格内向的高龄人群沟通的策略

老年人随着年龄增加引起一系列复杂的退行性变化，全身各系统的功能逐渐下降。老年期的心理状态伴随生理功能的减退而出现老化，产生很多不良的心理问题，导致心身疾病的发生。一般性格内向的老人是不愿主动与人说话的，他们既不愿表达自己，又不愿与太多的人接触。其实谁都想被别人关爱和尊重，只是性格里习惯了孤僻。因此，研究和分析性格内向的高龄人群的特点，采取有效的护理措施，影响和改变老年人的不良心理状态和行为，促使其达到接受治疗和康复所需的最佳心态，这对提高老年人的心理健康水平和生活质量显得尤为重要。

🎯 学习目标

知识目标： 知晓老年人性格内向的原因；掌握老年人性格内向的特征表现。

技能目标： 能有效应用沟通交流的策略，与性格内向的老年人进行有效的沟通，帮助其缓解心理不适。

态度目标： 在与性格内向的老年人沟通的过程中，需要耐心、细心，有爱心，语气要温柔，语速要缓慢，理解老年人的情绪感受，关爱老年人。

💬 情境导入

项奶奶，79岁，退休工人，育有一个儿子。25年前老伴因病去世后，她与儿子一起生活。最近几年，儿子结婚后在外地工作和生活，因不放心老人，将其送往当地的一家养老机构，此后老人一直独自生活。项奶奶搬入养老院后，自感孤单寂寞，不愿意与其他的老人交谈，整天待在房间里。她还经常无缘无故地发脾气，负责照顾她的护理员小王苦不堪言。项奶奶曾提出想与儿子一家居住在一起，但遭到儿媳的拒绝。儿子也只有在节假日的时候才会去养老院看望她。最近项奶奶思维迟钝，郁郁寡欢，成天闭门发呆，愁眉不展，连照顾她的护理员，她都不搭理。护理员小王鼓励她出去参加一些老年人的活动，她也不出去，时常唠叨说别人对她冷淡，孤苦伶仃地活着没意思。她经常与其他老人产生矛盾，发生口角，与其他老人的关系比较紧张。

假如你是这家养老院的工作人员，你应该如何帮助项奶奶？

问题讨论

①根据上述案例，分析项奶奶出现了什么问题。

②请分析项奶奶性格内向的原因有哪些。

③性格内向的高龄人群有哪些生理和心理特征？

④针对性格内向的高龄人群，我们应该如何有效地与他们展开沟通？

⑤如何帮助性格内向的老年人更好地适应生活？

知识学习

一、老年人性格内向的概述

（一）老年人性格内向的原因

老年人性格内向、产生孤独的原因很多，主要有以下几点。

第一，与身处陌生、封闭、孤单、不和谐的环境有关。

如老人从农村来到城市，儿女出去上班，把自己留在家里，难免会内向孤独；老年人与子女关系不协调，也容易内向孤独；独居的老人如果缺乏自我调节能力，也会产生内向孤独感。

第二，与个人的性格、气质相关。

气质为黏液质和抑郁质的老人容易内向孤独，因为黏液质的老年人情绪波动慢而弱，待人处事冷漠，内心不易外露；而抑郁质的老年人多愁善感，胆小孤僻，他们往往更多地关注自己的内心世界，不爱与人交往，喜欢沉思，在新环境里多保持沉默，有的过低估计自己，觉得自己事事不如人，以致逐渐疏远他人。有的看别人一无是处，互不交往，这都会使自己越来越内向孤独。

（二）老年人性格内向孤僻的危害

"性格孤僻，不与他人交往"，位列阻碍长寿因素的第一位。研究显示，性格内向、孤僻的人没有同伴可以倾诉，缺少社会支持，精神压力大，容易深陷负面情绪，从而提高炎症和心脑血管疾病风险。英国伦敦大学研究发现，无论内心是否孤独，只要没有社交就会增加老年人的死亡风险。相反，人际交往可带来好心情，能增寿。澳大利亚的相关研究证实，社交广泛的人比缺少朋友的人平均多活十年。

（三）性格内向老年人的特征性表现

第一，孤独自闭。

孤僻常表现为独来独往、离群索居，对他人怀有厌烦、戒备和鄙视的心理；感到凡事与己无关，漠不关心，一副自我禁锢的样子；有时看上去似乎也较活跃，但常给人一种做作的感觉，仿佛有点神经质，因而他人都不愿主动与之交往，不得不与之相处时，也会有如坐针毡之感。

第二，人际关系不良，交流困难。

英国的相关研究发现，稳定平和的生活环境，比如社区氛围和谐、与邻居关系融洽等，能显著提高人们对生活的满意度，进而延长寿命。美国一项研究表明，拥有好邻居可使心脏病发病风险降低50％。性格内向的老年人，如果与人交往，也会缺少热情和活力，显得漫不经心、敷衍了事；与亲人很难保持情感上的融洽，往往不能得到家人的理解和尊重；也不愿意结交新的朋友，对人求全责备、不友善，抱有敌视的态度。

第三，生理、心理负性表现。

这些表现包括失眠或睡眠过多；食欲不振或体重减轻；性欲明显减退；精力明显减退；无原因的持续疲乏感；动作明显缓慢，焦虑不安，易发脾气，对日常生活丧失兴趣，无愉快感；自我评价过低、自责或有内疚感，甚至感到自己犯下了不可饶恕的罪行；思维迟缓或自觉思维能力明显下降；反复出现自杀观念或行为。

二、性格内向的老年人如何更好地适应生活

第一，正确地看待子女的"离巢"，创造良好的生活环境。子女长大成人，成家立业，是孩子有能力和成熟的表现，是家庭发展的必然趋势，老年人应该为此感到高兴才对。如果孩子长大了，还离不开父母，如无住房、生活拮据、无力抚养下一代等，反而是子女无能、家庭不幸的表现。另外，老年人要理解子女和孙辈，体贴他们，为他们创造经常回家团聚的条件。老人还应该继续加强与子女的联系，尽量增进两代人之间的相互理解，给他们适当帮助的同时，老人也可以在子女家轮流居住，以免独守空房。

第二，学会情感转移。夫妻俩是终身伴侣，孩子出生后，夫妻俩都把精力和感情转向孩子，夫妻之间的关心体贴减少了。孩子离巢，老年夫妇应该及时将感情转向老伴，加强交流，改善关系，一起参加有意义的活动，这样就填补了孩子离家的"真空"。如果老伴先走了一步，可以在适当的情况下考虑再婚，使自己的情感有所寄托，以此来摆脱孤独。

第三，克服人际交往障碍。孤独者都有不同程度的人际交往障碍。因此，需要主观上努力与人多一些交往，改善人际关系。每天与邻居、同事聊天10分钟，以后逐渐延长聊天时间，也可以把邻居、同事请到家里来聚一聚，以后再学着与陌生人交往。在与人交往的过程中，学会尊重别人，帮助别人，使自己的心情由紧张变为松弛。

第四，要丰富业余生活。如果子女远在外地，无法经常团聚，丧偶的老人也不打算再婚，那就应扩大兴趣爱好范围，开拓新的业余生活，如读书、习字、绘画、抚琴、打拳、种花、养鱼、写作等都有助于摆脱孤独感。即使从事这些活动时可能只有一个人，但是，一旦全身心投入，孤独感也就悄然消失了。

三、如何与性格内向的高龄人群沟通

性格内向的老人，平时少言寡语，办事谨慎，思考周密，对人对事相当细心，但是由于缺乏应有的言语交流，什么事都以自己苦思为主，所以在认识事物时容易钻牛角尖，且较容易产生嫉妒和焦虑。所以在沟通中应该注意以下几点。

（1）态度：要和蔼可亲，平易近人，脸上常带微笑，让性格内向的老人能感受到你的亲切。

（2）位置：不要让性格内向的老人抬起头或远距离跟你说话，那样老人会感觉你高高在上和难以亲近，应该近距离弯下腰去与老人交谈，老人才会觉得他与你平等，并且觉得你重视他。

（3）用心交流：当老人说话时，不要东张西望，眼睛要注视对方的眼睛，表现出乐于聆听他们所讲事物的态度。你的视线不要游走不定，让老人觉得你不关注他，必要时，可以摸着对方的手交谈；在谈话的同时，留意老人说话的语气、表情及非语言上的信息，为了解老人而听。运用非语言的方式与老人沟通，例如拍拍老人的肩膀、点头表示认同、握住老人的手等。

（4）语言：说话的速度要相对慢些，语调要适中。谈话要简短，多听少发言，做一定的笔记。有些性格内向的老人弱听，则须大声点，但还要看对方的表情和反应，以此去判断对方的需要。

（5）了解情况：要了解性格内向的老人的脾气、喜好，可以事先打听或在日后的相互接触中进一步慢慢了解；当你不明白老人在说什么时，应该坦白询问。

（6）话题选择：要选择性格内向的老人喜爱的话题，如家乡、亲人、年轻时的事、电视节目等，避免提及老人不喜欢的话题，也可以先多说自己的情况，让老人信任你后再展开别的话题。

（7）真诚的赞赏：人都渴望被肯定，所以，可以给老人适当的欣赏及鼓励。老人家就像小朋友一样，喜欢被表扬、夸奖，所以，你要真诚、慷慨地多赞美他，他就高兴，那谈话的气氛就会活跃很多。

（8）应变能力：万一有事谈得不如意或性格内向的老人情绪有变时，尽量不要劝说，先用手轻拍对方的手或肩膀以示安慰，稳定其情绪，然后尽快转移话题。

（9）有耐心：老人家一般都比较唠叨，一点点事可以说很久，你不要表现出任何的不耐烦，要耐心地去倾听老人的话。在谈话结束后，应就老人所谈的内容做适当的整理，以便下次谈话能更好地开展。

☕ 沟通环节

在本案例中，如果你是养老机构的护理员小王，你会如何与项奶奶进行沟通，帮助她解决与其他老人的矛盾呢？

一、了解当事人的背景情况

项奶奶25年前老伴去世，与儿子一起生活。后来儿子结婚，去外地居住，自此项奶奶独自生活。没有家人的陪伴，项奶奶情感上比较缺失。另外，儿媳不愿意让项奶奶搬过去一起居住，项奶奶感受不到亲情和关爱，加重了其心理上的孤单程度，她自己也会生闷气。项奶奶已经79岁，在养老院里时常感到孤单寂寞，性格内向孤僻，自怨自艾。长期独自居住是导致项奶奶性格内向、不愿与人交流的重要原因。作为护理员，应该知晓项奶奶的背景情况，深入细致地思考原因，安排合理的处理策略，积极进行协调，并做好与项奶奶的沟通工作，尽量解决项奶奶的心理问题。

二、做好性格内向老年人的心理护理

有些老年人较难适应离开工作岗位、社会地位或角色发生了变化的晚年生活。他们常常留恋过去，对人对事缺乏兴趣，对未来失去信心和希望。由于生活单调、空虚、无聊，心理上更增加了寂寞感、孤独感和不安全感，容易发展为抑郁症。因此要做好心理护理。

（1）对老年人进行全面的心理评估：照顾者应耐心、细致地观察老年人的性格特点、兴趣爱好、家庭情况和心理状态，并进行评估。收集老年人的心理信息，掌握其心理活动，以便有针对性地开展个体化心理护理。

（2）采用有效的语言沟通、适宜的非语言沟通方式：由于老年人反应迟钝、记忆力减退，照顾者应耐心、细致、反复地进行健康宣教，在身体检查前对老年人进行解释，必要时可以把重要内容写成字条给老年人看。老年人多有听力、视力下降，与老年人讲话时应声音响亮、面带微笑、态度和蔼；交流时应有适宜的目光接触，注意面部表情、手势、体态和空间距离等适宜适当。在老年人受到病痛折磨时或是在做有创操作时，应进行安慰。照顾者应主动、热情，护理人员应热情体贴，这样有助于解除老年人生理和心理上的疲劳和痛苦。

（3）家庭参与：随着社会老龄化程度的加深，空巢老人越来越多。当子女由于工作、学习、结婚等而离家后，独守空巢的老年人因此产生家庭空巢综合征。家庭是老年人的精神支柱，照顾人员可以动员家属多与老年人进行思想沟通，真正了解他们的内心世界，调节其情绪，认真对待心理的微妙变化。

（4）心理指导及健康宣教：适当地求医，顽强地与疾病抗争，才能保持病情稳定，促进康复。老年人只要保持乐观、通达，养成良好的生活方式，积极进行身心保健，是完全可以达到健康老年化的。如老年人与家庭成员多沟通，相互包容；空巢家庭中，经常利用现代通信设备与子女交流；多与亲朋好友来往，将自己心中的郁闷、苦恼倾诉出来，及时消除和转化不良情绪，求得心理上的平衡和舒畅；根据自己的情况，有意识地培养一两项兴趣爱好，如书法、绘画、下棋、摄影、园艺、烹调、旅游、钓鱼等，让晚年生活充实而有朝气。

三、做好对性格内向老年人的生活指导

（1）指导性格内向的老年人每天坚持适量运动。可坚持每天体育锻炼一个小时左右，如结伴散步，简单易行，效果不错。运动还可以提高心理健康水平，调整情绪，消除精神压力和孤独感。

（2）鼓励多出门走走看看。老年人平时待在家里孤单寂寞，通过旅游可以接触外面的世界，心胸和眼界更加开阔；走出了狭窄单调的生活，增加了情趣，对身心的健康自然有好处，也可以激发老年人旺盛的精力。

（3）指导性格内向的老年人正确对待现实。老年人性格内向，经常会生活在自己的想象当中，他们必须学会面对现实，不要总活在梦想中。老年人都喜欢怀旧，总拿过去的幸福生活与现在的衰老做比较，而回忆过去的美好时光难免令人产生伤感情绪。此时，应学会面对现实生活，要明白生老病死是自然规律，坦然接受失去亲人的事实。

（4）充实自己的生活。为了克服孤独感，老人可多培养兴趣爱好，如读书、写作、书法、绘画、摄影、弹琴、唱歌、舞蹈、拳术、棋艺、养花、种菜、垂钓、手工制作、饲养宠物、体育锻炼等，充实自己的生活，使自己在精神上有所寄托。每一样爱好都有学不完的知识技能，都能为你打开一扇窗，让你看到绚丽多彩的世界。

（5）退休后学会转换角色。到老年，离休、退休了，不管从前职位多高，钱有多少，都应该忘记自己曾经的辉煌与荣耀，尽快实现角色的转换。在家里当慈祥的长者，用爱心温暖家人，尽享天伦之乐。老人也可以向孩子讲授生活常识和传统故事，并同孩子一起下棋、一起做手工等，使自己感受到生活的乐趣，从而摆脱孤独的阴影。

实训演练

王奶奶，76岁。中年离异之后，一直独自带女儿，母女俩长期相依为命。女儿大学毕业后，留在当地工作，与王奶奶住在一起。前几年，女儿结婚后，搬了出去，每周都回来看王奶奶。近一两年，随着工作越来越忙，女儿回家的次数也越来越少，打电话的次数也减少了很多。王奶奶为此情绪非常低落，经常会抱怨女儿不关心她，不来看她。女儿接她同住，她又因为与女儿女婿的作息习惯不一致而不习惯。为此，王奶奶经常心烦，胸闷气短，加上年龄越来越大，听力视力也随之下降，逐渐地不爱与人交往，有时还跟女儿发脾气。

根据案例分析，如何与王奶奶进行有效的沟通呢？

拓展学习

与老年人相处的注意事项有以下几项。

（1）安全永远要摆在第一位。要小心地滑，扶好老人，掌握正确扶法；老人坐轮椅时，一定不要让轮椅动而导致坐空，推轮椅动作要缓慢，老人的脚要放好，双手一定要放在大腿上，不要离开扶手的范围。

（2）老人记性多数不好，避免问"你还记得我吗"；老人家不愿别人说他记性差，要改说"我又来看你啦"，老人家觉得被重视了，会高兴很多。

（3）尊重老人的习惯。不要动老人房里的摆设和其他物品，如有的老人就爱把剪刀、药油摆在床边，要提醒他注意安全。另外，还有的老人爱把钱夹在报纸里等。老人多少会有些特殊习惯，这是一定要注意的，例如有的老人不喜欢外人使用他的洗手间。老人若有其他喜好习惯，在谈话过程中发掘，要在记录册上注明，以提醒其他志愿者。

（4）不要随便给老人吃你带去的东西。老人的饮食一定要注意，如糖尿病人要低糖，肾病和高血压患者要控制盐等。

（5）时刻留意老人的变化，如冷、热、咳、渴等，以便能及时做出处理。

（6）不要嫌弃老人，要把老人当成自己的亲人一样对待，关怀备至。

（7）志愿者之间的相互配合也是相当重要的。

（8）不要过分好奇，问长者一些私事，例如"为什么你独身呢""为什么没有人来看你呢"等等。一些我们平常认为稀松平常的东西，在他们眼里，可能是最深的一道伤痕，不要随意去揭它，除非长者自己愿意说。

（9）不要在谈话过程中随意反驳老人的观点。他们活了大半辈子，绝不希望被一个毛头小子反驳，尽量跟着他们的话锋走。不要给太多个人意见。

（10）老人家少不了会唠叨抱怨，我们要做的就是倾听，他们说出来并不是需要我们马上为他们做些什么，纯粹只是想说而已。所以听到老人家的要求，要用理智去分析，哪些能做哪些不能做，有不明白的要跟其他志愿者商量解决之道，不能一味地有求必应，你答应的必须是你能实现的。

（11）对老人家的抱怨要给予适当的引导，不能总让老人一味地抱怨下去，否则整场谈话给他留的印象不会太愉快，找个机会岔开话题，谈些正面的事情会让他觉得开心些，老人与小孩一样，生气很快，高兴也很快。

（12）老人喜欢怀旧，可能每次见到人来来去去说的都是那几件他们珍藏了一辈子的陈年芝麻事，但不要轻视它，尽量给出耐心来听完。

（13）当要终止谈话时，请以替老人着想为出发点。例如，"您要吃饭啦，我们下次再聊""我们聊了这么久了您也累了，您先好好休息一下，我们下次再聊"。

能力测评

对于本次任务，可根据学生听课及与项奶奶沟通交流的情况对学生开展测评。可从知识学习、技能要求和职业态度三个方面开展测评。

项目	测评标准		得分
知识学习（20分）	是否认真听老师讲课（5分）		
	听课过程中有无提出问题（5分）		
	能否回答老师提出的问题（10分）		
技能要求（50分）	模拟沟通是否恰当、规范（40分）	知晓老年人性格内向的原因（5分） 掌握老年人性格内向的特征表现（5分） 与老人建立和谐融洽的关系，关爱老人（10分） 根据老年人的背景情况，选择合适的沟通交流方式（10分） 做好老年人的心理护理和生活指导（10分）	
	沟通过程中有无发现或者提出问题（5分）		
	注意沟通中的态度，保持微笑（5分）		
职业态度（30分）	与性格内向的老人沟通时是否尊重老人，微笑面对老人（10分）		
	与老人沟通时语气是否温柔，语速是否适中，吐字是否清晰（10分）		
	面对性格内向高龄人群时，工作态度是否积极真诚（10分）		
总分（100分）			

课后练习题

一、选择题（选择一个正确的答案，并将相应的字母填入题内的括号中）

1. 关于性格内向老年人的特征表现，描述错误的是 （ ）

　　A. 孤独自闭　　　　　　　　　B. 人际关系不良，交流困难

　　C. 生理、心理负性表现　　　　D. 生活积极热情有活力

2. 关于老年人性格内向的原因，描述正确的是 （ ）

　　A. 身处陌生、封闭、孤单、不和谐的环境

　　B. 老年人与子女关系不协调

　　C. 气质为抑郁质和黏液质的老人

　　D. 以上都对

3. 可能导致老年人性格内向的疾病是 （　　）

　　A. 精神分裂症　　　　B. 高血压　　　　C. 冠心病　　　　D. 糖尿病

4. 以下不属于帮助老年人更好地适应生活的方法的是 （　　）

　　A. 正确地看待子女的"离巢"，创造良好的生活环境

　　B. 学会情感转移

　　C. 克服人际交往障碍，丰富业余生活

　　D. 自己独自生活

5. 关于与性格内向高龄人群沟通的策略，以下表述正确的是 （　　）

　　A. 态度要和蔼可亲，平易近人，脸上常带微笑

　　B. 近距离弯下腰去与老人交谈

　　C. 说话的速度要相对慢些，语调要适中，谈话要简短

　　D. 以上都正确

二、判断题（将判断结果填入括号中，正确的填"√"，错误的填"×"）

1. 老年人患一种或多种身体疾病，不是导致其性格情绪容易发生变化的重
　　要因素。 （　　）

2. 性格内向、孤僻的人没有同伴可以倾诉，缺少社会支持，精神压力大，
　　容易深陷负面情绪，从而提高炎症和心脑血管疾病风险。 （　　）

3. 不要让性格内向的老人抬起头或远距离跟你说话，那样老人会感觉你高
　　高在上和难以亲近。 （　　）

4. 在与性格内向的老人进行交流时，你的眼睛不要注视对方的眼睛，因为
　　这样会显得不尊重。 （　　）

5. 家庭是老年人的精神支柱，应动员家属多与老年人进行思想沟通，真正
　　了解他们的内心世界，调节情绪，认真对待心理的微妙变化。 （　　）

子单元二 | 与处于负面情感状态的高龄人群沟通的策略

随着生活节奏的不断加快，加之年龄的增长、体质的衰退，老年人承受的健康压力、社会压力、生活压力、心理压力与日俱增，老年人的心理健康问题也日趋严重。进入老年或者离退休期是人生旅途中的一个大转折，这一转折将给他们的心理状态、生理机能、生活规律、饮食起居、人际关系、社会交往等带来很大的变化，其中以心理变化最为突出，也更为重要。长期处于失落、孤独、抑郁、悲观等负面情感状态中的老年人，会食欲减退、睡眠不好、免疫机能下降、老年性疾患加重，尤其是老年人最常见的心脑血管疾病会增多。因此，本单元详细讲解如何与处于负面情感状态的高龄人群进行有效沟通，为老年人提供更多的、更有效的心理援助，为老年人创造一片更健康、快乐的生活空间。

🎯 学习目标

知识目标： 知晓处于负面情感状态的老年人的特征表现；掌握调节改善老年人负面情感的方法。

技能目标： 能有效应用沟通交流的策略，与处于负面情感状态的老年人进行有效的沟通，帮助老年人有效缓解心理问题。

态度目标： 在与处于负面情感状态的老年人沟通的过程中，需要耐心、细心，有爱心，语气要温柔，语速要缓慢，理解老年人的情绪感受，关爱老年人。

💬 情境导入

李爷爷，80岁，妻子已经过世，本人身体尚好，生活能够自理。他有两个儿子和一个女儿，都已经结婚成家，并和李爷爷分开居住。由于工作太忙，他们很少有时间来看望李爷爷，所以几个孩子一起为李爷爷雇了一个钟点工，每天来为他做饭、打扫卫生。后来，家人商量着把李爷爷送进了养老院，养老院的工作人员定期跟李爷爷进行沟通，关注他的身体和心理状况，李爷爷也时常到活动中心跟大家一起聊天，一直以来跟大家相处得非常愉快。

但是最近情况发生了变化。李爷爷诊断出患有轻度脑梗死，现在处于疾病发展的初期。在知道自己患病之后，李爷爷表现得很低落、郁闷和悲观，觉得不如早早死了算了。养老院工作人员告诉李爷爷："别担心，这只是疾病发展的初期，医生说只要按时吃药，生活中多多注意，就能够控制病情，减少影响。"但是，李爷爷根本听不进去，多次表示自己活得没有意思，并有轻生的念头，情绪也越来越忧郁、消极，常常自己一个人闷在房间里，天天以泪洗面。家人和养老院工作人员经过多次说明和沟通似乎都没能让李爷爷改变态度。

请问，如果你是该养老院的工作人员，你会如何与李爷爷进行有效的沟通呢？

📚 问题讨论

①根据上述案例，分析李爷爷出现了什么问题？

②处于负面情感状态的高龄人群有哪些特征？

③如何帮助李爷爷改善其负面情感状态？

④针对处于负面情感状态的高龄人群，我们应该如何有效地与他们展开沟通呢？

⑤与处于负面情感状态的高龄人群进行沟通时，有哪些注意事项？

📅 知识学习

一、负面情感的概述

　　情感是在社会交往的实践中逐渐形成的，与社会性需要相联系，具有持久、稳定、深刻的社会性特征，所以又称高级社会性情感。负性情绪，也称负面情感、消极情绪，是具有负性效价（效价是指与特定生理或心理状态相联系的正性或负性负荷）的情绪。它是反映个体主观紧张体验与不愉快投入的一般性情绪维度，包含了一系列令人厌恶的情绪体验，如愤怒、耻辱、厌恶、内疚、恐惧、忧虑、焦虑、抑郁、悲伤等消极性情绪，低的负性情绪水平表示一种平静的情绪状态。

二、老年人负面情感产生的原因

（一）精神空虚

　　正如马克思所说："只有精神才是人的真正本质。"老年人在经历了岁月的洗礼后更加追求精神上的享受，他们希望被尊重，更希望能够继续参与到轻松的人际关系中。但是老年人生病住院后，社会角色突然间发生转变，由生活中的"老人"变成了听从医生、护士指导的"新人"，随之而来的就是对自身价值的否定，这就导致了他们不同程度的情绪低落，如孤独感、无助感、失落感，甚至有被抛弃的感觉。而整天无所事事，更会让他们觉得自己失去了社会价值，从而产生自我贬低的评价，认为活在世上是多余的。

（二）害怕孤独

　　老人在退休或者离休后，由于环境与职务的变化，"人走茶凉"的被冷落感及无用感便油然而生；再加上子女都有自己的家庭和事业，繁忙时自然对老人的关心程度有所下降，甚至有些老年人的子女常年旅居国外，他们只能独自在家，成为"空巢老人"，由此感到生活无聊而单调。住院后身体上的痛苦，伴随着长期的独居使他们产生多疑、抑郁等心理问题，就容易使他们觉得自己对于家人而言是个包袱，继而出现妄想、精神恍惚等不易被发现的精神问题。

（三）害怕死亡

老年人住院多因自身机体功能减退，出现一些慢性疾病，诸如冠心病、糖尿病等，从而造成躯体功能障碍或因病致残导致自理能力下降甚至丧失。这时，由于自身的生理需求、社交需求和被尊重的需求得不到满足，老年人便会出现无望无助、焦虑、孤独、寡言、恐惧等情绪。

（四）安全感降低

随着年龄的增长，老年人对于事物的心理承受能力降低，负性生活事件往往会使之产生极大的情绪波动，如丧偶、住院、家庭矛盾等，这些事件也是抑郁症的重要诱因。老年人年纪大了，挣的钱少了，身体也差了；同时快速变化的社会又使他们产生无法预料与控制的无力感与无助感，甚至对自己的将来感到忧虑、担心；由于老年人与青年人在价值观念上出现代沟，很多事都令老人特别伤心，从而产生失望、不满、被误解等情绪。

三、老年人处于负面情感状态的表现

老年人的负面情感具有衰老感与怀旧感同现、空虚感与孤独感共生、焦虑感与抑郁感相伴、自尊感与自卑感共存等特征。常见的不良情绪有忧郁、焦虑、怀疑、固执和情绪不稳定等。研究显示，具有负面情感状态的老年人呈增多趋势。

负面情感状态具体表现为：情绪低落、兴趣丧失、思维迟缓和意志行为减少，严重者可伴有自杀观念、自杀行为或木僵状态，部分病人还可出现幻觉、妄想等精神症状，这严重影响病人的生活质量和自我照料的能力，甚至危及生命。早期表现：坐立不安、沉默寡言、情绪低落或不稳、睡眠不好、早醒、容易自责、容易疲乏，同时，自信心下降、注意力不集中、兴趣爱好减少，可伴有身体不舒服，如头痛、头晕、食欲缺乏等。症状加重后表现为：情感缺乏，兴趣缺乏或脱离社会，记忆力明显减退，判断力丧失，疑病症，悲观消极，丧失自尊，甚至产生轻生念头，伴有自杀动机。

四、负面情感对于老年人健康的影响

有位心理学家曾做过一个有趣的实验，他把同一窝生的两只健壮的羊羔安排在相同的条件下生活，唯一不同的是，一只羊羔边拴了一只狼，而另一只羊羔却看不到那只狼。前者在可怕的生命威胁下，一直处于极其恐惧的心理状态中，不吃东西，逐渐消瘦下去，不久就死了。而另一只羊羔由于没有狼的威胁，没有处于这种恐惧的心理状态，所以一直生活得很好。由此可见，负面情感对于健康有很大的影响。

负面情感状态持续过长或过于激烈，在一定的条件下能够引起人体各个系统功能的失调，干扰免疫系统，引发疾病。在心血管系统方面可能引起心慌、心动过速、血压升高；在呼吸系统方面可能会使肺功能减弱，加快老年人肺衰退，引起气短、哮喘；在泌尿系统方面可能使老年人出现尿急、尿频；在神经系统方面可能使老年人出现头痛、失眠；等等。

老年人的负面情感可能给各种疾病打开方便之门。情绪低落，心情不愉快等，可引起失眠；过于忧郁、伤感，容易患上抑郁症，或导致精神失常；老年人过于激烈的情感如狂怒与狂喜，可能引起机体功能的严重失调，甚至死亡。高血压、冠心病、肿瘤等虽然可发生在中青年人中，但这些疾病却属于老年人的常见病与多发病，并且是严重危害老年人身体健康的主要疾病。老年人情感突变，过于激动，引起高血压与冠心病加剧是屡见不鲜的。负面情感可能是老年人肿瘤发生的促活剂。已知道自己得了癌症的老年人，负面情感常常成为病情急骤恶化的重要原因。老年人消除负面情感，建立积极乐观的生活态度，是祛病延年最重要的方法之一。

五、应对负面情感的方法

（一）加强沟通，做好心理支持

不少老年人患病后会产生悲观、恐惧、焦虑和自卑等严重的心理问题，这些不良的心理刺激，可导致机体的不良反应，家属和照顾者要随时与之交流以了解其心理状态。交流时多用问候性语言，适时地面带微笑，思想集中，认真倾听，目光注视患者，耐心解答每一个问题；对老年人出现的情绪障碍，及时给予疏导，并进行语言安慰，消除其不良情绪，让老人感受到关心、爱护和尊重，使其心理上得到安慰、感情上得到满足。同时家人要在精神及经济上给予其更多的关心和帮助，使其感受到家庭的温暖，防止其内心产生孤独、寂寞等消极心理。鼓励老年人控制自己的情绪，克服自卑感和无用感，不断探索和追求，充实自己的生活；改变旧有的生活环境，扩大人际交往范围；培养幽默感，树立乐观的态度；培养多方面的情趣；在情绪低落时，应寻求帮助；同时，可以合理地宣泄，找人倾诉等。

（二）增加情感和社会支持

老年人的自身特点及多层次需求，决定了他们会有一定的负面情绪体验。当下老年人的首要心理问题是孤独，有研究指出，孤独感已成为老年群体生命质量中心理健康维度的重要参考指标。孤独感对老年群体心理健康水平具有明显的负面影响，孤独的影响因素包括子女探望频次、是否有稳定安全的社会关系、是否有慢性疾病、是否参加体育锻炼等。在目前我国的社会文化家庭背景下，子女在满足中老年人的情感需求上扮演着重要的角色，家庭支持作为一个保护性因素有利于改善老人的孤独状况。应鼓励子女多了解父母的生活状态、心理状态，多和父母打电话，多沟通，经常探望老年人。社会要成立相应的组织，定期组织丰富多彩的活动去慰问老年人，给他们多多介绍社会的变化和新事物。足够的社会支持有利于改善老年人的负面情绪，如艺术和启发性活动及团体讨论、团体运动、治疗性写作和团体治疗等。使具有相同兴趣和爱好或有相似生活经历的老年人共同参加活动，有效增加老年人之间的凝聚力，帮助他们获得更多的社会支持。怀旧疗法是一种专业的心理疗法，可通过让老年人回忆以往的快乐时光，重拾以前的快乐，再次感受亲情、友情、爱情的温暖，增强归属感，改善老年人的不良认知、情绪和思维。

（三）强化家庭照顾

英国、荷兰等国家已专门出台了涉及照顾者技能训练、家庭经济援助、喘息服务等方面的家庭支持政策。有研究显示，家庭照顾弱化是老年人负面情感体验形成的主要原因。在以居家养老为传统养老模式的大时代背景下，政府应加大政策支持力度，可先着眼于经济与服务协助。为了增加家庭照护支持，我国政府提出了"以社区为依托"的发展思路，提供家务处理、日托临托、备餐送餐等服务，一定程度上满足了老年人及其家庭照护者的需求。

（四）尝试音乐护理

音乐治疗是指应用经过选择的、具有治疗作用的音乐，以倾听欣赏的方式和（或）歌唱演奏的方式，达到治疗疾病和心灵创伤的效果。它以心理治疗的理论和方法为基础，运用音乐特有的生理、心理效应，使病人通过各种专门设计的音乐行为，经历音乐体验，从而达到消除心理障碍、恢复或增进身心健康的目的。音乐护理作为老年人心理治疗的重要辅助方法之一，对老年人负面情绪的调节起着举足轻重的作用。应在护理人员的指导下，遵循护理音乐治疗的原则与步骤，通过直接作用于心理或通过生理机制间接作用于心理的途径以达到减轻由老年人身体、心理、社会功能障碍带来的负面情绪的效果。

（五）工娱疗法

工娱疗法，是通过组织患者进行文体娱乐活动、力所能及的劳动等来调动患者的主观能动性，纠正病态行为，从而达到防止精神衰退、促进康复的目的。

有研究显示，长期处于卧床状态将使老年人逐步丧失一切能力，并继发焦虑、抑郁等各种不良情绪及认知功能减退等问题，导致躯体机能进一步受损，严重影响其生活质量并给家庭及社会养老带来巨大的压力。有学者将工娱疗法应用于卧床患者，发现举办的各种娱乐活动能为卧床老人创造与外界接触的环境，减少其封闭感；举行集体竞赛、技能展示以及将老年人的作品进行爱心义卖，能够帮助患者感受到自身的社会价值，减轻疾病导致的功能丧失感。可见，工娱疗法不仅能够帮助激发患者的残存功能、提高康复效果，而且能改善患者的情绪状态，使其处于一种较为积极的心态中，从而缓解焦虑抑郁等负面情绪。

（六）正念训练

正念是个体有意识地把注意力维持在当前内在或外部体验之上并对其不做任何判断的一种自我调节方法。作为新的心理干预方法，正念训练被应用于慢性疼痛患者、焦虑障碍患者、监狱犯人、暴食症患者、抑郁症患者、失眠症患者等群体，取得了良好的效果。离退休老年人最易出现负面情绪，负面情绪的发生与疾病的发生、发展密切相关。有学者将正念训练应用于离退休老年人，具体措施如下。①借助躯体扫描技术，指导老年人跟随指导者的指导语从头到脚地感知身体各部位当下的感受。②正念呼吸训练，使老年人将注意力集中在呼吸的感觉上，专注于呼吸或者呼吸所带动的腹部起伏。③正念运动练习，指导老年人在运动过程中专注于当下的运动，以培养集中、平静、灵活的注意力和知觉。④正念放松训练，如半微笑练习，使其保持良好情绪；渐进性肌肉松弛法，指导其将注意力集中在肌肉松紧的感觉上，增加肌肉松紧感觉的敏锐度，学会放松。⑤正念五官训练，从视觉、触觉、味觉、听觉、嗅觉五方面，指导其带着不分析、不批判、不反应的态度觉知身边的事物，使其更少地受外界影响，更加接受所处的生活环境。研究发现正念训练可以帮助老年人从日常的担心和过度焦虑中解放出来，集中精神于当下的体验和活动，促使人体进入松弛状态，减轻负面情绪。

（七）推进医养结合

改变不良生活习惯，鼓励老年人参加体育锻炼和丰富的文娱活动，保持饱满的精神状态；加大政府调控，推进医养结合，机构内配备基层医院，突破一般医疗和养老分离的状态，将医疗、护理、生活照料、健康康复及临终关怀等整合，提供一体化的服务，满足老年人的整体养老需求，真正做到健康老龄化。

（八）完善机构管理

老年人入住养老院后，需要对机构进行有效的管理，具体措施如下。①细化老年人的分层管理。可以在生活自理能力、疾病的基础上按文化层次、年龄段、地域等层面合理、个性化分区，使老年人入住养老机构后与原生家庭的生活习惯良性衔接。②建立、健全养老机构老年人服务需求评估体系。借鉴美国养老机构老年人服务需求必备的评估工具MDS（最小数据集，Minimum Data Set），基于我国的信息化水平、国内老年人的身心特点和服务需求，构建合适的评估工具，建立养老机构老年人的综合状况信息化动态数据库，这有利于兼顾全面和重点需求问题，合理分配养老资源。③优化资源配置。在增加床位、扩大养老机构规模的基础上合理调控入住收费标准，减轻老年人的生活压力；提升机构的物理和社会环境，拓展户外活动场所，搭建更多老年人与社会团体接触的平台，让老年人重归社会；全面完善机构护理员岗位培训体制，为老年人提供专业化、品质化的护理服务。

☕ 沟通环节

一、了解当事人的背景

李爷爷，80岁，妻子已经过世，独自在养老院生活。最近被诊断出患有轻度脑梗死，情绪低落、忧郁，感到孤独寂寞，并有轻生的念头，天天以泪洗面。家人和养老院工作人员多次沟通无效。分析李爷爷出现该情况的原因，主要是居住在养老院，突然发现患病，给自己的心理造成了严重的打击。另外，对于轻度脑梗死疾病知识的缺乏，加剧了他对疾病的恐惧，认为这是一种很严重的疾病，无法治疗。知晓了李爷爷负面情感产生的原因后，需要采取有针对性的措施，与李爷爷沟通，进行心理护理和健康教育等。

二、开展沟通工作

（1）以亲切、热情、诚恳的态度关心体贴李爷爷，取得其信任，让李爷爷了解并感受到进行心理辅导的重要性和必要性。了解李爷爷所需，多鼓励李爷爷说出内心感受，通过语言交流知道李爷爷最担心什么，最需要什么，最忌讳什么，从而采取相应的措施进行开导和帮助。配合使用表情、眼神、姿势、动作等体态语言进行交流，让李爷爷感觉到被尊重和理解，可收到事半功倍的效果。

（2）在与李爷爷充分沟通的基础上，选择性地介绍轻度脑梗死的发生、发展及转归，帮助其纠正错误的认知，改变不良的行为模式和应对模式。认真有策略地回答李爷爷提出的问题，巧妙地揭示疾病与心理的关系。并通过与李爷爷的交谈找出其目前存在的心理问题，采取疏导、支持、安慰、帮助、鼓励等方法消除李爷爷不良情绪带来的负面影响，引导李爷爷以积极的态度和良好的情绪来应对疾病，帮助其牢固树立战胜疾病的信心和勇气。

（3）交谈时语调要平和，语气要轻柔，语速要缓慢，尽量使用老年人能理解并接受的用语，必要时可配合应用旋律优美、节奏舒缓的轻音乐让李爷爷身心放松。

（4）依据需要使用放松疗法，让李爷爷安静地平躺在床上或坐在椅子上，双眼微闭，在工作人员的指导下进行由浅入深的深呼吸训练。同时指导李爷爷按由上而下的顺序收缩、放松各组肌肉，如此反复，持续20分钟。

（5）与李爷爷的家属进行沟通，介绍轻度脑梗死与心理状态的关系。协同家庭成员共同关心李爷爷，帮助其构建良好的家庭、社会环境支持网络，消除李爷爷的孤独感和无助感。鼓励亲属多给予经济、生活、情感上的支持，解除李爷爷的后顾之忧。

（6）指导李爷爷保持良好的生活方式，清淡饮食，戒烟限酒，适当运动，勿劳累，保证睡眠充足，等等。

实训演练

郑奶奶，今年75岁，退休工人，入住某养老机构，身体一直很硬朗。两年前，自家哥哥中风住院，郑奶奶去探视，之后情绪一直处于低落、消极状态。哥哥自患病后，没办法说话，生活不能自理，这些痛苦的情形一直深深地印在她的脑海里。

春节前后，郑奶奶经常感到胸闷、喘不上来气，严重时甚至有窒息感，她于是怀疑自己的心脏、肺部出了问题，总认为自己随时都有生命危险。她为此整天忧心忡忡，子女陪着她到处求医，其间去了内科、外科、神经科，做了B超、脑电图等很多检查，结果都是正常的。医生告诉郑奶奶，她的身体是很健康的，但是她始终不肯相信，甚至认为自己活不了多久，还向家人交代后事。

如果你是养老机构的工作人员，你会如何与郑奶奶进行沟通呢？

拓展学习

一、延伸阅读：中国工程院院士秦伯益：老人，活的就是一种心态

秦伯益院士是我国药理学领域成绩斐然的科学家，是中国工程院院士，是院长，也是一位云游四方的旅行家。年近80岁，他用"清楚、通畅、不高、不大"八字来概括自己的健康状况，意思是："头脑清楚，呼吸和两便通畅，血压血脂血糖不高，心肝脾前列腺不大。" 2011年11月2日晚上，中国工程院医疗保健报告会上，秦伯益院士以他自身丰富多彩的退休生活经历，向院士们畅谈了他对老年生活的认识。

以下附上秦老本人对于晚年生活的感悟，希望能给老年人带来一些启示。

我不是老年学研究工作者，也没有对老年人问题做过调查研究，只是偶尔与一些老年同事谈谈老龄问题，逐渐感到老年人的心理状态差别较大，这种差别对老年生活质量的影响很明显。

（一）什么年龄干什么事

人生有不同年龄阶段，青年时是女儿，中年时做妈妈，老年后当奶奶，晚年就成了太婆。在工作中，也同样有相应的角色转换。如体育界，青年时是运动员，中年时做教练，老年后当裁判，晚年就成为观众了。

这就叫什么年龄干什么事。当龄时，应恪尽职守，干得有声有色。过了这个阶段，就应调整心态，进入新阶段，无怨无悔。

如果做女儿时不好好学习、积极向上，就难以成才；做妈妈时如果不下抚儿女、上敬公婆，家庭就难以和美；做奶奶、太婆时如果还要事必躬亲、不肯超脱，势必自寻烦恼，难求和睦。

人难有自知之明，常见的现象是，当龄时，不抓紧工作，总觉得来日方长，结果蹉跎岁月，过龄后却恋栈不去，空感壮志未酬。在这方面，应该提倡有点超前意识，提前做好年龄段转换期的心理准备和物质准备。只有及早明白这些自然规律，才能在晚年活得自由自在。

就我个人而言，我曾回顾一生说：三十而立，我未立；四十而不惑，我常惑；五十而知天命，我知而不多；六十而耳顺，我有进步，但不够；七十而从心所欲，不逾矩，这点，我倒提前做到了。现在，我可以自由地选择我想做的事，不为稻粱谋，不作名利求，择善而从，量力而行。

（二）养老，根本还是自己养自己

前几年，看到一本书《养老，你指望谁》，书中列举了现在社会上的多种养老方式，如老伴、新伴、子女、亲属、保姆、组织、社会等。分析的结果，根本的还是要靠自己。

靠自己选择最适合自己的养老方式，然后创造好条件，磨合好关系，使晚年生活和谐美满。即使生活已不能自理，甚至是临终时期，养老方式也要靠自己在脑子清楚时做好安排。

有些人在位时叱咤风云、志得意满，退休后立即精神萎靡、牢骚满腹，根本原因就在于不了解老年生活的特点，没有及早为老年生活做好准备。相反，有的老人活得明白，及早做好准备，即使到了耄耋之年，仍能活得舒坦，活得潇洒，活得有尊严。

鉴于此，我为自己做了一个倒计时的行动安排。大致是70岁不出国，80岁不出游，85岁不出京，90岁不出院，95岁不出门，100岁不下床，请求安乐死。当然，这是打好的如意算盘，实际过程会因时调整。如不能到底，就随时中止，只求生活质量好就可以了。为此，72岁的时候业务上交了班，进入最后一次人生角色转换。

我通过30多年藏书，已存有5000多册文史书籍。坐拥书城，纵目古今，乐在其中。我近10年来坚持自费独游，踏遍祖国名山大川，访寻历代人文胜迹。

大概还没有人像我这样在中国游览了那么多的名胜古迹。中国有世界遗产41处（到2012年底），国家遗产30处，世界地质公园24个，历史文化名城110个，国家重点风景区187个，我都游遍了。

（三）老年生活质量，贵在心态

《朱子家训》上有两句话："家门和顺，虽饔飧不济，亦有余欢。国课早完，即囊橐无余，自得至乐。""饔飧"指早饭和晚饭，"国课"指向国家纳税。我们就是要追求这种境界。

现实生活中，常有社会地位很高，经济情况很好而晚年生活不愉快的人，也有很普通的百姓，经济条件一般，但活得很愉快。他们的差别在于心态，在于会不会安排做自己喜欢做的事，而不勉强去做自己不喜欢做的事。

分外之物不需要。我在普陀山法雨寺看到佛教学校墙报上有一则佛教故事。二小僧与众僧友一起坐地修炼，忽而来了一桃贩，乙僧与他僧起立观看，甲僧端坐不动。俄顷又来一枣贩，乙僧等又起立观看，如是者三。最后甲僧修成正果，乙僧等一事无成。乙问甲，在外界诱惑面前你为什么坐得住？甲答，我们本来都没有想在修炼时吃桃或枣等什物，它们来了，我并没有觉得需要它们。我和你的差别只在于我在这些分外东西面前能够说："我不需要。"

好一个"我不需要"！人心的不平，往往在于不论需要不需要，人家有了，就想要。学会说"我不需要"，就可以摆脱很多烦恼。尤其是老年人，还是应该提倡不慕荣利，不相攀比，发挥个性，"自己过得好，就是好"。

功利思想不该有。"几十年如一日"，"活到老，干到老"，还要"老当益壮"。这些口号，原来的精神虽然是积极的，在革命和建设的某些时刻也是需要的，但不够实际。世界在变，自己也在变，怎么能"几十年如一日"呢？老了自然要衰，怎么还能"壮"，而且"当益壮"呢？

年富力强的被闲置，花甲古稀之年扬鞭奋蹄，这绝不是好形势。1998年《东方之子》采访我，我说了一段话："新老交替是正常现象。只有蜀中无大将时，才不得不再请老将廖化做先锋。佘太君百岁挂帅，那是一个悲剧，不应该这样的。国家命运不能总依靠在一两个老人身上。"节目播出以后，社会反应还是认同的。过去很多口号，其实是很功利的，应该科学地审视。尤其老年人，不必再受此束缚，苦了自己，烦了他人。

过于自苦不必要。我们这一代人在长期的革命历练中养成了艰苦朴素的生活习惯，这种精神是很可贵的。只是随着社会经济的发展，今天的老年人也不必过于自苦。

我们总说"休息是为了更好地工作"，外国人则认为"工作是为了更好地休息"。中国的传统观念是省吃俭用，为儿为女，外国人则认为赚钱是为了花钱，儿女18岁以后自立，各过各的日子，平安无事。看来我们有些观念是应该有所调整了。儿孙自有儿孙福，不必太为他们担心。

我现在收入的大部分用在旅游和买书上。有些节余，也量力做些社会公益。我给孩子们留下了江南古镇上常见的一副对联："世上数百年老家，全在积德；天下第一等好事，还是读书。"

人走茶凉不奇怪。有些老年人常留恋过去"过五关，斩六将"时的辉煌，叹惜当下空怀壮志，力不从心。我看大可不必。

什么年龄干什么事，当干时全力以赴，废寝忘食，义无反顾；不当干时全身而退，戛然而止，飘然而去。不要当干时懒散拖沓，不当干时又百般留恋。有些老年人常沉湎于过去前呼后拥、迎来送往的热闹场景，叹惜现在门庭冷落，寂寞空灵，"人一走，茶就凉"。甚至埋怨人情冷暖，世态炎凉，真有说不完的苦恼。我看也大可不必。

人走了，茶自然会凉，不仅会凉，而且茶水还应倒掉，因为茶杯还有他用。能根据情况变化，做出合乎自身特点的安排，以提高自己老龄期的生活质量，这才是生活中的强者。

（四）老人，活的就是一种心态

孤独也是一种享受。老年有成熟之乐、天伦之乐、发展个性之乐、领受兴趣之乐，还有孤独之乐。孤独时有广阔的思想空间，有充分的行动自由，有全额的可支配时间，有不受干扰的心灵天地。

"无丝竹之乱耳，无案牍之劳形"，"可以调素琴，阅金经"。苏东坡写过："与谁同坐？明月、清风、我。"很多大思想家、大科学家、大文学家、大艺术家的不朽作品往往是在孤独的境遇中创作出来的。

我不是提倡老人过孤独的生活，而是说明孤独也是一种享受，一种美。要善于享受孤独，不必惧怕。

无所求，也就无所失。上面谈到养老主要还是靠自己。我们既应强调社会关心老人，也应强调老人自己关心自己。老年生活过得好不好，部分在社会，多半在自己。老人越是希望社会关心自己，越是难以感到满足；越是不要求社会关心自己，越是容易感到幸福。如果迷恋于"发挥余热""子孙孝顺""弟子尊师""公众敬老""社会回报"，往往容易产生失落感。无所求，也就无所失。大彻大悟后，自然就免除了大悲大痛。

"知足常乐、自得其乐、助人为乐"。快乐是一种心境，是一种主观感受。有的人身在福中不知福，把好日子也过苦了。有的人在任何境遇中都能得到快乐，乐其所乐，甚至苦中作乐。应该学会随遇而安、知足常乐、自得其乐。知识界的老人更可发挥自己的知识优势和对人生的感悟获得更多的快乐。有作有为有余欢，无欲无求无烦恼。

最近原中国工程院院长徐匡迪同志谈到要做到老年三乐："知足常乐、自得其乐、助人为乐"，这是中国传统文化对快乐的很高境界，能达到这种境界，就无处而不乐，无时而不乐了。

笑对归宿。死亡既然是最后的归宿，生命的必然，自然也就没有必要过多地害怕了。一切顺其自然，交给"命运"就是了。

我参观过英国圣克利斯朵夫临终关怀医院，这是世界上最早的一所临终关怀医院，已有100多年历史。那里的病人大部分时间在活动室里看书、打毛衣、玩牌、祷告、唱诗、看电视。每周有志愿者来陪他们聊天。医生却对我说，这里的大多数人生命大约只剩一个月——去世前一个月他们还可以无痛苦地享受人生。

我惊叹西方发达国家人文关怀的进步，我也坚信中国不久也能达到这个水平。

我已经向家人和学生交代，将来我走时，不必开追悼会，因为我不喜欢那种里面哭哭啼啼，外面嘻嘻哈哈的尴尬场景。到时如果无法推辞，非要安排一个遗体告别仪式的话，也不必奏什么哀乐，而要播放一段舒曼的《梦幻曲》或萨克斯管演奏的《Going home》，并告诉大家，我走得很愉快，很舒坦，因为我曾是一个长寿而快乐的老头儿，我充分享受了人生，我知足了。

二、心理小测验：情绪心理自测

我们日常生活中的活动，在多大程度上受理智的控制，又在多大程度上受情绪的支配？在这方面，人与人之间存在着很大的差异，这里面气质（主要靠遗传获得）、性格、情绪（心理学家称之为觉醒水平）、阅历、素养等都起着一定的作用。我们只有认清自己情绪的力量，发挥理性的控制作用，才能实现情绪反应与表现的均衡适度，确保情绪与环境相适应。

本测试将帮助你在这方面确定自己的位置。下面有30道情绪自测题，每题有A、B、C三个选项，请你仔细审读，弄清楚每一道题的意思，然后以最快的速度诚实作答，每题只选一项。

（1）看到最近一次拍摄的照片，你感觉：

    A. 不称心   B. 很好   C. 还可以

（2）你是否会想象若干年后发生什么使自己极为不安的事？

    A. 时常   B. 没有   C. 偶尔

（3）你曾被同学起绰号挖苦吗？

    A. 时常   B. 没有   C. 偶尔

（4）你上床以后是否必须再看一次窗是否关好再睡？

    A. 时常   B. 没有   C. 偶尔

（5）你对与你关系密切的人是否感到满意？

    A. 不满意   B. 非常满意   C. 偶尔

（6）你在半夜时分是否觉得害怕？

    A. 时常   B. 没有   C. 偶尔

（7）你会梦见什么可怕的事情而惊醒吗？

    A. 时常   B. 没有   C. 偶尔

（8）你是否经常做梦？

    A. 是   B. 不是   C. 不知道

（9）有没有一种食物吃了会使你呕吐？

    A. 有   B. 没有   C. 不知道

（10）你心里有没有去另一个世界的想法？

    A. 有   B. 没有   C. 不清楚

（11）你心里是否怀疑自己不是现在父母亲生的呢？

    A. 时常   B. 没有   C. 偶尔

（12）你曾经觉得没有一个人关心或尊重你吗？

    A. 是   B. 不曾觉得   C. 记不清

（13）你是否常常觉得家人对你不好？

    A. 时常   B. 没有   C. 偶尔

（14）你觉得没有人完全了解你吗？

    A. 是   B. 不是   C. 不肯定

（15）早晨起来，你最常有的感觉是什么？

    A. 忧郁   B. 快乐   C. 记不清楚

（16）每年秋天，你经常有的感觉是

    A. 枯叶遍地   B. 秋高气爽   C. 没感觉

（17）你站在高处时，总觉得站不稳吗？

    A. 是   B. 不是   C. 有时

（18）你觉得自己身体强健吗？

    A. 不强健   B. 强健   C. 不清楚

（19）你一回到家就立即把房门关上吗？

    A. 是   B. 不是   C. 没留意

（20）你在关上门的小房间内会觉得不安吗？

A. 是　　　　　　　　B. 不是　　　　　　　C. 偶尔

（21）你在做某件事时总觉得很难下决心吗？

　　　A. 是　　　　　　　　B. 不是　　　　　　　C. 偶尔

（22）你常用抛硬币、占卜或抽签预测命运吗？

　　　A. 时常　　　　　　　B. 不会　　　　　　　C. 偶尔

（23）你会因为碰到东西而跌倒吗？

　　　A. 时常　　　　　　　B. 不会　　　　　　　C. 偶尔

（24）你是否要用一个小时以上才能入睡？

　　　A. 时常　　　　　　　B. 从未　　　　　　　C. 偶尔

（25）你是否能感觉到别人感觉不到的东西？

　　　A. 时常　　　　　　　B. 从未　　　　　　　C. 偶尔

（26）你是否认为自己有超越常人的能力？

　　　A. 是　　　　　　　　B. 没有　　　　　　　C. 在某些方面

（27）你曾经因为有人跟你走而感到不安吗？

　　　A. 是　　　　　　　　B. 没有　　　　　　　C. 不清楚

（28）你是否觉得有人在注意你的言行举动？

　　　A. 是　　　　　　　　B. 没有　　　　　　　C. 不清楚

（29）当你一个人夜行时，是否觉得前面潜藏危机？

　　　A. 是　　　　　　　　B. 不是　　　　　　　C. 偶尔

（30）你对别人自杀的态度是：

　　　A. 可以理解　　　　　B. 不可思议　　　　　C. 不清楚

评分标准：A选项为2分，B选项为0分，C选项为1分。

少于20分：

表示你的情绪稳定，自信心强，具有较高的审美能力、道德感和理性。你有一定的社交能力，能理解周围人的心情，顾全大局，是个性格爽朗、受人欢迎的人。

20～40分：

表示你的情绪基本稳定，但较为低沉，对事情的考虑过于冷静，处事冷漠消极，易丧失发挥自己个性的良机。你的自信心受到压抑，容易瞻前顾后，犹豫不决。

40分以上：

表示你的情绪极不稳定。日常烦恼太多，心情总是处于紧张和矛盾之中。如果你的得分在50分以上，则是一种危险的情绪不稳定信号，请尽快找心理医生予以解决。

能力测评

对于本次任务，可根据学生听课及与李爷爷沟通交流的情况对学生开展测评。可从知识学习、技能要求和职业态度三个方面开展测评。

项目	测评标准		得分
知识学习(20分)	是否认真听老师讲课(5分)		
	听课过程中有无提出问题(5分)		
	能否回答老师提出的问题(10分)		
技能要求(50分)	模拟沟通是否恰当、规范(40分)	知晓老年人负面情感产生的原因(5分) 掌握老年人处于负面情感状态的特征表现(5分) 与老人建立和谐融洽的关系,关爱老人(10分) 根据老年人的背景情况,选择合适的沟通交流方式(10分) 做好老年人的心理护理和生活指导(10分)	
	沟通过程中有无发现或者提出问题(5分)		
	注意沟通中的态度,保持微笑(5分)		
职业态度(30分)	与处于负面情感状态的老人沟通时是否尊重老人,微笑面对老人(10分)		
	与老人沟通时语气是否温柔,语速是否适中,吐字是否清晰(10分)		
	面对处于负面情感状态的高龄人群时,工作态度是否积极真诚(10分)		
总分(100分)			

课后练习题

一、选择题（选择一个正确的答案，并将相应的字母填入题内的括号中）

1. 关于处于负面情感状态的老年人的特征性表现，描述错误的是　　（　　）

　　A. 孤独自闭　　　　B. 自卑　　　　C. 焦虑、抑郁　　　D. 开朗健谈

2. 关于老年人负面情感产生的原因，描述正确的是　　　　　　　　（　　）

　　A. 精神空虚　　　B. 孤独寂寞　　　C. 没有安全感　　D. 以上都对

3. 关于老年人长期处于负面情感状态可能导致的后果，描述错误的是

（　　）

　　A. 在心血管系统方面可能引起心慌、心动过速、血压升高

　　B. 在呼吸系统方面可能会使肺功能减弱，加快老年人肺衰退，引起气
　　　短、哮喘

　　C. 在泌尿系统方面可能出现尿急、尿频

　　D. 是老年人的正常情绪，不会对健康产生影响

4. 如何与处于负面情感状态的老年人沟通，以下错误的是　　　　（　　）

　　A. 交流时多用问候性的语言，适时地面带微笑

　　B. 思想集中，认真倾听，目光注视患者，耐心解答老人的每一个问题

　　C. 对老人出现的情绪障碍，及时给予疏导，并进行语言安慰

　　D. 让老人完全听工作人员的话，完全依赖照顾者

5. 关于老年人比较常见的心理障碍表现，以下表述正确的是　　　（　　）

　　A. 对于周围环境要求不高

　　B. 身体状况良好

　　C. 自视过高，以自我为中心

　　D. 年龄大了，不会自己保护自己

二、判断题（将判断结果填入括号中，正确的填"√"，错误的填"×"）

1. 长期处于失落、孤独、抑郁、悲观等负面情感状态将导致老年人食欲减退、睡眠不好、免疫机能下降、老年性疾患加重。　　　　　　（　　）

2. 老年人的负面情感具有衰老感与怀旧感同现、空虚感与孤独感共生、焦虑感与抑郁感相伴、自尊感与自卑感共存等特征。　　　　　（　　）

3. 家庭照顾的弱化不是老年人负面情感体验的主要原因。　　（　　）

4. 离退休老年人不会出现负面情绪，负面情绪的发生与疾病的发生、发展没有关系。　　　　　　　　　　　　　　　　　　　　（　　）

5. 与处于负面情感状态的老人交谈时，语调要平和，语气要轻柔，语速要缓慢，尽量使用老年人能理解并接受的用语。　　　　　　　（　　）

子单元三 | **与处于应激状态的高龄人群沟通的策略**

近年来，我国经历了社会、文化、经济方面的重大变迁。老龄化程度越来越严重，老龄化速度非常快。老年人生活中的突然遭遇和重大变故，有时往往会影响甚至改变老年人的性格及行为方式。研究显示，老年人经历的应激事件有丧偶，自己患急、重病，亲戚好友患急、重病，等等。此外，应激事件如果处理不好会导致一系列的应激障碍等心理问题。因此，本单元将学习如何与处于应激状态的高龄人群进行有效的沟通，采取有效措施帮助老年人缓解应激反应，促进老年人心理健康，提高生存质量。

◎ 学习目标

知识目标：知晓处于应激状态的高龄人群的心理特点；了解应激事件对于老年人健康的影响。

技能目标：能有效应用沟通交流的策略，与处于应激状态的老年人进行有效的沟通，帮助老年人缓解心理不适。

态度目标：在与处于应激状态的老年人沟通的过程中，需要耐心、细心，有爱心，语气要温柔，语速要缓慢，理解老年人的情绪感受，关爱老年人。

💬 情境导入

王奶奶，79岁，半年前老伴因病突然去世，目前在子女家轮流居住，性格温和，精神面貌一般。有糖尿病史，曾在医院做过CT、心电图等一系列检查，未发现其他躯体疾病。父母两系三代无精神疾病史。王奶奶和老伴的感情好，育有两儿两女，家庭关系和谐，邻里和睦。

老伴的离开对王奶奶产生了极大的打击，王奶奶一时无法适应。她身患糖尿病，需要到几个儿女家轮流居住，感觉自己成为累赘，感到孤独，经常在夜间独自哭泣；回想老伴曾因病痛折磨痛苦不堪，懊恼没有在老伴生前对他更好一些，陷入自责，搬到子女家后外出减少，焦虑不安，没有胃口，整夜整夜地睡不好，原本性格很好的她变得沉默寡言，常常说自己不如死了算了。

针对本案例，如果你是王奶奶的家人或者是社区的工作人员，你会如何与王奶奶进行沟通呢？

问题讨论

①根据上述案例，分析王奶奶出现了什么问题？

②经历应激事件的高龄人群有哪些特征？

③如何帮助王奶奶减轻应激事件造成的不良影响？

④针对处于应激状态的高龄人群，我们应该如何有效地与他们展开沟通？

⑤与处于应激状态的老年人进行沟通时，有哪些注意事项？

知识学习

一、应激的概述

应激，亦称压力或紧张，指个体因危险的或出乎意料的外界情况的变化所引起的一种情绪状态。导致应激反应的刺激可以是躯体方面的、心理方面的和社会文化方面的诸因素。但是这些刺激通常不是直接地引起应激反应，在刺激与应激反应之间还存在着许多中介因素，诸如人体健康、个性特点、生活经验、应付能力、认知评价、信念以及所得社会支持的质与量等。

1974年加拿大生理学家塞利的研究表明，应激状态的持续能击溃一个人的生物化学保护机制，使人的抵抗力降低，容易患心身疾病。他把应激反应称为全身适应综合征，并将其分为三个阶段。①惊觉阶段，表现为肾上腺素分泌增加，心率加快，体温和肌肉弹性降低，贫血，以及血糖水平和胃酸度暂时性增加，严重时可导致休克。②阻抗阶段，表现出惊觉阶段症状的消失，身体动员许多保护系统去抵抗导致危急的动因，此时全身代谢水平提高，肝脏大量释放血糖。如时间过长，可使体内糖的储存大量消耗，下丘脑、脑垂体和肾上腺系统活动过度，会给内脏带来物理性损伤，出现胃溃疡、胸腺退化等。③衰竭阶段，表现为体内的各种储存几乎耗竭，肌体处于危急状态，可导致重病或死亡。故要尽量减少和避免不必要的应激状态，并学会科学地对待应激状态。

应激事件也称为负性生活事件，是指在生活中，需要做适应性改变的任何环境变故，如改变居住地点，入学或毕业，改换工作或失业，家庭重要成员的离别、出生和亡故等。中国有句俗谚："一朝被蛇咬，十年怕井绳。"其原因可能是"外界刺激—内心体验—暗示强化—习惯反应"这一由应激事件而形成情景性习惯反应的心理模式，这种心理模式的形成过程通常具备以下几个条件：首次遭遇此类应激事件，没有心理准备或存在片面认知；伴随强烈的负面情绪和生理体验；消极暗示，快速盲目归因；通过自我心理泛化、强化与放大形成情景性习惯反应。

二、应激事件对个体生理的一般影响

应激事件能够激活个体的痛苦记忆或创伤经历，使个体长期处于应激状态，而应激状态又会抑制个体对过去应对技能的记忆和提取，损伤其认知和行为功能。

（一）急性应激反应

重大应激事件激活交感神经系统，交感神经系统激活的表现为双目圆睁和快而浅的呼吸，实验室检查血或尿中的肾上腺素和去甲肾上腺素明显而持久地增高，皮质醇增加。自主神经症状有多汗、战栗，可能伴有肌肉紧张、食欲不振、头痛、过度疲劳感、对噪声敏感，以及由于过度兴奋而产生睡眠障碍。有时发生癔症性痉挛发作和运动障碍、语言障碍、腱反射减弱或消失、多部位疼痛或感觉异常，甚至引发各种神经症，或发生呼吸困难、胃肠蠕动和分泌功能障碍、上腹部不适、腹泻、恶心、呕吐、尿频、性欲异常等。有时也伴随甲状腺功能减退、肾上腺皮质功能下降、中枢神经递质5-羟色胺的水平下降。重大应激事件对心血管系统的影响尤为显著，重大应激事件发生后心血管事件明显增多，易发生心肌梗死、心绞痛及心源性猝死。

（二）慢性应激反应

慢性应激反应的发生主要是生理中介机制即自主神经系统、内分泌系统、神经递质系统和免疫系统受到应激刺激而相互作用的结果，如受自主神经系统支配的心脏、血管、腺体和平滑肌等组织器官功能受到损害，出现一定的慢性应激反应。

三、如何帮助处于应激状态的高龄人群

应激事件是影响老年人心理健康状况的重要因素，其中，躯体状况遭到突变、家庭经济出现问题、婚姻出现问题和离退休等生活事件对老年人的心理健康状况影响较大，需要采取一定的措施来帮助他们减轻这种影响。研究发现，能够减轻应激事件对心理健康的不良影响并起到保护心理健康作用的因素主要有气质性乐观、社会支持、幽默感、积极的认知情绪调节策略、外向性格、心理韧性、积极的应对方式等。

（一）帮助老人接受事实

老人在遭受巨大的生活变动、重大的应激事件时，总是会经历一个否认和不相信的阶段。可能一时间无法接受，但是经过一些事情后会慢慢地接受现实，之后才可以做一些具有纪念性意义的事情，帮助自己调整情绪。正确地对待，不要盲目定性，引导他们试着去回想事件本身，如事情是怎样发生的，周围的人有没有遭遇过此类事情，如果有是如何做出反应的，等等。

（二）给予老人恢复的时间

我们都知道恢复是需要时间的，不要要求老人一定要在某个特定事件后立刻恢复原来的心情。当你所爱的人去世之后，你究竟会在何时摆脱悲伤的感受，这是无法设定一个"正常"时间的。恢复是一个渐进的过程，只有随着时间的推移，痛苦才能慢慢消退。或许，在老人的生活中，会以很多方式一再感到失去这个人的痛苦，不过，今后的痛苦不会总像当下这么强烈。

（三）慎重归因

偶发事件在伴随强烈负面情绪时，应指导老人尽量归因到外界因素或偶然因素中，比如当出现身体欠佳过度焦虑时，告诉他们是因为最近天气不好，没有像往常一样进行身体锻炼造成的，等等。

（四）指导老人进行积极的自我暗示

指导老人积极面对，明天一切都会好。指导他们自己给自己提出任务，自己做自己的司令官，坚信自己有能力控制个人的感情。爱发怒的人也不妨搞个座右铭，如"脾气暴躁是人类较为卑劣的天性""仁爱产生仁爱""野蛮产生野蛮""发怒是没文化教养的""发怒是无能的软弱的表现"等。通过这样积极的自我暗示，自我命令，便可以组织自身的心理活动获得战胜怒气的精神力量。

（五）采取一些缓解方式

出现不良情绪体验时，可以采取一些有效的方式缓解。比如找朋友和亲人倾诉，写日记宣泄，做一些放松练习，做平时喜欢的事，等等。指导老人根据自己的兴趣、爱好和所具备的条件，努力学习提高某些有益的技艺，以充实自己的晚年生活，如练书法、绘画、钓鱼、养花、弈棋。还可以多参加社会交往。老年人在力所能及的情况下应多交朋友，在你来我往中活动筋骨，强身健体。同时交友还有助于保持良好的精神状态。尤其是和青年人在一起可以唤起他们的童心。如果遇到无法处理应激事件以至于出现精神障碍的，需要尽快寻求心理帮助。

四、减轻入住养老院老人的迁移应激反应的措施

迁移应激是指个体经历的从一个熟悉的环境到另外的环境而产生的生理或心理上紊乱的状态。其中，在机构养老的老年人在发生环境变迁时更易产生不同程度的迁移应激障碍，甚至导致死亡率的增高。因此，需要采取有效措施帮助老年人进行由家庭到养老机构的平稳过渡，减轻迁移应激反应。

可以应用SBAR标准化沟通模式，主要结构框架内容包括：S（situation现状），即老年人目前的情况，包括性别、年龄、病症、自理能力、睡眠、饮食、生活习惯及入住的意愿等；B（background背景），包括老年人的婚姻状况、目前居住方式、职业、文化程度、子女状况、经济来源等；A（assessment评估），评估老年人存在的问题以及当前的心理状况；R（recommendation建议），对家属的建议和老年人入住后的适应（照护）计划。

老年人入住前：一般先由家属通过电话咨询，陪同老年人参观养老院，待老年人、家属和养老院达成入住共识，并由养老院接收老年人入住后，由养老院安排2名护理人员（包含1名护工）共同协助老年人入住。

老年人入住当日：首先，由医生和交接护理员对老年人进行健康检查，通过与家属和老年人的交谈，采用SBAR老年人入住交接表对其进行综合评估，完善SBAR老年人入住交接表4个模块所含内容，并按顺序记录，签字上交护理组。然后由交接护理员、护理组长和医生共同明确老年人存在的问题，结合老

年人合理需求制订入住适应计划，并以面对面或电话沟通的形式传递对家属的建议，包括确定老年人入住期间家属的探望时间等。

最后，建立老年人档案，并在交班时由交接护理员按照SBAR老年人入住交接表内容陈述老年人情况和照护计划。老年人日常照护均应以此为基础，根据实际情况进行适当调整。

☕ 沟通环节

一、了解当事人的背景

从以下几方面分析当事人王奶奶的情况：①生理方面，王奶奶身患糖尿病，需要依靠他人照料。②社会方面，王奶奶缺乏足够的社会支持系统，收入来源不足。③心理方面，老伴的去世对王奶奶打击很大，她存在一定的认知错误，认为自己是负担，和子女缺乏有效沟通，敏感脆弱，伤心且难以调整。初步了解了王奶奶的背景和问题后，可以制订有效的沟通计划。

二、开展沟通

（1）应激创伤的评估。此阶段的主要工作是：收集当事人行为表现、生活现状等各方面的相关信息，建立沟通服务关系。目前王奶奶情绪较低落，工作人员可以先对其进行心理测试，了解王奶奶的性格特征，分析其目前可能存在的情绪和行为问题。评估的主要内容包括：老伴的去世对王奶奶造成影响的严重性；王奶奶的生活改变程度；身患疾病对王奶奶生理、心理方面造成的影响；潜在的危害评估，是否有轻生的倾向；王奶奶自身的应对能力；是否有健全的家属亲友的关爱和支持；等等。

（2）建立目标并制订沟通计划。在建立良好关系的基础上，与王奶奶达成共识，确定以下四个具体目标：第一，改善认为自己无用的自我认知；第二，加强与子女的沟通，消除孤独感；第三，加强与外界的沟通；第四，帮助王奶奶消除因"没有在老伴在世的时候好好对老伴"而导致的自责情绪。同时，要鼓励王奶奶与儿女谈心，整理导致焦虑的想法、事件和行为，多进行户外活动。

三、沟通的实施

这一阶段是整个服务过程中最为重要的部分。和王奶奶一起找到问题，对王奶奶的主要问题进行干预和矫正，改变王奶奶不适宜的认知、情绪和行为，使王奶奶能够脱离焦虑情绪从而摆脱困境，并学会自助。

第一，运用认知行为疗法的提问技术、自我审查技术、场景再现技术和模仿技术找到并解决问题。

（1）运用提问技术发现问题：运用开放式提问的方式了解王奶奶的问题所在。比如：能详细说说您最近生活的具体情况吗？您的老伴也觉得您是这样的人吗？您平时怎么和子女沟通的呢？您认为怎么样才算没有成为儿女的负担呢？以此引导王奶奶找到不良情绪的根源所在。

（2）运用自我审查技术：鼓励并引导王奶奶说出她对自己的看法，引导王奶奶认识到有些看法也属于不合理的认知，改变自身错误的认知是解决问题的关键。帮助她寻求合理的想法来代替原有的不合理想法，从而建立起新的、更为合理的认知。例如，针对"我老了无用"的错误想法，让老人明白她在子女的精神依靠上起到巨大作用。再例如，针对王奶奶所说的"我后悔没有好好对老伴"，帮助王奶奶认识到，人与人之间的相处并非百分之百是愉快的，矫正王奶奶认为自己"对不起老伴"的错误观念。

（3）运用场景再现技术：为了让王奶奶理解儿女的感受，让王奶奶去想象儿女面对母亲当下状况时的情绪和感受；在失去配偶这件事上，让王奶奶设想假如去世的那个人是自己，她希望配偶以怎样的生活状态生活下去。

（4）运用模仿技术：让王奶奶了解从丧偶困境中走出来的其他人针对同样

的问题是如何处理的，模仿并学习他们缓解压力的方式。

第二，进一步分析王奶奶的不合理认知并引导王奶奶认识到不合理认知，进而做出改变：

（1）让王奶奶与子女谈心，子女表示从未觉得母亲麻烦或者讨厌母亲，很爱母亲。

（2）鼓励王奶奶出门，多和同龄人接触。

（3）明确告诉王奶奶面对丧偶的问题时出现情绪低落是一个正常的反应，和精神病无关。让王奶奶感觉"能够心安理得地享受和子女在一起的时光"，"想起老伴还是会伤心，但自责减少"，"会和附近的几个老姐妹约好一起晒太阳"，表明建立了自己的支持系统，状态得到改善。

四、沟通反馈

此阶段的主要工作是服务的回顾和总结，引导王奶奶强化新的认知行为模式，巩固现有的成效，并对服务过程进行评估、梳理和总结。生理心理评估：通过沟通服务，王奶奶的观念和情绪以及睡眠质量有没有得到改善。社会评估：王奶奶能否与新邻居中的老人正常相处，能否和儿女有效沟通，社会支持系统是否得到改善。

实训演练

陈爷爷和郑奶奶是一对夫妻。当年响应国家政策，28岁的郑奶奶只生了一个儿子。孩子的降临，给夫妻俩带来了很多的欢乐，也让他们感受到了为人父母的责任。而命运，总爱跟人开玩笑。儿子在15岁的时候因病去世，留下了已经年过40岁的夫妻两人。儿子去世了15年，提起这件事，他们还是有掩饰不住的痛苦。时隔15年，儿子的一切还像在眼前，恍如昨日。别人家老人在谈论儿子、女儿，他们给自己买了两只小龟，从儿子去世那年，养到现在。这两只龟，也已经养了15年了，在他们心里，就像是自己的儿子一样。现在的他们，还可以照顾自己，而10年、20年之后，无儿无女的他们，要怎么面对日渐衰老的身体和孤独的晚年？每次想到这里，他们已经提前感受到了生活的残酷。

请问，如果你是社区的工作人员，你会如何与陈爷爷、郑奶奶进行沟通并对其进行照顾呢？

拓展学习

一、影响应激的因素

在日常生活中，我们往往会发现同样一个精神刺激（负性生活事件），有的人可发生应激反应，有的人不发生应激反应，有的人只发生轻度的应激反应，有的人则发生严重的应激反应。为什么会出现这种情况呢？到底是什么因素在起作用呢？其实，一个负性生活事件是否发生应激，与以下因素关系密切。

（一）身体的状态

当身体处于疲劳、消耗、饥饿、疾病等状态时，人们对精神刺激非常敏感，易导致应激发生。

（二）人们的认知评价

由于个性特征、以往的生活经历及文化教育背景的不同，每个人对同一种应激的认识评价也会不同。一个开朗乐观的人较为外向，常常追求刺激与挑战，好胜心强，在困难的处境中能激发斗志，因此对挫折的耐受力较好。相反，一个懦弱的内向性格者，平时害怕各种刺激，在困难面前又显得无能为力，因此心理耐受性差。以往的生活经验也影响人当前的心理承受能力，一个饱受磨难的人，对那些微不足道的精神刺激不会产生任何反应。以往经历过的应激又重现时，可以具有良好耐受。但如果是以往经历过，并有适应不良或应付失败的情况时，可能出现过敏现象，导致无法耐受。另外，应激是否造成人的心理障碍，还与其对应激的评价有关，如一个人认为应激对自己是有意义的，那么他就会努力对这种变化进行适应，这样他就能够体验应激。如果认为应激对自己无益，就会放弃适应的努力，最后导致心理障碍。人格特征往往也是影响适应能力的一个因素。弱型神经类型的人对新的环境难以适应，易产生心理紧张。依赖、软弱、缺乏独立生活能力、不喜欢交往、胆小、羞怯等就属于弱型神经类型的人的人格特征。

（三）个体的应付能力

如果一个人能够恰当地估计自己的能力，则会适应良好；如果过高估计自己的能力，对失败没有任何心理准备，则很容易受挫折，导致严重的心理障碍；如果过低地估计自己的应付能力，精神紧张，易受消极因素的影响使应付能力不能正常发挥。

（四）负性生活事件

性质消极或意外的刺激等负性生活事件，易引起应激。接受一个没有心理准备的刺激，如亲人的突然亡故，易导致心理障碍，这与亲人久病卧床后死亡所致应激的严重程度有明显的不同。而一些积极的应激，则很少导致心理疾病。可预料的事件与意外事件相比，所引起应激的严重程度明显不同。预料中的事件所致的应激反应小，因为它已使肌体做好了适应的准备，能耐受这一刺激；意外事件所引起的应激反应则很大，这是因为肌体没有做好足够的心理准备所致。

（五）对事件的控制程度

面对引起严重后果的事件，如能进行有效的控制，也可大大降低应激的严重程度。

（六）有无支持系统

危难之中有人伸出援助之手，则应激反应的严重程度会降低。

应激反应及适应障碍是一组由严重的应激性生活事件或持续不愉快环境所

致的精神疾患，其临床症状和病程经过与创伤性体验有密切关系。影响本病临床表现和病程的有关因素主要是：生活事件及处境，思想观念及社会文化背景，个性特点，教育程度和生活信仰，等等。

二、生活事件量表

生活事件量表（Life Events Scale，LES），由量表协作研究组张明园等编制于1987年，包括三个方面的问题，含有48条我国较常见的生活事件。一是家庭生活方面（28条），二是工作学习方面（13条），三是社交及其他方面（7条）。另设有2条空白项目，供当事者填写自己经历而表中并未列出的某些事件。

填写者须仔细阅读和领会指导语，然后将某一时间范围内（通常为一年内）的事件记录下来。有的事件虽然发生在该时间范围之前，但如果影响深远并延续至今，可作为长期性事件记录。对于表上已列出但未经历的事件应一一注明"未经历"，不留空白，以防遗漏。然后，由填写者根据自身的实际感受而不是按常理或伦理道德观念去判断那些经历过的事件对本人来说是好事还是坏事，影响程度如何，影响的持续时间有多久。一次性的事件如流产、失窃要记录发生次数；长期性事件，如住房拥挤、夫妻分居等，不到半年记为1次，超过半年记为2次。影响程度分为5级，从毫无影响到影响极重分别记0、1、2、3、4分；影响持续时间分为3个月内、6个月内、1年内、1年以上共4个等级，分别记1、2、3、4分。

生活事件刺激量的计算方法：

（1）某事件刺激量＝该事件影响程度分×该事件持续时间分×该事件发生次数

（2）正性事件刺激量＝全部好事刺激量之和

（3）负性事件刺激量＝全部坏事刺激量之和

（4）生活事件总刺激量＝正性事件刺激量＋负性事件刺激量

另外，还可以根据研究或诊断治疗需要，按家庭问题、工作学习问题和社交问题等进行分类统计。

LES 结果解释及应用价值：

LES 总分越高反映个体承受的精神压力越大。95％的正常人一年内的 LES 总分不超过20分，99％的正常人一年内的 LES 总分不超过32分。负性事件的分值越高对身心健康的影响越大，正性事件分值的意义尚待进一步的研究。

应用价值：

①甄别高危人群，预防精神障碍和心身疾病，对 LES 分值较高者加强预防工作；

②指导正常人了解自己的精神负荷，维护身心健康，提高生活质量；

③用于指导心理治疗、危机干预，使心理治疗和医疗干预更具针对性；

④用于神经症、心身疾病、各种躯体疾病及重性精神疾病的病因学研究，可确定心理因素在这些疾病发生、发展和转归中的作用分量。

适用范围：

LES 适用于16岁以上的正常人与神经症、心身疾病、各种躯体疾病患者，以及自知力恢复的重性精神病患者。

生活事件量表

指导语：下面是每个人都有可能遇到的一些日常生活事件，究竟是好事还是坏事，可根据个人情况自行判断。这些事件可能对个人有精神上的影响（体验为紧张、压力、兴奋或苦恼），影响的轻重程度是各不相同的。影响持续的时间也不一样。请您根据自己的实际情况，实事求是地回答下列问题，填表完全保密，请在最合适的答案上打钩。

姓名：　　　　　　　填表日期：

生活事件名称	事件发生时间			性质		精神影响程度					影响持续时间			备注
	未发生	1年前	1年内	长期性	好事	坏事	无影响	轻度	中度	重度	极重	3个月内	6个月内	1年内	1年以上
举例：房屋拆迁			✓			家庭有关问题								✓	✓
1. 恋爱或订婚															
2. 恋爱失败、破裂															
3. 结婚															
4. 自己（爱人）怀孕															
5. 自己（爱人）流产															
6. 家庭增添新成员															
7. 与爱人父母不和															
8. 夫妻感情不好															
9. 夫妻分居（因不和）															
10. 夫妻两地分居（工作需要）															
11. 性生活不满意或独身															
12. 配偶一方有外遇															
13. 夫妻重归于好															
14. 超指标生育															
15. 本人（爱人）做绝育手术															

续表

生活事件名称	事件发生时间				性质		精神影响程度					影响持续时间				备注
	未发生	1年前	1年内	长期性	好事	坏事	无影响	轻度	中度	重度	极重	3个月内	6个月内	1年内	1年以上	
16.配偶死亡																
17.离婚																
18.子女升学（就业）失败																
19.子女管教困难																
20.子女长期离家																
21.父母不和																
22.家庭经济困难																
23.欠债500元以上																
24.经济情况显著改善																
25.家庭成员重病、重伤																
26.家庭成员死亡																
27.本人重病或重伤																
28.住房紧张																
29.待业、无业																
30.开始就业																
31.高考失败																
32.扣发奖金或罚款																
33.突出个人成就																
工作学习中的问题																
34.晋升、提级																
35.对现职工作不满意																
36.工作学习中压力大（如成绩不好）																
37.与上级关系紧张																
38.与同事邻居不和																
39.第一次远走他乡异国																

续表

生活事件名称	事件发生时间				性质		精神影响程度					影响持续时间				备注
	未发生	1年前	1年内	长期性	好事	坏事	无影响	轻度	中度	重度	极重	3个月内	6个月内	1年内	1年以上	
40. 生活规律重大变动(饮食睡眠规律改变)																
41. 本人退休离休或未安排具体工作																
社交与其他问题																
42. 好友病重或重伤																
43. 好友死亡																
44. 被人误会、错怪、诬告、议论																
45. 介入民事法律纠纷																
46. 被拘留、受审																
47. 失窃、财产损失																
48. 意外惊吓、发生事故、自然灾害																
如果还经历过其他生活事件，请依次填写																
49.																
50.																
正性事件值：																
负性事件值：																
总值：																

家庭有关问题：

工作学习中的问题：

社交及其他问题：

能力测评

对于本次任务，可根据学生听课及与王奶奶沟通交流的情况对学生开展测评。可从知识学习、技能要求和职业态度三个方面开展测评。

项目	测评标准		得分
知识学习（20分）	是否认真听老师讲课（5分）		
	听课过程中有无提出问题（5分）		
	能否回答老师提出的问题（10分）		
技能要求（50分）	模拟沟通是否恰当、规范（40分）	知晓应激事件对老年人的影响（5分）	
		掌握老年人处于应激事件状态下的特征表现（5分）	
		与老人建立和谐融洽的关系，关爱老人（10分）	
		根据老年人的背景情况，选择合适的沟通交流方式（10分）	
		做好老年人的心理护理和生活指导（10分）	
	沟通过程中有无发现或者提出问题（5分）		
	注意沟通中的态度，保持微笑（5分）		
职业态度（30分）	与处于应激事件状态的老人沟通时是否尊重老人，微笑面对老人（10分）		
	与老人沟通时语气是否温柔，语速是否适中，吐字是否清晰（10分）		
	面对处于应激事件状态的高龄人群时，工作态度是否积极真诚（10分）		
总分（100分）			

课后练习题

一、选择题（选择一个正确的答案，并将相应的字母填入题内的括号中）

1. 关于应激表述错误的是　　　　　　　　　　　　　　　　　　（　　）

　　A. 导致应激的刺激可以是躯体的、心理的和社会文化的诸因素

　　B. 刺激与应激之间还存在着许多中介因素

　　C. 长时间处于应激状态能击溃一个人的生物化学保护机制，使人的抵抗力降低，容易患心身疾病

　　D. 应激能激发人的交感神经兴奋，对人体没有一点危害

2. 关于应激状态的阶段，描述错误的是　　　　　　　　　　　　（　　）

A. 惊觉阶段　　　　B. 阻抗阶段　　　　C. 兴奋阶段　　　　D. 衰竭阶段

3. 能够减少应激事件对心理健康的不良影响并起到保护心理健康作用的因素主要有　　　　　　　　　　　　　　　　　　　　（　　）

　　A. 气质性乐观、社会支持　　　　　　B. 幽默感、积极的认知情绪调节策略

　　C. 外向性格、心理韧性　　　　　　　D. 以上都对

4. 关于SBAR标准化沟通模式，以下正确的是　　　　　　　　（　　）

　　A. S（situation现状），即老年人目前的情况，包括性别、年龄、病症、自理能力、睡眠、饮食、生活习惯等

　　B. B（background背景），包括老年人的婚姻状况、目前居住方式、职业、文化程度、子女状况、经济来源等

　　C. A（assessment评估），评估老年人存在的问题以及当前的心理状况；R（recommendation建议），对家属的建议和老年人入住后的适应（照护）计划

　　D. 以上都对

5. 对老年人心理护理的有效途径，以下表述正确的是　　　　　（　　）

　　A. 可以对老人使用指示性的语气　　　B. 多给老人一些鼓励和赞扬

　　C. 让老人自己主动开口　　　　　　　D. 不要让老人自己安排生活

二、判断题（将判断结果填入括号中，正确的填"√"，错误的填"×"）

1. 应激，亦称压力或紧张，指个体因危险的或出乎意料的外界情况的变化所引起的一种情绪状态。　　　　　　　　　　　　　　（　　）

2. 建立相互信赖的关系是和老年人进行有效沟通的首要环节。　（　　）

3. 面对应激事件时，应指导老人积极面对，帮助其进行积极的自我暗示，相信明天一切都会好。　　　　　　　　　　　　　　　（　　）

4. 尊重老年人，对于老年人出现的任何情绪和想法，都要支持。　（　　）

5. 老年人不会出现应激反应，应激事件的发生与疾病的发生、发展没有关系。　　　　　　　　　　　　　　　　　　　　　　　（　　）

子单元四 | 与处于精神疾患稳定期高龄人群沟通的策略

全国第六次人口普查结果显示，我国60岁及以上的老年人口达1.78亿，占总人口的13.26%，我国已进入老龄化社会。国际研究表明，精神疾患严重威胁老年人身心健康，其中，老年期痴呆和抑郁症的影响尤为显著。现代社会，由于人们生存的压力日渐增大，子女们无暇去更多地关注老年人的所思所想、所需所盼，也无暇去细心观察老年人的精神状态，对老年人常见的精神疾患更是所知甚少，对自己年迈的父母已经长时间患上老年期精神疾患无从知晓，更谈不上及时地去诊治。精神疾患已经成为常见的心理疾病，精神疾病患者一般来说存在较多的人际关系冲突和心理问题。本单元主要学习与处于精神疾患稳定期的高龄人群沟通的策略，以实现促进患者健康、预防疾病、恢复功能的目的。

🎯 学习目标

知识目标：知晓处于精神疾患稳定期高龄人群的症状表现；知晓精神疾患的影响因素。

技能目标：能有效应用沟通交流的策略，与处于精神疾患稳定期的老年人进行有效的沟通，消除他的不良情绪。

态度目标：在与精神疾患稳定期高龄人群沟通的过程中，需要耐心、细心，有爱心，语气要温柔，语速要缓慢，理解老年人的情绪感受，关爱老年人。

💬 情境导入

孙奶奶，71岁，于半年前出现失眠症状，有时整夜睡不着觉，食欲下降，情绪低落。自述脑子坏了，反应慢，什么也干不了，自己的病治不好了。孙奶奶经常自责，认为一家人都让她给拖累了，整天担心孩子及家人的生活，有时候坐立不安，心慌，口干，烦躁，易怒，看见什么都很烦。有时候也会自己打自己，打完后就不停地哭泣。早上的时候这些症状比较重，晚上的时候比较轻，表现稍微正常些。她经常觉得自己活着没有意思，曾企图上吊自杀。

孙奶奶以往身体较为健康，家族没有精神疾病或者痴呆病史。家人送她去医院检查，体格检查没有异常。精神检查结果：心境低落，对日常生活丧失信心，没有愉悦感，自觉联想困难。自述"脑子像木头一样"，有无用感，自我评价低，反复出现轻生的念头，并有自杀行为。心境低落表现为晨重夜轻，社会功能受损。初步诊断为抑郁症。孙奶奶当即入院，经过支持性心理治疗、认知行为治疗、人际治疗和药物治疗等，病情逐渐得到缓解。

请问，如果你是孙奶奶社区的工作人员，你会如何与孙奶奶进行沟通呢？

📖 问题讨论

①根据上述案例，分析孙奶奶出现了什么问题。

②老年抑郁症有哪些临床特征？

③孙奶奶患病的原因有哪些？

④针对处于精神疾患稳定期的高龄人群，我们应该如何有效地与他们展开沟通呢？

⑤与处于精神疾患稳定期的老年人进行沟通时，有哪些护理要点？

⑥应该如何帮助老年人预防精神心理疾病呢？

📅 **知识学习**

一、精神疾患的概述

（一）精神疾患的症状表现

随着社会老龄化的发展，老年性精神病发病率越来越高。精神疾病发病徐缓，病程漫长，稳定期与加重期交替发生，主要表现为思维破裂、情感障碍、幻觉妄想等症状，可导致突发行为改变，会突然出现自杀、自伤、冲动、出走、无自知力等精神症状。

1. 性格改变

性格变得与平时不一样了，比如表现出孤僻，不愿见人，常常发呆，独自发笑，悲观厌世，对人冷漠，对事物的兴趣降低，整天疑神疑鬼，情绪多变，对他人怀有敌意，无故发脾气或者紧张恐惧，长期回避社交和工作，等等。

2. 行为异常

行为方式变化明显或者变得让人不可理解了，比如长时间照镜子，整天不洗脸梳头，工作能力下降，睡眠日夜颠倒，走路爱靠墙根，穿着打扮怪异，不愿做家务，对人和事纠缠不清，整日卧床不起，好管闲事，无故摔或者砸毁物品，收藏杂物、脏东西等。

3. 言语异常

说话的方式方法变得不正常了，比如自己和自己说话，无故大吵大闹，满口脏话，与实际不存在的人对骂，爱说话的人变不爱说话了，或者不爱说话的人变爱说话了，说的话或者深奥难懂，或者不符合逻辑，或者前言不搭后语，爱提一些"耳朵为什么不会吃饭"之类荒唐的问题，说背后有人议论自己。

（二）精神疾患的影响因素

1. 精神刺激

诱发精神病的主要因素，包括天灾人祸、亲人亡故、失业穷困等，精神创伤和重大生活事件均可诱发精神病，心理负担重和心理应激多都可能是该病的诱发因素。

2. 个性及环境

部分精神病患者有特殊的个性，如孤僻、少言、怕羞、敏感、多疑、懒散、沉溺于幻想等，这种个性偏离正常者称为分裂样人格障碍。有人曾提出分裂样人格障碍很可能发展为精神病，所以说精神病与个性有一定关系。

3. 年龄

中年期，正是脑力和体力最充沛最活跃的时期，思维和情感的变化复杂，使人易在心理因素影响下发生妄想状态、抑郁状态或心身疾病等。不同的年龄可发生不同的精神疾病。儿童期，由于人整个精神发育和心理活动还未达到成熟阶段，处于幼稚情感和原始行为时期。偶可出现儿童期特有的症状或疾病，如行为障碍、神经症或精神分裂症等。老年前期或老年期，由于脑和躯体生理机能处于高龄衰老时期，如内分泌系统、神经系统、循环系统等会出现衰退或老化，所以老年前期易患焦虑、抑郁或偏执症等，老年期易发生阿尔茨海默病、脑动脉硬化性精神障碍等。

4. 在生理方面

主要有遗传因素及器质性因素，患病者的直系家属较普通人患病概率更高，尤其以孪生兄弟姐妹为最高；在器质性方面，研究发现患病者多有脑部功能失调及脑神经递质分泌异常等表现。

5. 在心理方面

长期或急剧的压力（如天灾人祸等生活事件）等心理因素，往往是精神病的诱因。

二、精神疾患稳定期的高龄人群的护理要点

精神病主要指人的大脑功能紊乱，不能控制自身行为的一种疾病。其主要表现为感觉、思维、情感、行为等方面的异常，因此使患者失去正常的生活方式，也不能适应各种生活环境，甚至会妨碍社会治安。

1. 安全护理

做好精神疾患高龄人群的安全管理工作。对精神疾患高龄人群要随时看管和照顾，并要关心、体贴，做好思想工作。不要在患者面前交头接耳，使患者产生猜疑，精神受刺激而导致发病。要严密观察患者发病的诱因和先兆（例如自言自语等）。一旦发现有发病可能，即要做好预防工作，可给予镇静药。对狂躁的精神疾患老人要跟随保护，及时藏好家中各种危险物品，防止其自伤和伤人。高龄精神疾病患者往往不相信自己患有精神病，大多数患者会拒绝治疗。因此，有些轻症患者可以在家中治疗，以减少对其过多的刺激。

2. 饮食护理

加强精神疾患高龄人群的饮食管理，适当给予营养丰富的饮食。对拒食者要劝其进食，对食欲旺盛者要适当限制，做到合理定量。食品要以质软易消化的为主，不要吃带骨刺的食物。同时，要防止患者吃得太快，产生误咽或呃逆。

3. 生活卫生

做好精神疾患高龄人群的个人卫生工作。有些精神疾患老人生活不能自理，家属应耐心协助，定期为老人洗澡、更衣和理发，帮助老人洗脸、漱口、梳头等。注意防止老人受凉，随着天气的变化，给老人适时加衣、盖被。被子要经常晾晒，室内空气要流通。定时诱导老人大、小便，并观察便形，掌握次数。

4. 心理护理

鼓励老人树立治疗疾病的信心，并促使其合群，与家属多接触、交谈，充分展示自己的思想。保持和睦的家庭气氛，尊重和理解精神疾患老人，给老人

以关心、鼓励、安慰，为他的某些病征做出解释，对他担心的事情提供保证。要多引导老人参加家庭的集体活动，做些手工及适当的家务劳动，以训练其技能，陶冶其情操。要随时观察了解老人的情绪，及时安慰并消除各种不良刺激，使其精神愉快。还可定时陪老人欣赏室内外花木，欣赏大自然风景，或外出散步，一同下棋，等等。总之，要适当满足老人的需要，消除其精神痛苦，以促使其身心健康发展。

5. 药物指导

要坚持给精神疾患老人服药。药物治疗是精神病的主要治疗方法，所以要保证药物按量服入。药物应由亲属保管，服药要有专人督促检查，每次服药后要检查口腔及指缝，以防其藏药或吐药，特别要注意防止病人蓄积药物后一次吞服自杀。服药后如出现头晕、口干、流涎、便秘等一般性反应，无须特殊处理；如出现双手震颤、坐立不安、动作迟缓、吞咽困难等，要去医院，医生会给予相应的处理。服药时间最好是中午饭后或晚上睡觉前，服药后要适当休息，最好不要外出。

6. 活动与睡眠

督促精神疾患老人参加活动，还应做一些简单轻微的劳动，这对改善患者症状、增进食欲、解除便秘和促进睡眠都有益处。睡眠属于保护性抑制过程，睡眠的好坏预示着病情的好坏。因此，要巩固治疗效果，就要保证精神疾患老人的睡眠，制订合理的作息时间，并按作息时间就寝，保持环境的安静，保持室内适当的温度与通风，睡前不进行有刺激性因素的谈话等。如精神疾患老人实在入睡困难，可给予适当的药物催眠。

7. 康复训练

指导老人进行康复训练。当精神疾患老人症状得以控制、自知力开始恢复时，要训练其自己管理自己的衣、食、住、行，传授一定的疾病治疗知识，指导他如何调整心态，平衡压力，教会他控制情绪和进行人际交往的方法，以促进其社会功能的恢复。

8. 健康教育

在健康教育的过程中，根据老人的文化水平、社会经济地位、民族、职业、健康问题和心理状态，给予有效的宣教。分析各种症状存在的原因、性质、表现形式，鼓励老人写心得体会，并帮助分析，以提高老人对精神疾病症状的认识能力，促进病患之间相互交流，以此发现和解决患者潜在的其他心理问题。对当事者采取的态度要表示赞同或不赞同，就问题的所在给予指导。因为许多疾病诱因都与心理问题有关，而心理问题的产生大多与人际关系处理不当有直接关系，因此在实施健康教育的过程中，不仅要与患者交流影响疾病的生物、物理、化学环境等因素，更要向患者说明影响疾病的心理因素，不同的人对心理冲突有不同的防御机制，如果不能应对就可能导致不同疾病的发生。

☕ 沟通环节

一、了解当事人的背景

孙奶奶，71岁，于半年前出现失眠症状，有时整夜睡不着觉，食欲下降，情绪低落。以往身体较为健康，家族没有精神疾病或者痴呆病史。体格检查没有异常。精神科检查结果：心境低落，对日常生活丧失信心，没有愉悦感，自觉联想困难。自述"脑子像木头一样"，有无用感，自我评价低，反复出现轻生的念头，并有自杀行为。心境低落表现为晨重夜轻，社会功能受损。初步诊断为抑郁症。孙奶奶的一系列症状是抑郁症的典型表现，现在经过治疗，已经处于稳定期。抑郁症是老年人比较常见的精神心理疾病，知道了详细的病情，就要采取有针对性的措施。

二、开展沟通工作

（1）建立相互信任的关系：与处于精神疾患稳定期的老人开始沟通时，要努力使其信任自己，如实告知老人病情，并且告诉老人自己会替他严格保密。同时，注意掌握倾听的策略，专心致志地听。在谈话的过程中，不随意打断老人的话，也不要着急做判断。当面对比较难抉择的问题时，保持中立，不与老人有过多的冲突。对于患者明显脱离现实的想法，不要试图去说服他，更不要同他争辩或嘲笑他，这样做不仅于事无补，而且会招致麻烦。

（2）学会语言表达的策略。①注意说话的策略，使用精神疾患稳定期的老人能懂得的语言交流，多使用正面语言比如安慰、鼓励、劝说、积极暗示、赞美等。讲话的态度要专注而亲切，即使对方看起来注意力分散，也不要忽视他。讲话要缓慢、平和，内容要简明。如果要向他提问题，或吩咐他做事，每次只能说一件事。一下子说好几件事，就会使他无所适从。经常用语言和行动来表现你对他的关怀，有时可以谈谈对童年生活的回忆，或许可以创造一个比较愉快的氛围。不论他在生活中取得了多么微小的进步，都应加以鼓励，借此重建患者的自尊和自信，尽量避免抱怨和责备。②注意问的策略，问题简单清楚，比较长的问题可以分解为几个小问题，少问"为什么"，避免封闭式问题。利用重述、归纳和澄清的方法。③注意引导话题延续，可以利用简单的字句"然后呢""请继续说下去"等。鼓励处于精神疾患稳定期的老人描述感受，比如幻觉、妄想等；鼓励他表达自己的喜怒哀乐；鼓励他多做比较，如"你以前有没有类似的经验""这两种遭遇有什么不同"。④其他策略，可以适当运用沉默，与处于精神疾患稳定期的老人合作分享。

（3）学会使用非言语沟通方式。非言语沟通方式具有加强语言、配合语言、实现反馈、传达情感的作用，包括眼神、语气、语调、手势、身体动作、面部表情和空间距离。注意学会观察患者的肢体语言，比如表情、眼神、行为等，同时注意软化自己的肢体语言。

（4）掌握与处于精神疾患稳定期的老人沟通的策略。处于精神疾患稳定期的老人面临回归社会，心理活动非常复杂，喜忧参半。喜的是即将与家人团聚，走向社会；忧的是担心社会偏见、社交活动不适应、工作问题、家人对自己的看法、疾病复发等。可采取个人和团体相结合的沟通方式，指导患者选择合适的途径，如找工作人员或病友交流思想，倾吐心中的不快，以减轻心中的压抑感；教会他们用脑卫生，规律生活，保证充足的睡眠和休息；积极参加文娱活动，白天应参加一些轻体力劳动，以体现自身的价值；夜间睡觉应避免过度兴奋，不看紧张、恐怖的电影，不阅读亲人的来信，不进行无休止的聊天，等等，以免引起大脑皮层兴奋，而导致睡眠障碍；向患者讲解相关精神卫生常识，掌握预防复发和巩固病情的要点；指导患者正确对待及处理生活中的事件，增强社会适应能力，注意人际调节；鼓励患者树立战胜疾病的信心，不要因为社会上的一些对精神病的偏见而自暴自弃，消除思想顾虑和自卑情绪，培养良好的性格，克服性格中的缺陷，如忧伤、悲观、失望等。

实训演练

周爷爷，74岁，退休在家。周爷爷以前是企业高层管理人员，家里有老伴、两个儿子、一个孙子、一个孙女，经济条件比较好，家庭关系也比较融洽。10年前退休后，周爷爷就开始早起打太极拳，和老人们一起下棋、聊天，照顾家里的孙子、孙女，养养花草，生活过得很充实。一年前，老伴身体不舒服，去医院检查确诊为乳腺癌，经过手术和化疗，老伴暂时没有生命危险。前不久，周爷爷的一位世交意外去世，这些突发事件让周爷爷感觉到生命的重要，也感觉到生命的脆弱。近段时间，周爷爷经常出现心慌气短、睡眠不佳、食欲下降等症状，担心自己是得了大病，到医院恳求医生给他开药吃，而且经常打电话给儿子，让他们回来陪自己，说如果不回来就可能见不到他了。周爷爷现在每天不仅担心老伴的病，还担心自己的身体，也担心儿子、儿媳、孙子、孙女的身体，每天紧张兮兮，吃不好饭、睡不好觉。经过家人的开导，仍然无法平复情绪，一直在担心中过日子。

请问，如果你是社区或者医院的工作人员，你会如何与周爷爷进行沟通呢？

📈 拓展学习

老年人容易出现心理精神疾病，常见的有以下几种。

（1）神经衰弱。

主要表现为精神易兴奋，控制不住，精力不足，情绪性疲劳，失眠，头痛，心悸等，病程可达数十年，症状可有间歇，病情容易反复。一般而言，老年人睡眠时间多在5～7小时之间，并常常有睡眠浅、早醒、多梦的现象。睡眠障碍是老年人神经衰弱最主要的表现。

（2）抑郁症。

老年抑郁症患者通常表现为情绪低落，对生活失去兴趣，日常生活没有愉悦感，睡眠不佳，慢性疼痛，记忆力减退，甚至持续产生死亡念头。老年人患上抑郁症是十分危险的，严重的甚至会导致老年人自杀。因此，老年人患上抑郁症之后要尽快寻求相关治疗，疏导不良情绪，消除或缓解抑郁症状。另外，家属要注意关心和保护患者，多了解抑郁症的相关知识，积极配合医生进行必要的治疗。

（3）焦虑症。

经常看到有些老年人心烦意乱，坐卧不安，有的为一点小事而提心吊胆，紧张恐惧。这种现象在心理学上叫作焦虑，严重者称为焦虑症患者。他们身体本无疾病，或仅有一点无伤大雅的小病，却担忧自己的病治不好，不断辗转各处求医问药，做各种化验检查，遍尝各种偏方；过分担忧家人的安全和健康；对某种治疗或药物过度依赖，甚至觉得离了它们就没有活下去的勇气。这种

"杞人忧天"式的恐惧担忧是焦虑症的核心症状,与现实处境不符的持续恐惧不安和忧心忡忡是其临床特点。

(4)疑病症。

疑病症是一种老年人常见的心理疾病,患者常怀疑自己患了某种躯体疾病,或是断定自己已经患了某种严重的疾病,感到十分烦恼,其烦恼的严重程度与患者的实际健康状况很不相称。患有疑病症的老年人性格上有一定的共性特点,例如敏感、多疑、易受暗示、孤僻、内向,对周围事物缺乏兴趣,对身体变化过度关注,以及过分自恋等。疑病症的发生,与老年人的过往经历也有一定关系,比如目睹亲友死于某种严重的疾病,医生不恰当的言语、态度、行为,等等。当然,疑病症也可能是抑郁症的先兆,或其确实潜伏着某种躯体疾病,需要加以排除。

(5)阿尔茨海默病。

据统计,65岁以上的老年人中有10%存在智力障碍,其中1/2可发生阿尔茨海默病。阿尔茨海默病主要表现为多种形式的认知功能减退,比如记忆力减退、语言功能障碍、定向力障碍、推理判断思维减退等。阿尔茨海默病的病因虽然未完全明确,但许多疾病如高血压、心脏病、糖尿病、高血脂、脑血管病等,对阿尔茨海默病的形成及病情加重都有影响,因此要积极预防这些疾病。还要注意对病人心理的护理。阿尔茨海默病常伴有情感、行为和精神障碍,应采取相应的心理护理措施,在积极进行药物治疗的同时,采取能增强记忆与认知功能的康复治疗手段。

那么,老年朋友应当怎样讲究心理卫生呢?

(1)要维持心理上的适度紧张。

过度紧张不利于身心健康,但没有适度紧张也不利于身心健康。怎样维持心理上的适度紧张呢?①必须树立生活目标,不断增强求新动机,保持心情愉快,满怀信心地去生活。②生活起居规律化,对自己决不姑息迁就。古语云:

"起居无节，半百而衰。"老年人都应引以为戒。③要做工作，而且要做自己乐意做又有数量质量要求的工作，在工作中体验人生的价值和意义。愉快的、适度紧张的活动可以帮助延缓衰老，益寿延年。正如孔子所说："发愤忘食，乐以忘忧，不知老之将至云尔。"④要参加力所能及的家务劳动，但不要过度操心家中大小事宜。尤其是儿孙满堂的老人更要注意这个问题。俗语云："有儿四十即先老，无儿八十正当年。"这很值得有的老年人深思。⑤坚持体育锻炼。体育锻炼不仅有利于保持身体健康，而且有助于维持心理上的适度紧张。

（2）加强自我调节，创造愉快心境。

①做情绪的主人，在生活中尽力培养积极情绪，尽力减少消极情绪的产生。"笑一笑，十年少；愁一愁，白了头"，这不无道理。②遇有矛盾挫折，主动尽快摆脱，不要钻牛角尖，不要任消极情绪折磨并摧残自己。要想到"利与身孰重"，要做到"转念冰解"。③加强积极的自我暗示，克服消极暗示。积极的自我暗示可以使人精神振奋，心情愉快，朝气蓬勃，有利于健康；消极暗示会使人疑神疑鬼，心神不安，情绪低落，精神萎靡，有害身心健康。比如说"我老了，记性不好了"，有了这个心理，记忆力就会越来越不好；"我老了，腿脚不灵了""我老了，头脑不清了""我老了，身体虚弱了"等，这些都会像紧箍咒一样把自己束缚得死死的，以致心境不佳，精神不爽，包袱沉重，危害健康。

（3）家庭和美，宽心相容。

老夫老妻更要相亲相爱，全家人应敬老爱幼，互相关心，互相爱护，亲密无间，团结和睦。

（4）重建新的人际关系。

要结识新朋友，心里有话能有处说。切不可囹圄斗室，深居简出。常言说，同龄相嬉，乐而忘老。

（5）趣味盎然。

可以养花、养鱼，可以书写、绘画，也可以定时收听广播，还可以从事一些有趣的体力劳动。这样可以填满生活时间，陶冶性情，调节神经系统，延缓衰老。

（6）"处病不惊"。

老年人生病同样要"既来之，则安之"，不可胡思乱想，防止自我消极暗示。除非必须住院治疗，一般不宜住院，应尽量在家治疗和调养。这样老人可以感到欣慰、安全，享受天伦之乐，有利于疾病康复。

（7）发挥社会支持系统的作用。

老年期是许多危机和应激因素集中的时期。如退休引起的原社会角色的丧失、收入减少、离开热爱的工作和熟悉的朋友、晚年丧偶、同龄亲友相继死亡、体弱多病等，都会给老人带来心情不安的感觉。这些因素会破坏老人的晚年幸福。因此，政府、社会、单位、邻里、家庭及亲友等，都应对老人给予关心、安慰、同情和支持，为老人建立起广泛的社会支持系统网，形成尊老、敬老的社会风气，满足老人的物质和精神需要。不断丰富老人的精神文化生活，为老人开辟娱乐场所，在报刊、电视、电台的节目中增添老人所喜爱的内容，指导老人过好晚年生活。

此外，还应加强老人的法律保护意识，强化相关的社会保险制度，为维护老人的合法权益，为其享受天伦之乐、欢度晚年提供社会保证。

🔧 能力测评

对于本次任务，可根据学生听课及与孙奶奶沟通交流的情况对学生开展测评。可从知识学习、技能要求和职业态度三个方面开展测评。

项目	测评标准		得分
知识学习(20分)	是否认真听老师讲课(5分)		
	听课过程中有无提出问题(5分)		
	能否回答老师提出的问题(10分)		
技能要求(50分)	模拟沟通是否恰当、规范(40分)	了解精神疾患的症状表现(5分) 知晓精神疾患的影响因素(5分) 与老人建立和谐融洽的关系,关爱老人(10分) 根据老年人的背景情况,选择合适的沟通交流方式(10分) 做好老年人的心理护理和生活指导(10分)	
	沟通过程中有无发现或者提出问题(5分)		
	注意沟通中的态度,保持微笑(5分)		
职业态度(30分)	与处于精神疾患稳定期的老人沟通时是否尊重老人,微笑面对老人(10分)		
	与处于精神疾患稳定期的老人沟通时语气是否温柔,语速是否适中,吐字是否清晰(10分)		
	面对处于精神疾患稳定期的高龄人群时,工作态度是否积极真诚(10分)		
总分(100分)			

课后练习题

一、选择题（选择一个正确的答案，并将相应的字母填入题内的括号中）

1. 关于精神疾患的临床表现，描述错误的是　　　　　　　　（　　）

   A. 思维破裂　　　　B. 情感障碍　　　　C. 幻觉妄想　　　　D. 积极乐观

2. 关于精神疾患的影响因素，描述正确的是　　　　　　　　（　　）

   A. 精神刺激　　　　　　　　　　　　B. 个性及环境

   C. 年龄、生理因素　　　　　　　　　D. 以上都对

3. 对处于精神疾患稳定期的老人的安全护理，描述错误的是　（　　）

   A. 不要在老人面前交头接耳，使老人产生猜疑，精神受刺激而导致发病

   B. 严密观察发病的诱因和先兆（例如自言自语等），一旦发现有发病可

能，即要做好预防工作，可给予镇静药

  C. 对于狂躁的老人不需要跟随保护，也不用藏好家中各种危险物品，因为他们不会自伤和伤人

  D. 有些轻型的精神病可以在家中治疗，以减少对老人的过多刺激

4. 以下不属于老年人的心理精神疾病的是 （ ）

  A. 神经衰弱   B. 抑郁症   C. 焦虑症   D. 高血压

5. 与处于精神疾患稳定期的老人沟通时，以下表述正确的是 （ ）

  A. 与处于精神疾患稳定期的老人开始沟通时，要努力使其信任自己

  B. 懂得语言交流策略，使用美好语言比如安慰、鼓励、劝说、积极暗示、赞美等

  C. 注意引导话题延续，可以利用简单的字句"然后呢""请继续说下去"等

  D. 以上都对

二、判断题（将判断结果填入括号中，正确的填"√"，错误的填"×"）

1. 精神疾患严重威胁老年人的身心健康，尤其是老年期痴呆和抑郁症，已经成为常见的心理疾病。 （ ）

2. 抑郁症表现为心境低落，对日常生活丧失信心，没有愉悦感，自觉联想困难，晨重夜轻，社会功能受损。 （ ）

3. 处于精神疾患稳定期的老人往往相信自己患有精神病，大多数都会配合治疗。 （ ）

4. 保持和睦的家庭气氛，尊重和理解精神疾患老人，给精神疾患老人以关心、鼓励、安慰，为他的某些病征做出解释，对他担心的事情提供保证。

                     （ ）

5. 与处于精神疾患稳定期的老人沟通时，问题要简单清楚，可以问比较长的问题，多问"为什么"，使用封闭式问题。 （ ）

学习单元八

与高龄临终人群沟通的策略

临终阶段是指在当前医学技术水平条件下治愈无望，生命活动即将终结的持续阶段。临终是每个老年人都将经历的特殊阶段，通过了解高龄临终人群的敏感性话题，学会应用相应的沟通策略，有利于我们为临终老人提供优质服务、帮助其有质量地、有尊严地、顺利地度过生命的最后一个阶段。本单元主要介绍与高龄临终人群沟通的相关知识和策略。

子单元一 | **了解高龄临终人群的敏感性话题**

在临终阶段，"死亡"是老年人最敏感的话题。面对"死亡"话题，老年人一般会经历否认、愤怒、协议、忧郁和接受五个阶段的心理反应。作为养老服务工作者，学习面对"死亡"话题时临终老年人的心理状态是必修的功课，有利于更好地为临终老年人开展服务工作。

🎯 学习目标

知识目标：知道常见高龄临终人群的敏感话题；知道面对"死亡"话题时老年人的心理反应。

技能目标：能够判断老人在临终五个阶段的心理反应；掌握临终阶段老年

人不同心理阶段的表现。

态度目标：在与高龄临终人群的沟通过程中，具备耐心、细心、体贴的情感，尊重敬重老年人，与老年人真诚地沟通。

💬 情境导入

张爷爷，72岁，胃痛十余年，反复发作，半年前确诊为胃癌晚期。张爷爷的家人担心他接受不了打击，一直未将真实病情告知张爷爷。一次偶然的机会，张爷爷在医生办公室外听到关于自己的真实病情，在反复求证家人和医生，确认自己得了晚期胃癌后，在思想、精神上都受到了巨大的打击。一向温文尔雅、待人有礼的张爷爷突然像变了一个人，总对家人及医务人员发脾气，甚至故意为难医务人员。眼见治疗效果不佳，张爷爷还产生了拒绝治疗和自杀的念头，他经常和同病房的病友说："活着只能拖累家人，没有希望不如死了算了。"

📖 问题讨论

①对张爷爷而言，敏感的话题可能是什么？

②高龄临终人群面对死亡一般会经历哪几个阶段的心理反应？

③高龄临终人群面对死亡时，在各个心理阶段会出现怎样的表现？

④张爷爷在得知真实病情后，有哪些典型的表现？

📅 知识学习

一、高龄临终人群的敏感话题

死亡是人及生物生命的停止，是人生旅途中不可避免、不可逆转的生物学现象。在中国，受到传统文化的影响，死亡一直是个敏感的话题。然而，死亡教育的缺乏，让人们不知道如何参悟生命、珍惜生命、保护生命，尤其是面对死亡。高龄临终人群在面对死亡时往往会面临着"生命意义""人生遗愿"等话题，对亲人的眷恋、对死亡的恐惧、对生命的依恋也成为高龄临终人群面临的敏感话题。

二、高龄临终人群五个阶段的心理反应

在临终阶段，老年人一般会经历否认、愤怒、协议、忧郁和接受五个阶段的心理反应。这五个阶段并不是完全独立的，它们可能是相互交叉或重叠的，但恐惧、忧虑、痛苦、苦闷却是贯穿始终的。

（一）否认期

大多数老年人在得知自己身患重病，比如癌症晚期时的第一反应是拒绝接受事实。他们会说："不可能是真的，肯定是搞错了！"在心理上表现为焦虑、矛盾，行为上表现为反复求医。由于对即将到来的死亡感到极度恐惧，他们往往无法理智、客观地认识和对待自身病情，无法正确地处理与疾病相关的问题。从某种程度上来说，否认是一种心理防卫机制，它可减少不良信息对病人的刺激，否认期是心理反应的第一阶段。对于此阶段老人，工作人员不应揭穿其防卫心理，应认真倾听老人的诉求，坦诚地回答老人的问题，使其感受到温暖和关怀。

（二）愤怒期

在反复求证依然得到同一结果后，临终老人的心理由焦虑、矛盾转变为愤怒、不平。"为什么别人都是好好的，上天不公平！"他们往往将愤怒的情绪向医务人员、家人、朋友等接近他的人发泄，开始变得无理取闹。对处于愤怒期的临终老人，工作人员要抱着宽容、理解、关爱的心态，尽可能地安抚和疏导，提供时间和空间让老人发泄内心的痛苦和不满，并做好家属的工作。

（三）协议期

经过否认期和愤怒期的内心挣扎后，虽然害怕死亡，但老人开始接受临终

事实。此期间老人变得和善，积极配合治疗，希望能延长自己的生命。有的会说："只要能延长我的生命，我愿意把所有的财产捐献给医院。"讨价还价的行为是基于延缓死亡的心理企图，也是出于人类求生的本能。对处于协议期的老人，应尽可能地满足他的需要，使老人能更积极地配合治疗，减轻他的痛苦，控制病情。

（四）忧郁期

此期老人情绪最为消沉。在经过一段时间的治疗后，患者发现治疗效果并不理想，病情反而逐渐加重，身体功能不断减弱，心情变得愈加忧郁，出现悲伤、情绪低落、沉默、哭泣等反应。对处于忧郁期的老人，工作人员要多多给予鼓励和支持，倾听他们的感受，尽量使患者感到舒适，增加其希望感。同时，要严防老人出现自杀的行为，尽量让家属陪伴在身旁，注意安全。

（五）接受期

此期为心理反应的最后阶段。老人已逐渐接受即将面临死亡的事实："我累了，操劳了一生，现在该休息了，也需要休息了。"他们喜欢独处，情绪变得平和，对外界变化变得淡漠，睡眠时间增加。哲学家提出，这种心境的变化，是生命最后阶段的"成长"，是人的生命即将跨入死亡门槛时的最后一次升华。这个阶段，临终老人常常会回忆往事、亲友，静等死亡的到来。对处于接受期的老人，工作人员要为其营造安静、整洁、舒适的环境，帮助老人完成未竟的心愿，让老人在平静、平和的心境中走完人生最后的旅程。

沟通环节

根据情境导入的案例，判断张爷爷得知身患重病后经历了哪些心理阶段？目前处于哪个心理阶段？

根据案例介绍，张爷爷在得知自己患了晚期胃癌后，第一反应就是反复地求证医生和家人，从心理上是拒绝接受事实的，是心理防卫机制在起作用，也是否认期的表现；而性格的转变，表现为总对家人及医务人员发脾气，甚至故意为难医务人员，则是进入愤怒期的行为表现；在接受一段时间的治疗，经历短暂的协议期后，眼见治疗效果不佳，张爷爷开始产生了拒绝治疗和自杀的念头，正是典型的忧郁期的表现。综上所述，张爷爷经历了否认、愤怒、协议、忧郁四个心理阶段，目前处于忧郁期。

实训演练

汪奶奶，67岁，未婚未育，入住某养老机构已有3年。近日出现腹胀、乏力、食欲低下、消瘦等表现，医院检查后诊断为肝癌晚期。汪奶奶不肯相信，觉得自己不可能是晚期肝癌，认为肯定是医院搞错了，不愿接受治疗。

请思考：

①判断汪奶奶在面对死亡时的心理状态如何？目前处于哪个阶段？

②作为养老机构的工作人员，应如何对待汪奶奶？

拓展学习

一、临终关怀的定义

临终关怀指的是对生存时间有限（6个月或更少）的患者进行灵性关怀，并辅以适当的医院或家庭的医疗及护理措施，以减轻其疾病的症状、延缓疾病的发展。临终关怀的目标是提高患者的生命质量，同时帮助患者家属减轻一定的压力。

二、临终关怀的内容

（一）临终照护

临终照护包括对临终老人进行生理、心理和社会等方面的照护，以及为其家属提供帮助，包括为临终老人提供治疗和护理、殡丧服务等。

（二）死亡教育

死亡教育的任务是帮助临终老人正确面对死亡，树立科学、健康的生死观，理解生与死是人类自然生命历程的必然组成部分，缓解老人对死亡的恐惧。

（三）其他

临终关怀的内容还有临终关怀机构所采用的医疗体系、临终医疗护理原则、临终关怀机构的管理、临终关怀的研究与实践、临终关怀工作人员的组成与培训、临终关怀与其他学科的关系、临终关怀与社会发展的关系等。

三、临终关怀的意义

（一）提高生存质量，维护生命尊严

延长生存时间不是临终关怀的主要目的，其宗旨是提高临终者的生存质量。通过为临终老人提供心理上的安慰和支持，减少和解除其躯体上的痛苦，维护生命尊严，使老人能平静、舒适地抵达人生的终点。

（二）节省医疗费用，减少资源浪费

对于身患不治之症的老人而言，接受临终关怀服务可以减少大量的医疗费用。同时，开设专业的临终关怀机构或部门能够提高医院床位利用率，减少医疗资源的浪费。

（三）转变传统观念，体现人道主义

开展死亡教育使临终者转变对死亡的传统观念，正视死亡是生命过程的一部分，从而坦然面对死亡。另外，尽管医疗措施可以在一定程度上延长临终者的生命，但同时也给老人带来极大的心理和生理痛苦。临终关怀更多关注临终老人的生存质量，而非生存时间，这是人道主义的体现。

🔍 能力测评

对于本次任务，可根据学生听课及模拟与张爷爷沟通的情况对学生开展测评。可从知识学习、技能要求和职业态度三个方面开展测评。

项目	测评标准		得分
知识学习(20分)	是否认真听老师讲课(5分)		
	听课过程中有无提出问题(5分)		
	能否回答老师提出的问题(10分)		
技能要求(50分)	模拟沟通是否恰当、规范(40分)	事先准备是否充分(了解临终老人的背景情况)(10分)	
		是否确认需求(分析临终老人目前处于什么心理阶段)(10分)	
		阐述观点是否合理(消除临终老人的顾虑)(15分) 共同实施(开展后续工作)(5分)	
	沟通过程中有无发现或者提出问题(5分)		
	跟同学、老师是否有互动(5分)		
职业态度(30分)	沟通时是否尊重老人，微笑面对老人(10分)		
	与老人沟通时语气是否温柔，语速是否适中，吐字是否清晰(10分)		
	是否能进行有效的沟通,达到沟通的目的(10分)		
总分(100分)			

📱 课后练习题

一、选择题（选择一个正确的答案，并将相应的字母填入题内的括号中）

1. 临终老人最敏感的话题是 （   ）

    A. 经济问题   B. 人生遗愿   C. 死亡话题   D. 家人关系

2. 临终第一个心理阶段是 （   ）

    A. 否认期   B. 忧郁期   C. 愤怒期   D. 协议期

3. 临终老人感到"为什么是我？"是处于临终心理活动的 （   ）

    A. 否认期   B. 忧郁期   C. 愤怒期   D. 协议期

4. 面对死亡，有的老人会说："只要能延长我的生命，我愿意把所有的财产
   捐献给医院。"这是处于心理活动的 （ ）

   A. 否认期 　　　 B. 忧郁期 　　　 C. 愤怒期 　　　 D. 协议期

5. 对处于协议期的老人，工作人员的主要任务是 （ ）

   A. 满足患者的需求 　　　　　 B. 做好倾听者的角色

   C. 帮助其完成心愿 　　　　　 D. 安抚和疏导

二、判断题（将判断结果填入括号中，正确的填"✓"，错误的填"×"）

1. 高龄临终人群五个阶段的心理反应是相互独立的。 （ ）

2. "接受期"是生命最后阶段的"成长"，是人的生命即将跨入死亡门槛时
   的最后一次升华。 （ ）

3. 处于接受期的临终老年人通常会说"好吧，既然是我，那就面对吧"之
   类的话语。 （ ）

4. 对临终老年人进行心理关怀的最重要意义是延长他们的生命。 （ ）

5. 死亡是人及生物生命的停止，是人生旅途中不可避免、不可逆转的生物
   学现象。 （ ）

子单元二 │ 与高龄临终人群沟通对话的策略

尽管每个临终老人的生理状况、心理需求都不尽相同，但还是有其共同点：都渴望在人生的最后一个阶段获得精神上的支持、心理上的慰藉、躯体上的安抚，希望能够平静地、有尊严地离开人世。良好的沟通是临终关怀的关键环节，养老服务工作者应学习与掌握相应的沟通策略，提升对高龄临终人群的服务质量和水平。

🎯 学习目标

知识目标：知道高龄临终人群的语言表达与非语言表达的特点；知道与高龄临终人群沟通的三个环节；知道与高龄临终人群沟通的基本原则。

技能目标：能够运用相应的沟通策略展开与高龄临终人群的沟通；能够对高龄临终人群的不良情绪进行疏导。

态度目标：具备关怀、体贴、细心的情感，尊重临终老人，使其能够平静、祥和、舒适、有尊严地离开人世。

💬 情境导入

杨奶奶，82岁，因脑梗死后遗症卧床在家五年，半年前并发多器官衰竭，在医院治疗效果不佳，病情未能得到控制。近日，杨奶奶的身体机能明显下降，医生告诉其子女，杨奶奶已处于生命的最后阶段，当前治疗只能暂时减缓痛苦，使她尽量感到舒适。子女由于工作太忙，白天请了一名护工在医院陪护杨奶奶，晚上由三个子女轮流陪伴她。杨奶奶自知身体状况已经很难好转，心情变得愈加忧郁，很长时间都不主动开口说话，护士小张经常能看到杨奶奶在一个人默默哭泣。

有一天，小张在为杨奶奶护理时，又见到老人痛苦的表情。她不知道哪来的勇气，对杨奶奶说："杨奶奶，您的子女都比较忙，白天您在医院里会感觉到孤单吧？我会多陪陪您，给您吸氧，让您能舒服点。我们会一直陪伴在您身边，不会让您孤单的。"没想到，听完小张的话，杨奶奶的情绪稳定了。接下来，小张只要值班都会和杨奶奶聊上几句，会问："您有什么心愿吗？您想回家吗？"

一周前杨奶奶主动要求出院回家。她表情平静，出院前在家属的陪伴下，还特意来和小张道谢。小张知道，杨奶奶已经做好了走向人生终点的准备。

📖 问题讨论

①分析杨奶奶面对疾病时的心理反应。

②评价小张与杨奶奶的沟通效果如何？

③面对"死亡"话题，应该如何对老年人进行有效疏导？

④与临终老人沟通的基本原则有哪些？

📅 知识学习

一、高龄临终人群的语言表达与非语言表达的特点

对于高龄临终人群而言，由于身体各方面机能都处于一个极速衰退的阶段，他们往往体力虚弱、身体衰竭。因此，他们也无法像一般人一样清楚、顺畅地表达自己的想法。在语言表达上，临终老人大多声音低沉、语速缓慢，语言时断时续，甚至语无伦次，需要的时候养老服务工作者可借助书面交流的方式与临终老人进行沟通。

此外，有的老人可能已经丧失了语言表达的能力，需要通过非语言行为，如眼神、表情、姿势、体态等动作来表达内心的需求。

视觉沟通：主要指与临终老人沟通时的眼神、目光、表情等。

听觉沟通：这里主要指音乐沟通，透过不同类型的音乐表达感情。

触觉沟通：通过与临终老年人的恰当接触，运用姿势与体态，如触摸来达到沟通效果。

倾听和关注：倾听和关注是通过非语言行为表达肯定和积极情感的交流方式。其能够真实、深切地表达尊重和关怀的态度，在与高龄临终人群的沟通中起到至关重要的作用。

二、与高龄临终人群沟通的基本环节

养老服务工作者通过与高龄临终人群的沟通一方面可缓解老人内心的痛苦和不安，有利于死亡教育的开展；另一方面也是社会福祉和关爱的体现。与高龄临终人群的沟通可分为三个环节。

（一）准备阶段

确定沟通地点和参与沟通的对象；了解临终老人已经知道的信息和想要了解的信息；鼓励有能力的临终老人一同参与拟定议程。

（二）实施阶段

就共同协商的议题展开沟通，议题可包括病情诊断、诊疗计划、各方面支持、死亡教育的内容、人生遗愿等。在整个沟通过程中，养老服务工作者的语言应尽量通俗易懂，注意了解老人接受信息的程度，倾听老人的意见和需求，并做出及时的反应。

（三）总结阶段

在一次沟通结束后，养老服务工作者应及时对此次沟通进行总结和评价。若在沟通中存在不尽如人意的地方，如开展死亡教育后老年人不能完全理解，则需要找出原因、调整方案，寻找合适的时机再做沟通。

三、与高龄临终人群沟通的基本原则

（一）尊重原则

在临终阶段，除了身体的舒适，老年人更需要的是心理的安宁和尊严感的获得。因此在服务过程中，工作人员应以热情的态度无条件接纳老人，尊重老人的宗教信仰、风俗习惯、心愿和临终遗言等，不应强求他们做任何自己不愿意做的事情。

（二）倾听原则

倾听可以传递出工作人员对临终老人积极关注的态度，恰当的表情、眼神、手势以及身体的接触，可以起到安抚老年人的作用。在沟通过程中，养老服务工作者要选择合适的位置，身体微微前倾或俯身倾听，使老人感受到工作人员对他的尊重。

（三）同理心原则

同理心原则就是将自己摆在临终老人的位置上，设身处地地体验、理解他们的内心世界，形成彼此之间的共同感受。当临终老人在表达他们的想法时，工作人员要跟随老人的思路去倾听他们的话语，听完后再委婉地表达自己的看法。另外，工作人员也可以多提些开放式问题，比如："您今天感觉怎么样？""您能谈谈这两天的感受吗？"

（四）积极关注原则

工作人员应以积极的态度对待临终老人，挖掘他们身上的积极点，并将这些积极点告诉老人，促进临终老人的心态发生积极的转变。

☕ 沟通环节

（1）建立支持性的沟通环境：工作人员首先应树立正确的死亡观，避免将自己的负面情绪传播给临终老人。在沟通过程中以临终老人为主导，诱导其说

出其恐惧，从而帮助其解决问题。

（2）怀着坦诚而开放的态度：当临终老人准备好要谈论"死亡"话题时，工作人员应以不躲避、不退缩的态度共同参与讨论。事实上，有关死亡的很多问题没有标准答案，工作人员也未必都有能力回答，但重要的是通过语言表达给予临终老人适度的支持与希望，但切忌给予过度支持或完全绝望的回应。有关病情真相，需要谨慎平衡老人、家属及医生的建议。

（3）采取主动而敏锐的倾听：在倾听的过程中了解临终老人对死亡的看法，协助其分析潜在的担心与焦虑之所在，如害怕与所爱的人分开、担心成为家人的负担等。工作人员在倾听的过程中一方面给予老人适当宣泄情绪、表达困扰的机会，另一方面也可使老年人感受到爱与关怀。

（4）给予家属理解和支持：临终关怀的对象除了临终老人，也包括其家属。工作人员要理解临终老人家属的心理活动，帮助他们从痛苦中解脱出来，动员家属多探视与陪伴临终老人，使他们支持临终老人的护理工作。

实训演练

桑奶奶，72岁，已到了乳腺癌晚期，眼看生命即将走向终点，她非常沮丧。有一次，她对护理自己的小丽抱怨："我的命真苦啊！"小丽告诉她："桑奶奶，在我看来您的命真好！"桑奶奶不敢相信，瞪大眼睛看着小丽。小丽不紧不慢地说："您的老伴对您真好，对您的照顾无微不至。您还有一双孝顺的子女，天天来医院陪您。您的孙子乖巧可爱，真的很幸福！"

听完小丽的话，桑奶奶露出了满意的笑容："你说的也是，我的一生儿女双全，他们都很孝顺。老伴对我也很好，现在家里后继有人，我也算对得起桑家，死而无憾了！"

请思考：

①小丽与桑奶奶的沟通效果如何？

②小丽与桑奶奶的沟通对你有什么启发？

📈 拓展学习

生命回顾（life review）是 Bulter 于 1963 年提出的，也称为怀旧治疗、回顾治疗、记忆治疗、生命回忆等。最初是用于探讨老人喜爱的回忆来做临终关怀的治疗，从正向的角度去诠释旧经验，通过将生命各个片断整合在一起，重新赋予其意义，调节其心理平衡。在临终阶段，老人往往会不自觉地对自己的一生进行回忆，从中体味人生的酸甜苦辣。比如，临终老人可通过回忆过去的丰功伟绩，并将这些成就分享给其他人，从而产生一种此生无憾的情感；通过回忆真挚的亲情、甜蜜的爱情、真诚的友情获得精神、心理上的满足；有的老人在回忆中会涌现出一些痛苦的经历，虽然痛苦经历的回忆会激发临终者的怨恨与怒气，但宣泄后他们往往会感到心平气和等。工作人员可借助生命回顾的理念，引导其思考，用心去感受过去、现在与未来，帮助临终老人重新体验和挖掘生命的意义，使他们的心境平和下来。

🔍 能力测评

对于本次任务，可根据学生听课及模拟与杨奶奶沟通的情况对学生开展测评。可从知识学习、技能要求和职业态度三个方面开展测评。

项目	测评标准		得分
知识学习（20分）	是否认真听老师讲课（5分）		
	听课过程中有无提出问题（5分）		
	能否回答老师提出的问题（10分）		
技能要求（50分）	模拟沟通是否恰当、规范（40分）	事先准备是否充分（了解老年人的背景情况和心理状态）（10分）	
		是否运用沟通策略（把握临终老人的语言表达与非语言表达的特点）（10分）	
		阐述观点是否合理（消除临终老人的顾虑）（15分）	
		共同实施（开展后续工作）（5分）	
	沟通过程中有无发现或者提出问题（5分）		
	跟同学、老师是否有互动（5分）		
职业态度（30分）	沟通时是否尊重老人，微笑面对老人（10分）		
	与老人沟通时语气是否温柔，语速是否适中，吐字是否清晰（10分）		
	是否能进行有效的沟通，达到沟通的目的（10分）		
总分（100分）			

课后练习题

一、选择题（选择一个正确的答案，并将相应的字母填入题内的括号中）

1. 非语言行为不包括   （   ）

    A. 视觉沟通   B. 听觉沟通   C. 触觉沟通   D. 书写沟通

2. 与高龄临终人群沟通的基本阶段包括   （   ）

    A. 准备阶段   B. 实施阶段   C. 总结阶段   D. 以上都是

3. 与临终老人沟通的第一步通常是   （   ）

    A. 问清楚老人的问题   B. 建立良好的沟通关系

    C. 合理表达对老人的劝告   D. 合理表达对家属的劝告

4. 与临终老人沟通时工作人员要注意   （   ）

    A. 仰视对方   B. 多问开放式问题

    C. 沟通时简短利落、要快   D. 始终与临终老人的态度保持一致

5. 工作人员面对临终老人的家属要　　　　　　　　　　　　（　　）

　　A. 尽量避免谈及死亡话题　　　　　　B. 禁止家属宣泄痛苦的情绪

　　C. 满足家属照顾病人的需要　　　　　　D. 以上都不对

二、判断题（将判断结果填入括号中，正确的填"√"，错误的填"×"）

1. 与临终老人沟通的原则包括尊重原则、倾听原则、同理心原则和真诚
原则。　　　　　　　　　　　　　　　　　　　　　　　　　　　　（　　）

2. 面对"死亡"话题，对处于忧郁期的老年人，工作人员要多多给予鼓励
和支持，倾听他们的感受，尽量使老人感到舒适，增加其希望感。

（　　）

3. 在语言表达上，临终老人大多声音低沉、语速缓慢，甚至语无伦次。

（　　）

4. 与临终老人沟通时要注意抬头、挺胸、目视前方，积极表达，鼓励老人
发言。　　　　　　　　　　　　　　　　　　　　　　　　　　　　（　　）

5. 临终关怀的对象除了临终者，还包括其家属。工作人员与家属沟通时要
尊重家属的知情权，理解家属的痛苦心理，鼓励家属表达内心的感受。

（　　）

学习单元九

与其他高龄人群沟通的策略

在本单元中，我们将学习如何与患有睡眠障碍、一般疾患和刚退休、绝食的高龄人群进行沟通。

子单元一 | **与有睡眠障碍的高龄人群沟通的策略**

> 威胁高龄人群的健康问题较多，睡眠障碍是高龄人群常见的疾病之一，长期的睡眠障碍会影响高龄人群的身体与精神健康，进而影响其生活质量。

学习目标

知识目标：了解睡眠障碍；了解高龄人群睡眠问题的类型。

技能目标：能够与有睡眠障碍的高龄人群进行有效沟通；能帮助高龄人群尽量消除由睡眠问题带来的不良影响。

态度目标：培养学生的同理心、爱心、耐心。

情境导入

王奶奶，75岁，高血压病史15年，入住养老院两个星期左右，脑出血导致身体偏瘫。她神志清楚，精神差，右侧肢体活动不便，可坐轮椅。王奶奶来后不久，就出现了无法正常睡眠的问题。疗养院的工作人员发现刚来不久的王奶奶精神一直萎靡不振，无法正常入睡，同时脾气变得十分暴躁，不能与同屋老人进行良好沟通，也会谩骂工作人员。仅仅一段时间后，便没有人再愿意跟王奶奶交流，同时工作人员也不乐意照顾她，大家都认为与王奶奶很难相处。

问题讨论

①睡眠的功能有哪些？

②影响高龄人群睡眠的因素有哪些？

③高龄人群睡眠障碍的类型有哪几种？

④在本案例中，王奶奶脾气为什么变得十分暴躁？

⑤在本案例中，如果你是工作人员，你会如何与王奶奶沟通？

知识学习

一、睡眠障碍的基本含义

睡眠是高等脊椎动物周期性出现的一种自发的和可逆的静息状态，表现为机体对外界刺激的反应性降低和意识的暂时中断。睡眠可以消除疲劳，恢复体力；保护人脑，恢复精力；增强免疫，康复机体；促进发育；延缓衰老，促进长寿；保护人的心理健康；美容皮肤；等等。

睡眠障碍指各种原因引起睡眠觉醒的节律紊乱，导致睡眠质量异常及睡眠中行为异常而形成的临床综合征。有睡眠障碍的人会疲劳、头昏、精神不振、全身乏力等，严重影响患者的社会功能。

二、高龄人群的睡眠特点

（1）高龄人群睡眠时间每天只需6～7小时，午睡时间不需要太多，30分钟至 1 小时足够。也有的老年人全天只需要 5～6 小时睡眠时间就足够。

（2）老年人睡眠时入睡期延长、熟睡期缩短，睡眠时间也就缩短，所以老年人熟睡时间短，醒得早。

（3）老年人肌体组织处于老化趋势，产生和维持睡眠的能力下降，经常睡眠中断，导致多次早醒，得不到充足的睡眠。

三、高龄人群睡眠障碍的主要类型

（一）入睡困难

在床上躺了将近一个小时也没有入睡，或者越想睡反而越清醒，越睡不着越焦虑，如此反复，而且持续好几天。

（二）睡眠中断

睡眠的过程中常常醒来，被意外的声音惊醒，或者做了噩梦而被中断，甚至夜醒几次，睡得浅，没有熟睡的感觉。

（三）多梦

夜里经常做梦，醒来时一般不记得究竟做的什么梦，不留记忆，或者会有断断续续不完整的记忆。

（四）昼夜节律性

昼夜周期是有规律的运转，与日常生活节奏相吻合，当已形成的生物钟规律被某些因素干扰时，会不能适应，就发生昼夜节律性睡眠障碍，如海外旅游者不能适应时间差等。

（五）彻夜不眠

因某种原因，心情受到打击，而整夜不入眠，也会出现整夜迷迷糊糊，眼睛闭着，能听到外界的声响，虽是躺在床上，但意识却很清醒的情况。

四、影响睡眠的因素

（一）生理因素

随着年龄的增长，身体中的各项机能会发生不同程度的改变，这些改变均有可能影响人的睡眠。一般人年龄越大，睡眠时间越短。老年人平均每天睡6～7小时。在高速跨几个时区的旅行（时差反应）及由白天工作改夜间工作的情况下，由于体内生物钟尚未适应新的昼夜节律，也容易使人失眠。

（二）病理因素

疾病及身体不适会影响睡眠，包括许多老年病，如脑动脉硬化、心脏病及夜尿频繁等；也包括睡眠伴随症，如睡眠时呼吸暂停综合征、四肢痉挛、夜惊症等。抑郁症病人会出现睡眠过多的情况，甲亢病人常常失眠多梦，很多疾病均会引起睡眠障碍。

（三）环境因素

陌生的环境，卧室内、外有噪声，温度、湿度不适宜，光线强而刺眼，卧具不舒适，空气污浊，等等。

（四）家庭因素

家庭因素有离异或丧偶、退休、无子女、失去亲人等。这些不良生活事件致使老人长期孤独、寂寞、悲观、失望，因此也是导致睡眠障碍的因素。

（五）饮食与药物

饥饿和过饱会干扰睡眠，浓茶、咖啡等也会影响睡眠，服用具有兴奋性的药物同样也会影响睡眠。

（六）心理精神因素

不良情绪或者情绪过于激烈会影响睡眠，如恐惧、悲哀、喜悦、抑郁或急剧性情绪变化、激动等。老年焦虑症易引起以入睡困难为特征的睡眠障碍；抑郁症则以早睡为特征。

（七）不良睡眠行为

包括由于不良的生活方式引起的睡眠无规律，如白天活动得少、白天睡得多或者午睡睡得多；睡眠姿势不合适、爱穿紧身的内衣；睡前饮酒或打扫居室卫生；等等。

☕ 沟通环节

如果你是老年服务工作人员，你会如何与王奶奶沟通？下面将介绍与患有睡眠障碍的高龄人群沟通的策略。

一、了解当事人的背景资料

王奶奶刚刚住进养老院，与自己家人分离，脱离自己熟悉的环境，并且不能及时适应新的环境，导致产生强烈的孤独感和失落感。养老院里的老人众多，大家居住在一个环境中，打破了王奶奶的生活习惯，也会影响到王奶奶的睡眠质量。在养老院中面对养老院的工作人员时，王奶奶内心排斥，认为他们并不是真心在为自己服务，并不乐意照顾自己，而仅仅是为了完成自己的工作。同时，王奶奶由于脑出血而行动不便，突然的发病，让她以为自己可能会随时离开人世，恐惧、悲观的情绪非常明显，因此出现脾气暴躁的情况。那么，当工作人员了解了王奶奶的基本背景情况之后，该如何进行有效沟通，避免问题日趋严重呢？

二、与当事人进行沟通

（一）言语沟通

1. 与家人沟通，增进亲情

高龄人群大部分是由于子女工作繁忙，无法照顾好他们，同时子女又希望他们能够有一个更好的晚年生活，所以才会被送到养老院。但是子女的角色是无法被替代的，所以工作人员需要跟王奶奶的家人进行沟通，提醒他们要多给王奶奶打电话，多来养老院看望她，消除王奶奶的孤独感、失落感。

2. 与王奶奶沟通

首先，帮助王奶奶正视自身身体的变化。高龄人群的年龄变化使其无可避免地出现睡眠时间减少的现象，同时，疾病的产生也会或多或少地影响高龄人群的睡眠。作为工作人员要开导王奶奶，让她正确面对自己身体发生的变化，以便及时调整自己的行为并消除不良情绪。与此同时，要告知王奶奶由于年龄因素要正确对待自身出现的睡眠障碍，慎用安眠药物，以免造成意外伤害。

其次，作为工作人员我们要让王奶奶尝试去接受养老院，积极去适应新的环境。让王奶奶适应有工作人员对其进行照顾，有诸多老年人住在一起的现实情况，同时也要让王奶奶意识到，老年人有共同话题和共同语言，同住能够一起回忆往事、休闲娱乐，是一件开心的事。

最后，帮助王奶奶与他人建立良好的人际关系。帮助王奶奶与其他老年人进行良好沟通是在帮助王奶奶适应环境的基础上进行的。王奶奶之所以会与同屋老人发生冲突，主要是由于自己的生活习惯被打破，在王奶奶正视自身身体状况和适应环境之后，工作人员积极引导王奶奶与其他人交流，能够帮助王奶奶建立良好的人际关系。

（二）非言语沟通

肢体情感研究专家Dacher Keltner指出："今天我们只需要简简单单地碰碰别人的前臂，肢体接触的接受者就能够区分出感恩、怜悯和爱。"非言语沟通是利用非言语的身体线索，如语调、眼神、手势、面部表情、身体姿势和空间位置等传递信息的过程。在人际沟通中，非言语沟通具有非常重要的积极意义。

1. 微笑

微笑是两人间最短的距离，面带微笑可以消除对方的紧张、焦虑。作为工作人员，不论何时，在服务时都应该微笑面对，用自己的微笑和真诚去打开王奶奶的心扉。这种微笑真诚的服务不用很长时间就会让王奶奶完全接受，也就不会再出现谩骂工作人员的事件了。

2. 肢体接触

肢体接触可以促进人类的肌体活力，可以减轻疼痛和精神压力，可以促进信任和合作，可以传达怜悯、爱和感激之情。工作人员在服务时，可以适时地对王奶奶进行轻轻的抚摸，这会给王奶奶无声的安慰，消除她孤独的感觉，同时还能增加工作人员的亲切感。

（三）倾听

倾听是接受口头及非言语信息，确定其含义并对此做出反应的过程。良好的倾听是亲密联系的核心，当我们能留心倾听时，对方会感到被重视而增强信心。当我们增强了他人的信心时，也强化了自我。在与王奶奶的沟通中倾听是准确获得信息的行为方式，是促进对话的重要因素，也是向王奶奶表达尊敬的行为方式，因而是工作人员赢得王奶奶欢迎的途径。

（四）共情

人本主义心理学家罗杰斯将共情解释为能体验他人的精神世界，就好像那是自己的精神世界一样。它与我们平常说的"同情"有所区别，同情更多的是一种情感反应。而"共情"中包含了更多的理智成分，是一种能够理解并分担对方精神世界的负荷的能力。工作人员应该站在王奶奶的角度，体会王奶奶生病的痛苦，与家人分离的孤独。共情是所有良好沟通的基础。

三、创造良好睡眠环境

工作人员应在王奶奶入住养老院后，就与其家人沟通，全面了解王奶奶的生活习惯、睡眠状况，并针对不同作息习惯给老人安排相应的房间，以便同屋老年人能够在生活作息习惯相似的情况下和谐生活。此案例中，如果事先了解王奶奶的作息时间并合理调配居住房间，便能够使几位同屋老年人尽量按照原作息时间休息，从而避免老年人因为彼此的作息习惯不同而影响生活。

工作人员在工作期间要做到：走路轻、说话轻、操作轻、关门轻。作为工作人员，要尽量为王奶奶创造一个安静、舒适的睡眠环境。如果王奶奶遇到床垫、枕头等不舒适的情况要及时与她沟通并为其更换。同时睡前通风、布置温馨的居住房间也能使王奶奶感受到自己生活在一个温馨的环境中，从而提高睡眠质量。

四、沟通反馈

在充分了解王奶奶睡眠问题诱发因素的基础上，养老院、王奶奶及其家人、工作人员三位一体的处理方法有效解决了王奶奶的睡眠问题以及由睡眠障碍衍生的系列问题。顺利解决问题后，工作人员还是会时不时来到王奶奶的床前嘘寒问暖，了解王奶奶的最新情况。工作人员不仅帮助王奶奶顺利解决了睡眠问题的困扰，更是赢得了王奶奶及其家人的肯定。

实训演练

李奶奶，80岁，入住养老院2年左右。老伴前不久因病在睡梦中去世，家人在外地工作，常年不能回家。李奶奶由于老伴的去世打击比较大，睡眠变得很困难，很难正常入睡，睡着后经常做梦，常被噩梦惊醒，之后便再也睡不着了。由于精神持续紧张，李奶奶血压升高，养老院医生告诉她要放松，不要过于紧张，但是医生的话语使李奶奶更加紧张，担心自己的疾病加重，也会出现如同老伴在睡梦中过世的情况，更加害怕睡觉。

面对此案例，我们要如何进行有效沟通呢？

拓展学习

引发老年人睡眠问题的因素有很多，养老院内的工作人员在与有睡眠问题的老年人的沟通中要注意以下几点。

1. 注意规避老年人疲乏期

老年人容易有睡眠问题，白天有时会犯困，或者当老年人处于疲劳、疼痛、饥饿等状态时，会难以集中精力与其他人沟通，进而可能会影响双方沟通的效果。工作人员在选择与老年人的沟通时间时，要注意避开老年人的生理疲乏期，以使老年人在比较清醒和充满活力的时候与自己交流，促进沟通正常有效地进行。同时也让老年人保证基本的睡眠时间。

2. 敏锐观察老年人的情绪

工作人员需要具备敏锐的观察力，及时觉察老年人的情绪状态，并在诚恳交流的基础上根据老年人的不同情况帮助他们更好地控制自己的情绪，以保证双方沟通的顺利进行。

3. 深入了解老年人的生活行为习惯

在与老年人沟通时，要尽量了解老年人的兴趣爱好、饮食习惯、语言习惯等，减少使用专业术语，这样工作人员才能更容易被老年人接受和理解，以促成双方良好的沟通。

4. 善于把握老年人性格

工作人员要善于把握各种性格的老年人的心理特征，因人而异地做好工作。此外，在为老年人服务的同时，工作人员还应加强自身修养，培养活泼开朗、热情大方的品质，以更好地服务于老年人。

能力测评

对于本次任务，可根据学生听课及模拟与王奶奶沟通的情况对学生开展测评。可从知识学习、技能要求和职业态度三个方面开展测评。

项目	评分标准		得分
知识学习（20分）	是否认真听老师讲课（5分）		
	听课过程中有无提出问题（5分）		
	能否回答老师提出的问题（10分）		
技能要求（50分）	模拟沟通是否恰当、规范（40分）	事先准备是否充分（10分） 是否与老年人的家人进行沟通（10分） 帮助老年人正视自身睡眠障碍问题（10分） 帮助老年人与其他老年人进行良好沟通（10分）	
	沟通过程中是否保持微笑服务（5分）		
	跟同学、老师是否有互动（5分）		
职业态度（30分）	沟通时是否尊重老人，微笑面对老人（10分）		
	与老人沟通时语气是否温柔，语速是否适中，吐字是否清晰（10分）		
	是否能进行有效的沟通，达到沟通的目的（10分）		
总分（100分）			

📱 课后练习题

一、选择题（选择一个正确的答案，并将相应的字母填入题内的括号中）

1. 老年人睡眠问题的类型不包括以下哪项？　　　　　　　　（　　）

　　A. 入睡困难　　　　　　　　　　　B. 睡眠浅，易惊醒

　　C. 睡眠时间缩短，易早醒　　　　　D. 睡眠时间增加

2. 出现睡眠问题的老年人经常会出现什么状态？　　　　　　（　　）

　　A. 情绪不稳定　　　　　　　　　　B. 烦躁不安

　　C. 心态平和　　　　　　　　　　　D. 焦虑

3. 作为工作人员，在帮助老年人解决睡眠问题的过程中，不需要做的工作是　　　　　　　　　　　　　　　　　　　　　　　　（　　）

　　A. 了解当事人背景　　　　　　　　B. 与他人随意交谈老年人的问题

　　C. 与当事人进行语言沟通　　　　　D. 提高自身礼仪礼貌修养

4. 在与有睡眠问题的老年人沟通的过程中，要注意的事项有　　（　　）

　　A. 随意与他人沟通老年人睡眠问题

　　B. 与老年人沟通用时较长

　　C. 不管老年人情绪等其他问题，一味与老年人交流

　　D. 深入了解老年人的生活习惯

5. 深入了解老年人的生活习惯内容不包括下面哪项？　　（　　）

　　A. 住宿环境　　　　B. 饮食习惯　　　　C. 语言习惯　　　　D. 兴趣爱好

二、判断题（将判断结果填入括号中，正确的填"√"，错误的填"×"）

1. 老年人的睡眠问题包括入睡困难、睡眠中断、多梦、彻夜不眠等。

（　　）

2. 面对有睡眠问题的老年人，我们要对当事人的背景进行了解分析。（　　）

3. 在帮助老年人解决了睡眠问题之后，我们也要对其进行沟通反馈。（　　）

4. 老年人有睡眠问题，针对此问题我们需要与老年人进行沟通，在沟通过程中，作为工作人员，我们可以在任何时候与老年人进行沟通。　　（　　）

5. 为能更容易被老年人接受和理解，作为工作人员，我们要尽量了解老年人的兴趣爱好、饮食习惯、语言习惯等。　　（　　）

子单元二 | 与患有一般疾病的高龄人群沟通的策略

随着老年期的到来，人体五脏六腑均逐渐衰老，各项生理功能都发生着巨大的变化，如人体抗病能力减弱，机体不稳定性增加，容易感染疾病，等等。这种生理特点，也是老年人易患各种疾病的原因。同时，由于生理的变化影响到老年人的心理，有时他们不愿意与他人沟通。这样的情况对患一般疾病的老年人的日常生活造成困扰，我们需要与他们进行良好的沟通，帮助他们避免这样的困扰。本单元将学习如何与患一般疾病的高龄人群进行有效沟通。

学习目标

知识目标：了解常见老年疾病及其患者的心理特点。

技能目标：能够与患有一般疾病的老年人进行有效沟通；能够帮助老年人消除由一般疾病带来的不良情绪。

态度目标：在沟通过程中，具备爱心、耐心、细心，语速要缓慢，注意询问老年人的感受，仔细观察有无异常情况。

情境导入

蔡奶奶，72岁，患有关节炎、骨质疏松、高血压病，身体不好，人比较内向，不愿与人交流，抑郁症状明显。据悉，蔡奶奶的老伴去世得早，子女不孝顺，也不愿意拿多余的钱来照顾蔡奶奶。关节炎、高血压等老年病症带来的经常性疼痛让蔡奶奶认为自己本来也活不长了，治病是白花钱还惹家里人嫌弃，便不想医治，甚至有轻生的念头。养老机构的工作人员小王被请过来帮助蔡奶奶改变现在的状况。

面对此案例，如果你是工作人员小王，你会如何与蔡奶奶进行有效沟通？

问题讨论

①蔡奶奶的病症属于一般病症还是特殊病症？

②如何让蔡奶奶正确面对老年人的一般疾病症状？

③你认为，作为一名工作人员，应该如何去帮助蔡奶奶逐渐理解接纳子女和他们的家庭？

④对于不愿与人交流的蔡奶奶，如何能够让其真正融入养老院的大家庭中？

⑤在与患有一般疾病的老年人交流的过程中要注意哪些事项？

知识学习

一、老年疾病

老年疾病，是指人在老年期所患的与衰老有关的，并且有自身特点的疾病。一般认为，45岁～59岁为老年前期或初老期，60岁～89岁为老年期，90岁以上为长寿期。老年人易患的疾病叫作"老年病"，通常包括以下三方面。

（一）老年人特有的疾病

这类疾病只有老年人才得，并带有老年人的特征。在老年人变老的过程中，机能衰退，障碍发生，如老年性痴呆、老年性精神病、老年性耳聋、脑动脉硬化以及由此引致的脑卒中等。这类与衰老、退化、变性有关的疾病随着年龄的增加而增多。

（二）老年人常见的疾病

这类疾病既可在老年前期发生，也可在老年期发生。但以老年期更为常见，或变得更为严重。它与老年人的病理性老化，机体免疫功能下降，长期劳损或青中年期患病使体质下降有关。常见的老年疾病有高血压病、冠心病、糖尿病、恶性肿瘤、痛风、震颤麻痹、老年退行性骨关节病、老年性慢性支气管炎、肺气肿、肺源性心脏病、老年性白内障、老年骨质疏松症、老年性皮肤瘙痒症、老年肺炎、高脂血症、颈椎病、前列腺肥大等。

（三）青年、中年、老年阶段皆可发生的疾病

这类疾病在各年龄层都有发生，但因老年人机能衰退，同样的病变在老年期有其特殊性。例如，各个年龄层的人都可能发生肺炎，但老年人则具有症状不典型、病情较严重的特点。又如青年、中年、老年阶段皆可发生消化性溃疡，但老年人更易发生并发症或发生癌变。

二、老年患者的生理心理特点

老年患者有其特殊的生理心理特征，表现为行动迟缓、活动减少、爱唠叨、疑心重、固执等。随着年龄的增加，以及器官功能的减退，感觉能力特别是视觉、听觉、味觉、触觉等的感觉灵敏度逐渐减退，生病住院时容易有诸多顾虑，导致情绪低落。

三、老年患者心理变化的原因

（一）生理因素

老年人由于脑组织的退化，大脑对情绪、情感的控制力减弱，加之听力、视力的衰退，可能导致情绪变化向两方面发展。一方面对外界事物反应慢、不敏感，表情冷淡、处事冷漠；另一方面可能出现情绪变化快、变化幅度大、易激动，有时情绪不能自控等现象。

（二）社会因素

离退休、丧偶、经济问题等都会造成老年人情绪变化，这些问题对老年人的影响常常是深刻而持久的。社会因素不但会对老年人的情绪产生持久而深刻

的影响，甚至还会使部分老年人出现性格上的变化或扭曲。

（三）社会交往与周围环境

老年人由于离退休、家庭成员的变化等，人际交往减少；孤独的感受会对老年人的情绪产生不同程度的影响，加剧烦恼和恐惧的心理状态。此时，如果老年人得不到社会支持，不能及时排解心理上的压力，情绪会加剧恶化；如果社会对老年人的支持力度较大，并经常开展适于老年人参加的活动，会使老年人消除烦恼和孤独、减少恐惧，扩大人际交往面，情绪也会逐渐稳定下来并变得愉快。

（四）疾病因素

患病导致老年人的生活自理能力受到限制时，老年人常情绪沮丧。不少社会学家在调查中发现，很多老年人对"死"可能并不害怕，反而更惧怕生病和长时间的卧床不起。因这两者会给老年人增加负疚感，让他们认为是在拖累别人。当然，如果病情较重，或患有不可治愈的疾病时，伴随而来的死亡恐惧会加剧，也会使老年人情绪低落，甚至绝望。

☕ 沟通环节

一、了解当事人背景情况

蔡奶奶的老伴很早就没有了，蔡奶奶自己将子女抚养长大，本来想着晚年能够享清福，但是没有想到子女们并不是很孝顺。虽然有好几个子女，但是没有一个愿意将患病的母亲接到家里去住。经过商量后，子女将蔡奶奶送到了养老院，在送来之前并没有跟蔡奶奶讲过这件事情，蔡奶奶对于子女将自己直接送到养老院养老这件事情一直心存芥蒂。同时，看到同房间老人的子女经常来看望老人，想到自己的家人，蔡奶奶心里很不是滋味，认为自己在养老院里会成为别人口中的笑柄。

　　蔡奶奶本身患有关节炎、高血压，长年的病痛折磨着蔡奶奶，使其认为自己的病痛反正也是治不好，再花钱的话只会让子女更加讨厌自己，同时也不想再经受病痛的折磨，所以才会不想医治，甚至有轻生的念头。

　　了解了蔡奶奶消极面对病痛的原因后，我们需要针对上述问题和蔡奶奶做相应的沟通。

二、与当事人进行沟通

（一）言语沟通

1. 与家人沟通，增进亲情

　　由于子女不经常来看望蔡奶奶，所以蔡奶奶会觉得自己多余，产生厌世的想法。所以工作人员要积极与其家人进行沟通，向蔡奶奶家人及时反馈情况，帮助蔡奶奶获得家人的支持，提醒他们要多给蔡奶奶打电话，多来养老院看望她。

2. 与蔡奶奶沟通

　　在与蔡奶奶交流之前先主动介绍自己，语气温和诚恳，语言委婉，通俗易懂，同时要做到善解人意。在沟通过程中多用"您好、请、谢谢、好吗"等文明用语，让蔡奶奶感受到你的亲切。这时候切记不要使用会引起患一般疾病的老年人反感和增加其心理负担的语言和语气，诸如"您这个病很麻烦的""您这个病不好治啊"等语句。另外，工作人员在沟通中应注意：当蔡奶奶愤怒时，工作人员应先安抚并在其冷静下来之后再沟通；当蔡奶奶不合作时，应在其心情较舒畅时进行交流，在交流的过程中要注意多察言观色，谈话时点到为止，以便妥善地解决问题。

　　在沟通过程中，我们要帮助蔡奶奶正视自身身体的变化。年纪大了身体出现些小毛病是很正常的事情。作为工作人员，我们应该让蔡奶奶明白一般疾病在老年期出现的正常性。同时要协助蔡奶奶理性看待自身身体的变化，正确对待身体疾病。在让蔡奶奶正确对待自身身体变化的同时要争取其家属配合，消除老年人对疾病的错误看法和不良情绪。老年人出现视力下降、听力衰退、思考能力和理解力下降是非常正常的事情，诸如高血压等病症的出现也是非常正常的。作为工作人员，要理性面对老年人的病症，并告诉蔡奶奶真实的病症情况，以助其做好相应的应对措施。

（二）非言语沟通

非语言性沟通包括表情、眼神、手势、动作、触摸等形式。在沟通中，工作人员可以采用适当的面部表情和身体姿势如微笑、点头等非语言信息，表明自己在认真倾听，可使对方内心的抵触情绪大大降低。同时注意观察交流对象的眼神变化，来判断和了解患一般疾病老年人的内心状态，以便提供更好的治疗和护理措施。

三、帮助老年人进行身体康复治疗

（一）进行健康教育宣讲活动

工作人员在与蔡奶奶沟通的过程中，还需要进行形式多样的健康知识宣教，为蔡奶奶讲解老年疾病的基本常识、预防保健知识，以及用药注意事项、药效观察、复诊时间。开导蔡奶奶有病就要及时、正常进行治疗，以免小病不治酿成大病，不仅危及身体健康，甚至会有生命危险。在进行健康知识宣讲的时候，要尽量选择蔡奶奶容易看懂的疾病知识、饮食知识，让蔡奶奶从根本上了解老年人的一般疾病知识。

（二）树立战胜疾病的信心

作为工作人员，让老年人多听听相关的健康教育宣讲的目的是让老年人树立战胜疾病的信心，在进行宣讲的同时，要让老年人进行疾病康复训练，并为他们提供日常照护。详细告知蔡奶奶应怎样养成良好的生活习惯，注意健康饮食，充分休息，不要劳累、急躁、生气，心情放松，同时要多进行室外活动，多散步，多晒太阳，走路时要慢、稳。

四、沟通回馈

工作人员小王通过对蔡奶奶的疾病情况进行深入了解，真诚与蔡奶奶交流，基本解决问题后，还会时不时来到蔡奶奶的床前，了解蔡奶奶的最新病情，并继续与蔡奶奶沟通联系，帮蔡奶奶解决后续问题。

实训演练

杨爷爷，76岁，患有糖尿病、高血脂病，身体不是很好，比较爱吃甜食。杨爷爷家庭条件较好，几个子女的工作基本上都在外地，无法经常照看他，所以经常寄钱给杨爷爷。杨爷爷虽然患有糖尿病但还是忍不住，经常背着工作人员偷吃甜食，几次导致病情加重。

工作人员小李负责与杨爷爷沟通，如果你是小李，你会如何与杨爷爷沟通？

拓展学习

老年人常见疾病的日常预防与保健措施如下。

1. 保持良好情绪

老年人要避免过度紧张、激动，学会管理自己的情绪。情绪一旦激动可能会引发高血压，一旦过度激动可能会引发血栓等严重病症，因此老年人要保持积极乐观的情绪，避免精神紧张、情绪波动，同时要保证充足的睡眠。

2. 安排合理的生活方式

老年人由于多种生理机能的下降，抗病能力减弱，容易患病。因此要倡导其安排合理的生活方式，过有规律的生活。在安排合理生活方式的过程中要重视及时调整作息，保证充足的睡眠。

3. 安排合理的饮食

老年人咀嚼功能减退，肠胃蠕动减弱，消化功能降低，要采取清淡营养的饮食搭配，以易于消化。饮食切记要清淡，否则容易导致肥胖、高血压、高脂血症、动脉硬化、糖尿病等的发生。同时，还要注意饮食的平衡。

4. 定期进行身体检查

老年人的身体机能随着年龄增长而减退，随之而来的还有自我感知能力的下降，不能够及时觉察出身体不适等情况，因此尤其需要定期进行身体检查，让医生帮助老年人了解自己的身体状况。处于治疗阶段的老年人同样要进行定期身体检查，以查看身体恢复情况，提高生活质量。

5. 适当的体育锻炼

老年人进行适当的体育锻炼能够调节生理机能，提高生活自理能力。老年人进行体育锻炼要掌握休息和锻炼时机，遵循循序渐进的原则，以不疲劳为宜，体育锻炼项目有打太极拳、舞剑、跳舞等。老年人在进行适当体育锻炼时，要保证锻炼时间，根据具体身体状况进行适当调整。

6. 掌握一般疾病的预防及保健知识

疾病对于老年人来说有时是不可避免的，因此当老年人患病后要有意识地去掌握相关疾病知识；熟悉相关药理作用，合理安排给药时间，防止药物不良反应的发生；减少疾病诱发因素，比如寒冷、潮湿、过度疲劳、感染、外伤、精神刺激等，同时也要注意身体关节部位的保暖。

🔍 能力测评

对于本次任务，可根据学生听课及模拟与蔡奶奶沟通的情况对学生开展测评。可从知识学习、技能要求和职业态度三个方面开展测评。

项目	测评标准		得分
知识学习（20分）	是否认真听老师讲课（5分）		
	听课过程中有无提出问题（5分）		
	能否回答老师提出的问题（10分）		
技能要求（50分）	模拟沟通是否恰当、规范（40分）	事先准备是否充分（5分） 是否掌握老年人所患疾病的基本症状及康复知识（5分） 是否建立起工作人员与老年人双方的信任感（6分） 是否帮助老年人正确对待自身身体疾病（6分） 是否帮助老年人理性看待自身家庭（6分） 是否对患病老年人进行健康教育宣讲活动（6分） 完成基本的沟通后，有无进行信息反馈（6分）	
	沟通过程中有无发现或者提出问题（5分）		
	跟同学、老师是否有互动（5分）		
职业态度（30分）	沟通时是否尊重老人，微笑面对老人（10分）		
	与老人沟通时语气是否温柔，语速是否适中，吐字是否清晰（10分）		
	是否能进行有效的沟通，达到沟通的目的（10分）		
总分（100分）			

课后练习题

一、选择题（选择一个正确的答案，并将相应的字母填入题内的括号中）

1. 下面哪项不是工作人员在与老年疾病患者沟通过程中要注意的问题?（ ）

    A. 了解老年人的患病情况　　　　B. 强化语言沟通

    C. 注意行为举止　　　　　　　　D. 认为患病老年人是痛苦的

2. 非言语沟通形式不包括 （ ）

    A. 表情　　　　B. 讲话　　　　C. 手势　　　　D. 眼神

3. 在为患病老年人进行健康教育宣讲活动的过程中，为老年人进行的宣教内容不包括 （ ）

    A. 老年疾病的基本常识　　　　B. 预防保健知识

    C. 用药注意事项　　　　　　　D. 要看相关医学书籍

4. 老年人常见疾病的预防与保健方法不包括 （　　）

    A. 保持良好情绪   B. 定期进行身体检查

    C. 自己搭配营养饮食   D. 适当体育锻炼

5. 为什么要为老年人安排营养合理的饮食 （　　）

    A. 老年人咀嚼功能减退，消化功能降低

    B. 老年人饮食不太合理

    C. 老年人有高血压等疾病

    D. 老年人年纪较大

二、判断题（将判断结果填入括号中，正确的填"√"，错误的填"×"）

1. 与老年人进行的非言语性沟通包括表情、眼神、手势、动作、触摸等
   形式。 （　　）

2. 在与患病老年人沟通时，不需要对老年人的患病情况进行了解。 （　　）

3. 面对患病老年人，我们必须让其正确对待自身身体变化。 （　　）

4. 对于老年人常见疾病的预防，我们要让老年人学会自己搭配饮食。（　　）

5. 既然老年人保持身体健康离不开锻炼身体，那么我们可以让老年人天天
   进行大量的体育锻炼。 （　　）

子单元三 ｜ 与刚退休高龄人群沟通的策略

　　刚退休高龄人群是我国老年人口中一个十分重要的组成部分，对刚退休高龄人群进行心理疏导能够比较好地解决高龄人群退休后的一系列心理问题。在对刚退休高龄人群进行管理时，良好的沟通一直是工作中的重点，通过沟通策略的使用构建与刚退休高龄人群之间的良好关系，能够帮助解决他们的一些问题，保证其生活质量。作为一名老年服务工作人员，掌握与刚退休高龄人群沟通的策略会使我们的工作和生活变得更高效。

学习目标

知识目标：明确与刚退休高龄人群沟通的重要性；知晓与刚退休高龄人群沟通的策略。

技能目标：能够在沟通中使用语言策略和肢体策略；会使用言语式沟通中的修辞与高龄人群展开正确且有效的沟通。

态度目标：培养学生乐于与刚退休高龄人群沟通的态度。

情境导入

　　"我们再也不用大老远跑到长白街新所，在家门口就能看病、就餐了，真是太幸福了！"10月中旬，辽宁省军区某干休所太原街服务站传出笑声，过去因没有场所不能经常见面的老干部们又聚在一起，开心地聊起家常。7月，该干休所从老城区搬迁至新区，两地相距10多公里，当时有13户老干部、29户老干部遗属由于已参加过房改未能随所搬迁，他们去新所参加各项活动十分不便，饮食、医疗等保障也面临诸多问题。年初，在所里组织的一次座谈会上，有老干部反映：距离远了，啥都不方便了，虽然干休所的同志经常打电话问候，来巡诊送药，但总感觉组织离得远了。

"老干部们的心声就是我们服务的方向。"干休所领导与上级单位积极沟通，最终决定把干休所一处建于20世纪50年代的公寓住房作为服务站办公用房。干休所抽调精干力量成立整修工作小组，认真研究施工方案，组织图纸设计，集中对服务站进行了改造和装修。目前，服务站可提供医疗卫生、就餐订餐、娱乐活动等服务，成为老干部们欢聚的场所。

如果你是服务站的一名志愿者，你会如何与刚退休的高龄人群进行沟通呢？

📖\ 问题讨论

①与刚退休高龄人群沟通最重要的是关注什么？

②刚退休高龄人群本身有什么样的特点？

③我们用什么样的方式与他们进行沟通会更高效？

④语言策略和肢体策略在与刚退休高龄人群沟通的过程中会起到什么作用？

🗓 知识学习

一、与刚退休高龄人群沟通的重要性

刚退休高龄人群曾经为我国的建设发展做出了很大的贡献，在对刚退休高龄人群进行管理和关怀的过程中不能够忽略对其的关注。常与刚退休高龄人群进行沟通能够表现出对其的关注和关心。充分了解刚退休高龄人群的生活问题，通过对这些问题进行进一步分析能够为其提供良好的解决方案，帮助其解决相关问题。

另外，随着人口老龄化的不断发展，刚退休高龄人群的数量在不断增加。随着刚退休高龄人群数量的不断增加，各种刚退休高龄人群的问题正在逐渐暴

露出来，但由于不同人群性格特点和生活经历上的差别，很多刚退休的老人往往拒绝接受常规的帮助。良好沟通策略的使用可以消除他们对外界的戒备和心理防线。高龄人群退休之后有相当一部分人处于孤独状态，通过与刚退休高龄人群进行沟通可以适当缓解其悲观、消极的心理状态，让他们用更加积极乐观的态度面对生活。

二、与刚退休高龄人群沟通的策略

（一）尊重刚退休高龄人群的个体差异

与刚退休高龄人群进行沟通的前提是要充分尊重刚退休高龄人群的个体差异，根据刚退休高龄人群的不同性格特点和经历制订个性化的沟通方案。刚退休高龄人群基数较大，不同的人性格方面存在一定差异。工作人员在与刚退休高龄人群进行沟通之前，应当先对本次需要进行沟通的刚退休高龄人员的详细资料进行认真阅读，了解其生活经历、性格特点、社交环境等信息，在对其生活有基本了解和认知的前提下与其进行沟通，以避免出现交流困难，影响工作的最终质量。在与刚退休高龄人群进行沟通的过程中，给予刚退休高龄人群充分的尊重，对方大多也会给予工作人员相应的尊重，这能够促进双方沟通的顺利进行。

（二）善于倾听刚退休高龄人群的问题

在与刚退休高龄人群进行沟通的过程中，倾听是最常用的沟通策略。但倾听并不是单纯地听，而是在接收大量复杂信息的同时筛选出刚退休高龄人群想要表达的重点，将其记录在心以作为后续沟通的主题内容。通过倾听了解刚退休高龄人群的诉求，并注意用心感悟他们想要表述的内容，才能够获得更多有效的沟通信息帮助后续的沟通。

（三）语言策略的使用

语言是沟通的关键因素，在与刚退休高龄人群进行沟通的过程中大部分时间都依托语言进行沟通。工作人员在与刚退休高龄人群进行语言交流时要格外注意语言的策略性，在能够充分表述想要表达的内容的同时，也要注意语言艺术，避免说话过于生硬。在进行语言表述的过程中合理地使用语气词，注意声音的抑扬顿挫，注意依托声音表达情绪的变化，等等，都能够帮助实现比较好地与刚退休高龄人群进行沟通。总的来说在使用沟通语言时需要注意语气的平和亲切、表述的简明易懂，表现出对刚退休高龄人群的尊重和关怀。

（四）肢体策略的使用

肢体动作在沟通过程中也发挥着比较重要的作用，肢体策略是一种使用次数少但往往能够发挥良好效用的沟通策略。在与刚退休高龄人群进行沟通时，双方沟通的距离，沟通过程中目光、表情、体态等都是沟通的重要非言语性信号。为了促进良好沟通的进行，需要格外注意在沟通过程中控制好自身的肢体习惯，注意沟通过程中保持微笑，当老人态度消极时要通过肢体动作表现出关怀和关切，沟通时保证自身形象良好、衣物整洁、坐姿端正。另外，在沟通时可以适当地使用一些简化的手势，自然的触碰往往能够博得老人的好感，避免出现跷二郎腿或抖腿等不好的仪态动作。

为了提升对刚退休高龄人群的管理质量，为其营造更好的生活环境，帮助其解决实际问题，与刚退休高龄人群进行沟通时，了解其生活和心理上的诉求是十分重要的。利用沟通策略与刚退休高龄人群进行沟通，需要对刚退休高龄人群的性格和经历有一个基础的了解，根据老人的不同性格选择有针对性的沟通策略。注重沟通过程中语言策略、肢体策略的使用，通过沟通策略取得刚退休高龄人群的信任，表现出关心与重视，懂得倾听，以顺利解决问题，全面提高沟通的质量。与刚退休高龄人群的良好沟通，能够改善他们的生活质量，促进其身心的良好发展。

沟通环节

下面将通过案例讲解与退休老人沟通时应注意的情况及对其的分析。

一、个案基本资料

案主姓名：Y

性别：男

年龄：80 岁

社工姓名：刘佳

个案来源：单位转介给社工

二、求助问题

强烈抗议社区内建设新型垃圾压缩中转站，要求单位协助其抗议，阻止施工。

三、背景资料

（一）引发事件

社区内建设新型垃圾压缩中转站。

（二）曾做出的调试及成效

到施工现场抗议，大声呵斥施工人员；施工人员为避免伤害到案主，间歇性地停止工作，同时有跟案主进行一定的解释。

（三）行为表现

言语激动，多次到施工现场实施阻挠行为，夺走施工人员的工具，用木板挡住施工场地，并存在用雨伞对施工人员进行拍打的行为。

（四）人际关系

与单位工作人员及单位其他同事关系融洽，会和熟悉的人开一些玩笑。

（五）情绪状况

一谈到或者一看到施工就会变得很激动，满脸通红。

（六）精神病记录

无。

（七）健康状况

阿尔茨海默病早期、高血压、静脉曲张。

（八）经济状况

良好，家庭成年成员都有固定收入，按地区标准算属于中等收入水平。

（九）暴力倾向/虐待记录

无。

（十）支持网络（能获得的资源）

（1）妻子：医生，在对案主的照顾上有很大的帮助。

（2）社区：案主单位所在的社区物业管理负责人能与有关部门进行沟通协商。

（3）案主所在单位：能够与相关负责部门进行直接对话，帮助社工与相关负责部门进行沟通或者帮助反映社工了解到的情况，以确定解决方案，同时对案主的安全能起到一定的保护作用。

四、服务记录

次数	日期	讨论事项	介入重点
1	9月5日	案主抗议的原因	了解具体问题存在的原因
2	9月6日	建立专业关系	与案主协商,由社工帮助案主联系案主的单位领导、施工人员、社区物业管理处了解情况;帮助案主联系有效资源,联系相关单位,寻找有效的解决方案
3	9月7日	案主的需求、安抚案主情绪	约好案主及相关部门一起沟通,商讨解决方案,向案主解释解决方案;使案主与负责部门有正面沟通,缓解案主情绪,并让案主参与解决方案的确定
4	9月10日	案主的需求、安抚案主情绪	探索案主背后的非理性信念,帮助案主认识理解非理性信念与困扰之间的关系
5	9月12日	解决问题	与家属建立关系,向家属了解情况,由家属帮助案主强化事情的解决结果,让案主了解事情已经解决;建立家庭支持系统

五、协议个案目标

(一)短期目标

(1)帮助案主消除不适当的情绪反应。

(2)帮助案主与施工单位进行沟通,达成合理的协商结果。

(二)长期目标

帮助案主改变不良的非理性信念。

六、个案目标进展情况

(1)社工在与案主的沟通中了解到,案主认为中转站的建立影响社区的正常环境。而同时施工单位的不告知,社区相关领导没有迅速阻止施工的"不作为",以及Y过往组织社区居民抗议建造公厕的成功经验,共同导致了Y的愤怒及没有被重视和尊重的复杂情绪。

社工首先对Y在情绪上进行了一定的宣泄引导。聆听Y的看法，耐心地倾听Y的不满和意见、建议，但同时也对Y的一些过激行为进行了控制，避免不必要的人身伤害；并请施工人员提供一些协助，暂时停止工作，避免Y再次被激怒。社工在安抚好Y的情绪送Y顺利回家后，立刻收集资料，了解相关情况，包括中转站设立是否会产生Y所疑虑的各种问题，以便于向Y进行必要的澄清。

（2）请Y带领社工到施工现场（此前社工有先去施工场地了解情况），并多次肯定了Y对社区的关心。同时把新型中转站的相关资料也拿出来，询问Y是否需要了解一下。Y认为即使是新型的设备，也总会有气味方面的污染，所以仍然是不行的，拒绝看资料。社工提出这里是不是已经形成天然垃圾场，得到Y的肯定后，提出怎样能更好地改善这种情况呢？Y了解到，阻止大家扔垃圾方案的实施可行性不高，再对比建设垃圾中转站，意识到后者效果可能会好很多。之后，Y表示可以不反对建设中转站，但是提出要求四个坑位要远离住房。

社工把相关情况告知相关领导，积极地商讨。并与有关部门联系，答应了约定时间专程前来向Y解释情况，并与Y进行直接沟通的要求。在沟通后，Y的要求得到了认可，有关部门表示马上实施。

（3）中转站后期确实有后移，但是因为场地限制，挪动空间缩小了。Y又表示不满意。于是社工和Y实地进行观测，同Y分析情况，Y了解到客观因素无法改变，表示可以接受现有的方案。

社工与Y见面时，把相关情况和Y进行了解释。虽然Y情绪上还是有些不舒服，但表示可以接受。同时，在Y表现出失落的情绪时，社工会用一定的肢体语言，对Y进行安慰，表示理解。在几次沟通中，社工一直对Y对社区的关注表示认可和赞同，把以往的成功经验和这次区分开，减少Y的挫败感，并积极肯定Y的出发点，希望Y仍然保持积极的社区关注。

（4）另外比较特殊的情况就是，Y患有阿尔茨海默病，经常忘记事情，通知过的事情也常常需要人多次提醒才能够想起来。有一次甚至不记得自己家住在哪里，跟着别人走到了别人家去。后经人指引才回家。因此，社工在处理这个情况的时候，就需要面对 Y 第二天对事情的遗忘和重新开始的情绪发泄、施工干扰行为。适逢一次机会，社工和 Y 家属联系，了解了一些情况，并借助此次机会做了一些工作。

Y 的妻子是医生，清楚知道 Y 的身体状况，也了解 Y 对中转站事情的干预。但对于中转站的处理结果不是很清楚。通过走访，社工和家属建立起了一定的信任关系。经过交谈，社工就相关情况和家属进行了沟通，得到了家属的支持。后期，家属在家的一些辅助工作，让 Y 对事情有了完整的了解，强化了 Y 对处理结果的印象。

七、问题分析

人的行为受到过去经验的影响，只要有一件事情对求助者产生影响，这种影响就会持续一辈子。社工了解到该社区曾经有建造公厕的计划。Y 知道后组织社区居民联名反对，积极干预，后建筑计划撤销。Y 认为现在的情况就是因为没有人去积极干预反对，所以才会导致公共环境恶劣，原先的场地变成垃圾场，所以政府才会建立垃圾中转站。如果大家积极反对，就可以改变现状，减少污染，让中转站转移地方。

Y 是一个很有责任心的人，很关心集体利益，并能积极地去争取自身的利益。性格比较直率，为人正直，脾气较大，看不惯社会上的各种不良现象。这次的中转站建设，相关单位没有及时解释，Y 认为这种做法十分不合理。

🌐 实训演练

章爷爷，72 岁，轻度偏瘫，长期卧病在床，一侧上下肢、面肌和舌肌下部运动障碍，由之前急性脑血管病所致。经过长时间的康复治疗，章爷爷虽然尚能活动，但是走起路来，往往上肢屈曲，下肢伸直，走一步画半个圈，显示出明显的偏瘫步态。工作人员建议章爷爷多到室外去走动走动，但章爷爷却一直不肯外出活动。

请帮助章爷爷多接触室外，多走动。

方法指导：应事先了解章爷爷的情况，了解其心理需求和情感需求，从而有针对性地开展劝说来帮助章爷爷解决后顾之忧。

📈 拓展学习

步入离退休生活后，由于社会角色的改变，老年人的生活节奏由原来的紧张、有序转为清闲、松散，社交圈骤然缩小，人际关系发生变化……如果老年人对这些变化没有做好充分的心理准备，就会出现一些心理问题，比如失落感、孤独感、怀旧心理、衰老感等。今天我们就来谈一谈老年人常见的心理问题以及防治对策。

退休后，老人容易出现4种不良情绪。

第一，心理上会出现较重的失落感，从而干扰情绪，影响心理平衡。有的人总认为自己老了，不中用了，单位和家庭不再需要自己了，心中更容易感到失落，沉默寡言，足不出户。

第二，孤独感。老年人离开工作岗位以后，随着社交活动和人际交往的减少，容易产生孤独、压抑的心理，若子女异地工作或另立门户，老年人独居空巢，就易产生孤独、被遗弃的心理。有些老人即使与子女生活在一起，若子女不孝顺，不关心，不注重与老人的交往，也会使老人感到孤独。此外，若老伴病逝，时间一长老人容易产生"与世隔绝""孤立无援"的心境，会出现悲观失望，甚至产生抑郁、绝望的情绪。

第三，有些老人还会出现怀旧心理，喜欢留恋过去。他们往往沉湎于对往事的回忆，常常追忆过去美好的时光，继而产生"无可奈何花落去"的感叹，日久便容易产生抑郁情绪。

第四，老年人还容易产生衰老感。这一方面是由于身体状态的变化，主要是生理机能的衰退，另一方面是由于思维能力和智力的变化，还有社会环境的变化，如退休、与子女分居等。但有些老年人主观上不接受"自己已成为老人了"的事实，也不愿周围的人处处将自己当成老人。

如果一般的心理问题得不到疏解，就会导致焦虑症和抑郁症。其实，老年人的心理问题是有迹可循的，一些小细节可以帮助我们发现老人产生心理疾病的苗头。首先是情绪改变。有些老年人容易激动，可为小事而大发脾气，对周围事物总感到看不惯、不称心；有的老人会变得郁郁寡欢，苦闷压抑，情绪低落，或是显得淡漠无情，凡事无动于衷。其次是记忆力减退，出现疑病症状。老年人面对身体素质的每况愈下，对衰老与健康状况的自然下降认识不够，老是担心自己年老多病，顾虑中风瘫痪无人侍候等，以致经常胡思乱想，惴惴不安，常常感叹自己已"风烛残年"。有的老年人看到昔日好友患重病或去世，更是紧张、恐惧，总觉得别人的今天就是自己的明天，如若身体稍有不适，便会更加焦虑、恐惧。最后，还可能出现精神病性症状，变得敏感多疑，常担心钱财被偷等。

居住环境、家庭环境、人际关系等，都有可能成为导致老年人心理问题的罪魁祸首。首先是空巢现象。中国的独生子女家庭日渐增多，当孩子由于工作、学习、结婚等离家后，独守空巢的老人会因此产生心理失调症状。其次是家庭矛盾。与空巢现象相对的是，很多老人与子女同住，两代人的生活习惯、观念存在巨大差异，这些都是家庭矛盾的根源。对于多子女的家庭来说，父母财产分配是否公平也会引起子女间的矛盾，所有的这些问题都可能对老人的心理造成极大影响。最后是经济拮据。老人退休后，经济收入较之前有所减少，部分老人过着十分拮据的生活，这会让老人感到自卑、无用，沉浸在对过去的回忆里。

身体无病并且心灵健康才是真正的健康。若心理不健康，就会严重影响生活质量，最终必然影响甚至损害躯体健康。所以，学习心理保健知识，学会身心愉快地生活，树立起心理健康的新观念，是每个老年人安度晚年、健康长寿的重要条件。要想长期保持身心愉悦，老年人可以从以下几个方面入手。

第一，转变角色，重新适应社会和家庭环境。退休、离休虽然是一种正常的角色变迁，但不同职业的人，对离退休的心理感受是大不一样的。据对北京市离退休干部和退休工人的对比调查，工人退休前后的心理感受变化不大，他们退休后摆脱了沉重的体力劳动，有更充裕的时间料理家务、消遣娱乐和结交朋友，并且有足够的退休金和医疗保障，所以内心比较满足，情绪较为稳定；但离退休干部的情况就大不相同了，这些老干部在离退休之前，有较高的社会地位和广泛的社会联系，其生活的重心是事业，退休或离休以后，生活的重心变成了家庭琐事，社会联系骤然减少，这使他们感到不适应。所以，老年人在退休前就需要思考退休后的安排问题，培养一些有益健康的爱好。适宜老年人的活动有很多，如练习书法、钓鱼、养花、打太极拳等。退休后也要坚持参加社会活动，重新建立人际关系，互相帮助。心理学家研究表明，理解与帮助他人，也有利于自身的心理健康。

第二，保持乐观情绪、好奇心和积极向上的心理状态。有些老人感到晚年生活并不愉快，不得不默默地承受着孤独、苦闷、压抑。出现这样的情况，除了与社会、环境等因素有关，也有老人自身的原因。譬如随着年龄增大，老人适应外界的能力也会逐渐减弱，心理通常也会发生一些微妙的变化；遇上环境变故或其他事情的刺激，比如家庭关系的紧张或淡漠，亲情的减少或缺乏，老人就容易出现孤独感、恐惧感及不安、抑郁、暴躁等不良情绪，诱发心理疾病，严重的甚至出现绝望的念头。所以要正视现实，接受挑战；乐观豁达，安享晚年；适应今天，迎接明天。对老年期的心理变化和环境变化，采取正视和接受的态度，因为现实已经存在，也不能随我们的意愿而改变，即使我们情绪不好，坏事依旧会不可避免地发生，时间也不会因为我们不希望变老而倒退。因此，要学会积极地接受，比如空巢老人，因为无法依赖子女而伤心难过时，可以试着接受和面对这种事实，转而依赖自己和老伴，或其他可以依赖的人，并且坚信拥有一个美好的心情，比十帖良药更能解决心理上的痛苦。

第三，勤于学习，科学用脑。"树老怕空，人老怕松。"老年人步入第二人生，最主要的心理准备就是注重学习，丰富精神生活，延缓大脑衰老，要"活到老，学到老"。老年人需要学习的东西有很多，如老年自我保健、老年心理学、家政学等。同时还要了解国内外大事，了解社会变更，学习新知识，更新观念，紧跟时代的步伐。另外，还应该更新自己的专业知识和技能，学两手具有新时代特征的技术，如打字、上网等。

第四，发现问题，及时就诊，寻求医学帮助。如果老人出现严重的情绪、记忆或精神症状，则可能已经罹患严重的精神疾病，应该及早到专科医院就诊，寻求专业医生的帮助。

🔧 能力测评

对于本次任务，可根据学生听课及模拟与章爷爷沟通的情况对学生开展测评。可从知识学习、技能要求和职业态度三个方面开展测评。

项目	测评标准		得分
知识学习(20分)	是否认真听老师讲课(5分)		
	听课过程中有无提出问题(5分)		
	能否回答老师提出的问题(10分)		
技能要求(50分)	模拟沟通是否恰当、规范(40分)	事先准备是否充分(了解当事人的背景情况和心理状态)(10分)	
		是否确认需求(分析当事人最真实的需求是什么)(10分)	
		阐述观点是否合理(消除当事人的顾虑)(10分)	
		共同实施(开展后续工作)(10分)	
	沟通过程中有无发现或者提出问题(5分)		
	跟同学、老师是否有互动(5分)		
职业态度(30分)	沟通时是否尊重老人,微笑面对老人(10分)		
	与老人沟通时语气是否温柔,语速是否适中,吐字是否清晰(10分)		
	是否能进行有效的沟通,达到沟通的目的(10分)		
总分(100分)			

课后练习题

一、选择题（选择一个正确的答案，并将相应的字母填入题内的括号中）

1. 老年人心理护理要点错误的是 （   ）

    A. 多与老人聊天，互相沟通信息

    B. 帮助老人培养多种兴趣爱好，提高老人的生活热情

    C. 多与老人聊天，少给老人信息

    D. 帮助老人了解更多的信息，使老人参与社会活动的可能性增加

2. 关于老年人的心理特点，不正确的是 （   ）

    A. 常感到孤独无聊

    B. 自尊心强，希望受到社会重视

    C. 常持疑虑，对周围的人和事较敏感

    D. 情绪高涨

3. 有关老年人的生理特点，不正确的是 （   ）

    A. 各脏器因退行性改变，功能减退

    B. 免疫抵抗力较差

    C. 反应灵敏

    D. 容易出现骨质疏松

4. 刚退休的老年人基本上不会出现 （   ）

    A. 失落感   B. 愉悦感

    C. 愤怒感   D. 恐惧感

5. 老年人孤独感产生的原因有 （   ）

    A. 丧失社会地位   B. 丧失社会联系

    C. 人际圈子变小   D. 工作变清闲

二、判断题（将判断结果填入括号中，正确的填"√"，错误的填"×"）

1. 老年病人常常多种疾病同时存在，在沟通以前应该对其进行全方位了解。

                       （ ）

2. 对于老年人的家庭情况，不应直接询问，应给予尊重，若老人主动谈及，可进行简单沟通。   （ ）

3. 老年人情绪较不稳定，若谈及某些容易触发其情绪的话题，应及时观察，尽量避免。   （ ）

4. 在给老年人提供信息时，应越快越好，越多的信息对他们越有帮助。

                       （ ）

5. 在沟通谈话时，若出现特殊紧急情况，应沉着冷静地做出反应，寻求医护人员帮助。   （ ）

子单元四 | 与绝食高龄人群沟通的策略

高龄人群各脏器的退行性变化，导致其生理机能下降。老年病人常常同时存在多种疾病。老年人有绝食行为时，不是在耍小孩子脾气就是情绪波动比较大，或者有不愿意拖累家人的想法等。面对绝食老年人，我们需要与其小心谨慎地沟通，作为工作人员，你的一言一行都有可能影响到老年人做下一个决定，因此在与绝食老年人沟通时要特别注意沟通的语气和说话的言辞。本单元将学习如何与绝食老年人进行有效沟通。

学习目标

知识目标： 知道老年人出现绝食的原因。

技能目标： 能够与绝食老年人进行有效沟通；能帮助绝食老年人消除不良情绪。

态度目标： 在沟通过程中，具备爱心、耐心、细心，跟老年人沟通时语气要温柔，语速要缓慢，注意观察老年人的反应，仔细观察有无异常情况。

情境导入

从古至今，从来都不缺乏追求长寿的人，尤其是封建时代站在权力最顶端的皇帝。中国历史上就有不少有关皇帝追求"长生不死"的传闻，这些传闻其实是比较可信的，毕竟古人对科学的理解是很混沌的，所以会相信灵丹妙药等仙术之类的东西。

可以说，实现长生是每个人与生俱来的一种愿望，但这种愿望可能与现实是相互抵触的。很多人一辈子养尊处优，却也不见得一定能够活得长久。长寿这种事，很难用一句两句话说清楚，影响一个人寿命的因素有很多，可以说既复杂又难以掌控。

李大爷，73岁，身体不是很好，家里儿女众多，但是儿女们工作忙，挣的钱比较少，只能满足家人的基本需求。不堪忍受病痛的李大爷开始以绝食的方式慢慢等待死亡。看到有陌生人进来，他就开始不停地念叨："人活到这个岁数了，活这么长干什么啊，还不如死了算了，孩子们也不用这么辛苦啊。"据悉，李大爷患有严重的气管炎和关节炎，每次到了犯病的时候都会疼到在地上打滚。家人都知道李大爷的情况，也都非常关心和心疼李大爷，虽然平时上班比较忙，但是有空了便会来养老院看望李大爷。知道李大爷绝食之后，家人很快便赶到养老院，但是李大爷还是不听劝，依然选择绝食这一极端行为。

面对此案例，你认为应该如何与李大爷进行有效的沟通？

📚 问题讨论

①李大爷选择绝食的原因有哪些？

②李大爷的家庭背景是否影响李大爷选择绝食这一极端行为？如果是，体现在什么地方呢？

③李大爷如果不患病，是否还会选择绝食这一极端行为？

④老年人出现绝食的原因有哪些？

📅 知识学习

老年人出现绝食的常见原因有以下几种。

一、疾病因素

老年人是各种疾病的易感人群，多数躯体疾病都会不同程度地导致疼痛，如冠心病、晚期癌症等，疼痛时让人难以入眠。很多老年人由于患有疼痛难耐的疾病，有时会产生消极情绪，便想通过绝食来摆脱这种痛苦。

二、家庭因素

一是老年人与家人尤其是子女关系不好，子女不愿意赡养老年人，此时老年人很容易出现悲观情绪，部分老年人会选择绝食这一极端方法来引起子女的重视；二是老年人由于患病等，认为高额的医疗费用会给家人和子女带来很多麻烦，为了减轻家庭和子女的负担，选择了绝食来反对治疗和求死。

三、厌世情绪

老年人厌世心理的存在会引发老年人的绝食行为。老年群体中有相当数量的老年人会产生厌世心理，他们大多都是因为疾病缠身、体力衰退，不愿意与他人交流，从而导致了抑郁的情绪。这些老年人多半在精神上失去了依托而倍感悲观，坏情绪不能及时排解，一些小事情就会让他们产生厌世心理。厌世情绪的产生容易使老年人选择极端手段求死，绝食便是其中一种选择。

四、传统观念

中国传统养老模式基本是以家庭为主，许多老年人认为到养老院养老是因为到老了没有人养，不愿意在养老院度过余生。当被子女送到养老院后，很多老年人便认为是子女不孝顺才导致自己沦落到居住在养老院里的，抵触情绪非常明显，因此极端情绪很容易爆发，有些老人会选择绝食来反抗这种安排。

五、退化的"儿童心理"

正如社会上将老年人叫作"老顽童"一样，老年人随着年龄的增长反而在有些方面像一个小孩子。出于老年人的"儿童心理"，在遇到一些小事情的时候，旁人没有按照自己的意愿做，老年人便会像孩子一样说"我不吃饭了"，此时老年人并不一定是真正想绝食，这只是其撒娇惹人注意的一个幌子，这时候作为工作人员需要耐心地哄老年人，以使老年人打消绝食的念头。

☕ 沟通环节

一、了解当事人的背景

李大爷年纪比较大，身体不是很好，长年累月经受着气管炎和关节炎的双重折磨，随着病痛的加剧和年龄的增长，李大爷心理和生理上都很难承受。同时，由于长年累月的病痛，李大爷及其家人需要花费大量的医药费，病痛的折磨和大量医药费的花销，让李大爷觉得生活得非常苦，不想再这样生活下去。

李大爷家中儿女众多，虽然个个都比较孝顺，但是由于儿女们的工作不是很好，工资只能基本维持家庭生活所需。李大爷的医药费由子女共同拼凑，基本上维持了李大爷的药物开销。虽然儿女们工作繁忙，并不能经常来看望李大爷，但是只要有时间子女们便会带着李大爷爱吃的东西或者礼物来看望李大爷。可以说李大爷的子女对他是非常用心的，李大爷看着因为自己生病而总是来回奔波的子女们，心里非常内疚和自责。认为如果自己去世了那就是在为子女们减轻负担，因此萌生了绝食求死的想法。

养老院里老年人的过世是比较正常的情况，久居养老院的李大爷经常看到或者听说某位老年人走了，哪位老年人因为不堪忍受病痛去世了的负面信息，从而联想到自己不能被治愈的疾病以及无法忍受的病痛，再想到为了医药费而疲惫不堪的子女们，李大爷毅然选择了绝食求死。

在了解了李大爷绝食的诸多原因后，作为一名工作人员，你会如何与李大爷沟通以打消李大爷的顾虑？

二、沟通

（一）邀请家人一起进行开导工作

与李大爷家人联系并积极沟通，使李大爷的家人了解李大爷绝食的原因。让李大爷的家人和李大爷谈心，逐渐使李大爷明白：子女们将李大爷看得很重要，只有李大爷在才能让子女们感受到家庭的温暖，同时子女们就算再苦再累也愿意承担李大爷的医药费。此外，还可以让李大爷的孙子、孙女常来和李大爷说话，用暖暖的亲情来感化李大爷，同时工作人员婉转劝说李大爷不要为了让子女们得到一时的清闲而失去仅有的亲情。

（二）工作人员开导

1. 稳定老年人情绪

与老年人沟通，位置选择很重要。工作人员要近距离弯下腰与老年人交谈，让老年人觉得与你平等，你很重视、尊重他，从而稳定老年人的情绪。同时，工作人员说话语气要温和，应热情地对待老年人，尊重老年人的人格，维护老年人的权利，并注意维护其自尊。当稳定老年人的情绪后，工作人员可进一步深入了解老年人的期望和需要。

2. 帮助老年人理性对待自身问题

向李大爷说明他所患的疾病是老年人当中患病率比较高的，作为老年人应该正确对待身体各方面的疾病，积极消除不良情绪。如果李大爷还是情绪比较激动，依然有绝食的行为，工作人员要持续耐心、细心地与李大爷沟通，让李大爷感受到养老院对其的照顾、关心和重视。

3. 及时强化老年人的吃饭行为

对有吃饭意识的老年人进行表扬。人都渴望自己被肯定，老年人就像小朋友一样，喜欢被表扬、夸奖，当工作人员真诚地赞扬他时，老年人的心情可能会变得更好，也会更加配合工作人员的工作，情况就会慢慢有所改变。因此，在家人和工作人员共同努力后，当李大爷有吃饭意识时，作为工作人员，我们要对他的这种行为及时进行表扬。在强化其吃饭行为的同时，为李大爷多准备他爱吃的饭菜，以使李大爷有更加强烈的吃饭欲望。

4. 帮助老年人提升自身存在感

有时，李大爷可能会认为自己是个累赘，不仅是家人的累赘，也给养老院的工作人员带来了很多麻烦。为了避免老年人有此类消极情绪，作为工作人员，要多多看望李大爷，多激发李大爷的潜能和长处，并对李大爷在其比较擅长的方面给予意见和指导，让李大爷感觉到自己的价值，这样李大爷就不会一直想着绝食求死，心境也会变得与之前不一样。

（三）沟通反馈

李大爷经过家人、工作人员的开导和表扬后，慢慢有了吃饭的意识，并能够正常进食了。但是，为了避免李大爷再次出现绝食意识，工作人员应经常去与李大爷沟通，关注其行为动态。

实训演练

何奶奶，78岁，有子女4人。何奶奶是靠给别人打工养活4个子女的，没有退休金。由于对小儿子比较宠溺，大儿子和2个女儿对她的意见非常大，小儿子也不孝顺，让78岁的老人独自一人生活在老房子里。由于老家搬迁，4个子女为了顺利得到拆迁费，将何奶奶骗送到了养老院，何奶奶本来以为4个子女会来看望她一眼的，结果住了一个月一个子女也没有来过。当得知自己的老房子要拆迁的消息时，何奶奶才明白过来子女是因为拆迁费才对她好言相劝的，于是开始绝食，以绝食来要挟子女将自己接送到家里生活或者给自己生活费。

作为工作人员，面对本案例，你会如何处理呢？

📈 拓展学习

如何缓解老年人可能出现的极端行为？

一、语言激越

严重的语言激越行为，会给老年人的日常生活，甚至家庭和养老院都带来较大影响。在面对语言激越的老年人时，工作人员可适当转移其注意力，并对其语言激越行为选择忽略；若老年人语言激越行为较为严重，工作人员可适当选择回避，让老年人独自发泄后再回到老年人身边照料，并当作没有事情发生；当老年人暂时没出现语言激越行为时，对其进行适当表扬。这三种处理方式对控制老年人语言激越行为均会起到较好的效果，但是工作人员在使用这三种手段时，要注意不要冷落老年人，而只是忽略老年人的这种不良行为。

二、行为攻击

老年人出现攻击行为，可能是因为年纪较大，导致出现幻觉。若老年人出现此种情况，我们应该给予此类老年人更多的关心和照料，让老年人在养老院获得安全感。当老年人在养老院感受到家的温暖时，就不会认为有人会攻击自己，还会获得归属感。

三、自杀

帮助老年人培养新的兴趣点，帮助老年人拓展新的爱好，使其在积极参加活动的过程中消除孤独感；同时引导其多与其他老年人沟通，在同辈人身上寻求认同感；家人要充分了解老年人的心理状态，及时给予老年人应有的照顾，打消老年人的自杀念头；面对有自杀行为的老年人，我们不仅要帮助老年人打消自杀念头，还要将水果刀、有毒物品等放置在老年人接触不到的地方，让老年人没有进行自杀行为的条件。

四、极端饮食

老年人消化系统功能逐渐减退，对食物的消化能力随之下降，极端饮食对老年人造成的危害是显而易见的。为了避免老年人极端饮食带来的危害，我们要帮助老年人做到：①要少食多餐，老年人的消化能力使其不能暴饮暴食，也不能过量食肉，可以选择少食多餐的方法，让食物更好地消化，以适应弱化的消化系统的节律；②面对胃口较好的老年人出现的暴饮暴食现象，我们要提醒老年人细嚼慢咽，让消化系统慢慢感受到食物的存在，同时延长老年人吃饭时间以适应老年人弱化的消化系统；③老年人的身体状况不允许其完全素食，要让老年人意识到营养均衡的重要性，多吃蔬菜的同时也要多吃些鸡肉、鱼肉等富含较多蛋白质的食物，保证营养。

🔧 能力测评

对于本次任务，可根据学生听课及模拟与李大爷沟通的情况对学生开展测评。可从知识学习、技能要求和职业态度三个方面开展测评。

项目	测评标准		得分
知识学习(20分)	是否认真听老师讲课(6分)		
	听课过程中有无提出问题(6分)		
	能否回答老师提出的问题(8分)		
技能要求(50分)	模拟沟通是否恰当、规范(40分)	了解绝食老年人的家庭背景(5分) 了解绝食老年人的绝食原因(5分) 是否与绝食老年人沟通并寻求家人帮助(6分) 工作人员是否帮助老年人正视自身的不良饮食因素(6分) 老年人有吃饭意识和行为时,工作人员有无进行表扬(6分) 是否经常看望绝食老年人(6分) 对沟通过后的绝食老年人有无进行沟通反馈(6分)	

续　表

项目	测评标准	得分
职业态度(30分)	沟通过程中有无发现或者提出问题(5分)	
	跟同学、老师是否有互动(5分)	
	沟通过程中是否微笑服务(10分)	
	与老人沟通时语气是否温柔,语调是否适中,吐字是否清晰(10分)	
	与老人沟通时态度是否真诚(10分)	
总分(100分)		

课后练习题

一、选择题（选择一个正确的答案，并将相应的字母填入题内的括号中）

1. 老年人出现绝食的常见原因不包括　　　　　　　　　　　　（　　）

　　A. 疾病因素　　　　B. 厌世情绪　　　　C. 家庭因素　　　　D. 不想吃东西

2. 当老年人出现语言激越的极端行为时，我们应该　　　　　　　（　　）

　　A. 直接和其大吵大闹

　　B. 对其语言激越行为选择忽略

　　C. 若认为其语言过于激越，可选择适当回避，待其情绪稳定后再沟通

　　D. 当其暂时没有出现语言激越行为时给予表扬

3. 老年人可能出现的极端行为不包括　　　　　　　　　　　　　（　　）

　　A. 语言激越　　　　B. 行为攻击　　　　C. 自杀　　　　D. 独处

4. 下列哪项不是避免老年人出现自杀极端行为的选项？　　　　　（　　）

　　A. 积极帮助老年人培养新的兴趣点

　　B. 让老年人多与其他老年人沟通，寻找认同感

　　C. 给予老年人更多的关爱和照顾

　　D. 经常与老年人大吵大闹

5. 为避免老年人出现极端饮食，我们要帮助老年人做到的不包括　（　　）

　　A. 少食多餐　　　　　　　　　　　B. 细嚼慢咽

    C. 意识到营养比例的重要性　　　　D. 多吃肉类

二、判断题（将判断结果填入括号中，正确的填"✓"，错误的填"×"）

    1. 由于很多疾病都会引发老年人的各种病痛，长时间的病痛折磨会使部分

       老年人选择绝食这种轻生方式。　　　　　　　　　　　　（　　　）

    2. 有时候老年人的绝食只是其儿童心理在作祟。　　　　　（　　　）

    3. 面对有绝食行为的老年人，只要其有吃饭意识，就将饭菜端来让其吃下。

       　　　　　　　　　　　　　　　　　　　　　　　　　　（　　　）

    4. 如果老年人能够在老年生活中找到乐趣，有新的兴趣点，其自杀极端行

       为出现的概率会降低。　　　　　　　　　　　　　　　　（　　　）

    5. 为了老年人的健康，必须让其多吃肉类。　　　　　　　（　　　）

参考文献

[1] 伦敦. 怎样与老年痴呆症患者沟通[M]. 张荣华,黎坚,等,译. 北京:中国轻工业
出版社，2011.

[2] 老年痴呆常见的四大认识误区[EB/OL]. (2018-11-14)[2019-05-28]. https://jing-
yan.baidu.com/article/64d05a0225d450de55f73b90.html.

[3] 关于老年痴呆的六大误区[EB/OL]. (2016-11-19)[2019-05-28]. http://blog.sina.
com.cn/s/blog_929acd490102wpjo.html.

[4] 朱江南,许宏伟,张新媛. 阿尔茨海默病的治疗及心理沟通[J]. 中国临床康复,
2003，7(16):2350-2351.

[5] 吴秀红. 65岁以上老年人视力障碍的影响因素和预防保健[J]. 双足与保健,
2018，27(18):19-20.

[6] 徐建萍,石贞仙,赵志芬,等. 日本糖尿病视力障碍病人的护理[J]. 国外医学护
理学分册,2005，24(6):265-267.

[7] 胡娴亭,黄治物,陈建勇,等. 听力障碍筛查量表用于老年人群听力筛查分析[J].
听力学及言语疾病杂志,2014,22(3):230-234.

[8] 张文艳. 老年人心理分析及心理护理[J]. 中国医药指南,2012(10):322-324.

[9] 刘萃侠,肖健. 老年人负性情绪量表的初步编制[J]. 中国老年学杂志,2013(13):
3149-3150.

[10] 张晓曼,鱼莉军,顾静,等. 养老机构生活自理老年人负性情绪的质性研究[J].
护理学杂志,2018,33(21):76-78.

［11］何丽.音乐护理对老年病人负性情绪调节的机制与应用研究［J］.全科护理，
　　　2014（21）：1977-1978.

［12］卞剑云,蒋洪霞.工娱疗法对老年卧床患者负性情绪及认知功能的影响［J］.中
　　　华现代护理杂志，2016，22（33）：4806-4809.

［13］张丽萍,王静,郭霞,等.正念行为训练对离退休综合征老年人负性情绪及生命
　　　质量的影响［J］.中华现代护理杂志,2016（3）：317-321.

［14］杜萍.心理干预对老年心房颤动患者负性情绪的影响［J］.现代护理,2007，13
　　　（30）：2883-2884.

［15］李学文,华琦.重大应激事件对人群身心健康的影响［J］.首都医科大学学报，
　　　2003（4）：487-489.

［16］王真真,唐浪娟,涂淑华.标准化沟通模式在养老机构老年人迁移应激中的应用
　　　［J］.中国全科医学，2018,21（14）：1661-1665.

［17］黄京京.结合认知行为疗法对一例丧偶老年人社会工作干预的实践与反思［J］.
　　　劳动保障世界，2018（2）：46-47.